"十四五"职业教育国家规划教材

职业教育汽车类专业"互联网+"创新教材

智能汽车传感器技术

主　编　陈　宁　　徐树杰
副主编　苏　青　　金　雷
参　编　陈道泉　　张海松
　　　　张忠伟　　黄晓延

机械工业出版社

本书根据我国智能汽车创新发展战略，对智能汽车所涉及的检测汽车自身运行状态的传感器和感知外界环境的传感器的工作原理、检测方法、标定程序进行了分析和介绍。内容主要包括智能汽车及传感器认知，转速与相位传感器、温度与气体传感器的认知与检测，超声波雷达、毫米波雷达、激光雷达、视觉传感器、定位与惯性导航传感器的认知、安装与标定以及传感器融合实例。

本书可作为智能汽车相关专业的教材，也可作为汽车制造企业、汽车技术研发企业和汽车修理企业等技术人员的参考用书和培训教材使用。

为方便学生学习，大部分任务配有"任务工单"及"实操视频"，"任务工单"书后单独装订，"实操视频"学生可扫描书中二维码观看。同时，本书还有配套的在线课程供学生学习，学生可在机械工业出版社旗下"机工教育"微信公众号—大讲堂中搜索观看。

为方便教师授课，本书还配有电子课件、电子习题，同时还配有"示范教学包"，可在超星学习通上实现"一键建课"，方便混合式教学。凡选用本书作为授课教材的教师均可登录 www.cmpedu.com，以教师身份注册、下载，或来电咨询 010-88379375。

图书在版编目（CIP）数据

智能汽车传感器技术/陈宁，徐树杰主编. —北京：机械工业出版社，2020.4（2025.2 重印）
职业教育汽车类专业"互联网+"创新教材
ISBN 978-7-111-64906-9

Ⅰ.①智… Ⅱ.①陈…②徐… Ⅲ.①智能控制-汽车-传感器-职业教育-教材 Ⅳ.①U463.6

中国版本图书馆 CIP 数据核字（2020）第 035488 号

机械工业出版社（北京市百万庄大街 22 号　邮政编码 100037）
策划编辑：曹新宇　责任编辑：曹新宇　谢熠萌
责任校对：潘　蕊　封面设计：鞠　杨
责任印制：常天培
北京联兴盛业印刷股份有限公司印刷
2025 年 2 月第 1 版第 17 次印刷
184mm×260mm・10.75 印张・252 千字
标准书号：ISBN 978-7-111-64906-9
定价：47.00 元

电话服务	网络服务
客服电话：010-88361066	机　工　官　网：www.cmpbook.com
010-88379833	机　工　官　博：weibo.com/cmp1952
010-68326294	金　书　网：www.golden-book.com
封底无防伪标均为盗版	机工教育服务网：www.cmpedu.com

关于"十四五"职业教育
国家规划教材的出版说明

为贯彻落实《中共中央关于认真学习宣传贯彻党的二十大精神的决定》《习近平新时代中国特色社会主义思想进课程教材指南》《职业院校教材管理办法》等文件精神，机械工业出版社与教材编写团队一道，认真执行思政内容进教材、进课堂、进头脑要求，尊重教育规律，遵循学科特点，对教材内容进行了更新，着力落实以下要求：

1. 提升教材铸魂育人功能，培育、践行社会主义核心价值观，教育引导学生树立共产主义远大理想和中国特色社会主义共同理想，坚定"四个自信"，厚植爱国主义情怀，把爱国情、强国志、报国行自觉融入建设社会主义现代化强国、实现中华民族伟大复兴的奋斗之中。同时，弘扬中华优秀传统文化，深入开展宪法法治教育。

2. 注重科学思维方法训练和科学伦理教育，培养学生探索未知、追求真理、勇攀科学高峰的责任感和使命感；强化学生工程伦理教育，培养学生精益求精的大国工匠精神，激发学生科技报国的家国情怀和使命担当。加快构建中国特色哲学社会科学学科体系、学术体系、话语体系。帮助学生了解相关专业和行业领域的国家战略、法律法规和相关政策，引导学生深入社会实践、关注现实问题，培育学生经世济民、诚信服务、德法兼修的职业素养。

3. 教育引导学生深刻理解并自觉实践各行业的职业精神、职业规范，增强职业责任感，培养遵纪守法、爱岗敬业、无私奉献、诚实守信、公道办事、开拓创新的职业品格和行为习惯。

在此基础上，及时更新教材知识内容，体现产业发展的新技术、新工艺、新规范、新标准。加强教材数字化建设，丰富配套资源，形成可听、可视、可练、可互动的融媒体教材。

教材建设需要各方的共同努力，也欢迎相关教材使用院校的师生及时反馈意见和建议，我们将认真组织力量进行研究，在后续重印及再版时吸纳改进，不断推动高质量教材出版。

机械工业出版社

前　言

党的二十大报告指出:"高质量发展是全面建设社会主义现代化国家的首要任务。"当今世界正经历百年未有之大变局,新一轮科技革命和产业变革方兴未艾,智能汽车已成为全球汽车产业发展的战略方向。我国国家发展改革委等11个部委联合发布《智能汽车创新发展战略》,旨在通过发展智能汽车,加快制造强国、科技强国、网络强国、交通强国、数字中国、智慧社会建设,增强新时代国家综合实力。发展智能汽车,有利于提升产业基础能力,突破关键技术瓶颈,增强新一轮科技革命和产业变革引领能力。

汽车技术发展一日千里,正在进入软件时代、智能时代,而目前智能网联汽车技术人才极度紧缺。智能网联汽车是一个复杂的跨界交叉系统,必然要求人才也是交叉跨界人才,在这个领域的汽车人才至少跨了4个专业:汽车专业、电子专业、IT专业和通信专业,人才知识的广度与深度要求都发生了变化。目前的情况是高校教学极度滞后于人才需求,企业求贤若渴。

智能汽车传感器技术是控制系统的基础,为了使高校智能汽车相关专业学生和智能汽车行业从业人员能全面、系统地理解智能汽车传感器的工作原理,掌握测试、匹配与标定的方法,我们编写了本教材。本教材具有以下特点:

1) 落实立德树人根本目的。本书以国家战略需求为导向,以智能汽车、智慧交通相关专业人才培养目标为依据,以职业教育为类型定位,培养德智体美劳全面发展的社会主义建设者和接班人。同时本书将碳达峰碳中和、高质量发展等理念有机融入正文,培养学生的民族自豪感和社会责任感。

2) 工作任务驱动。本教材体现了工作任务驱动的职业教育核心理念,大部分任务都配有任务工单,具有较强的针对性和可操作性。

3) 工学一体。本教材的开发理念是使学习目标与工作目标一致,读者通过本教材的理论与实操学习,可以掌握智能汽车传感器的测试、调试、标定等知识。

4) 教学资源配套丰富。本教材是"互联网+"新形态教材,除纸质教材,还嵌入了习题、视频等数字资源,将教材、课堂、教学资源三者融合,实现线上线下相结合的教学模式。

5）知识先进性。本教材放弃了大量陈旧的汽车传感器技术介绍，着重针对智能汽车的环境感知传感器和汽车运行状态检测传感器进行介绍。

6）校企合作开发教材。本教材得到了中国汽车技术研究中心有限公司的大力支持，公司提供了数据资源，一些企业工程师参加了编写工作。中国汽车技术研究中心有限公司是隶属于国务院国资委的中央企业，是中国唯一的汽车行业技术归口单位和国家政府主管部门的技术支撑机构，是在国内外汽车行业具有广泛影响力的综合性科技企业集团。

7）编者具有丰富的教材开发经验。本书主编具有多年汽车行业工作经验，在国家示范与"双高"院校工作十余年，具有较强的汽车专业教学与科研能力，曾经主持编写职业教育国家规划教材 5 种、浙江省高职院校"十四五"首批重点教材 2 种。本书编写团队其他成员，也来自"双高计划"建设院校和国家示范性高职院校。

浙江机电职业技术学院是全国交通运输行业教学指导委员会智慧交通与智能网联汽车产教联盟副理事长单位，本教材得到了联盟的大力支持。此外，清华大学苏州汽车研究院、清研车联集团、深圳风向标教育资源股份有限公司、上海广硕教育科技有限公司、杭州宏景智驾科技有限公司以各种形式为本教材的编写提供了支持与帮助，本教材还参考了汽车界同仁的著作与成果，在此表示衷心感谢。

本教材由浙江机电职业技术学院陈宁、中国汽车技术研究中心有限公司徐树杰担任主编，日照职业技术学院苏青、辽宁省交通高等专科学校金雷担任副主编。浙江机电职业技术学院陈道泉、张海松，杭州科技职业技术学院张忠伟，中国汽车技术研究中心有限公司黄晓延也参加了本教材的编写工作。

由于智能汽车技术尚处发展阶段，且编者水平有限，书中如有不足之处敬请读者批评指正，以便修订时改进。如读者在使用本书的过程中有其他意见或建议，恳请提出宝贵意见（电子邮箱 frank.zime@outlook.com）。

编 者

二维码索引

序号	名　称	二维码	页码	序号	名　称	二维码	页码
1	电磁式转速与相位传感器检测		21	7	毫米波雷达安装与标定1		69
2	霍尔式转速与相位传感器检测		27	8	毫米波雷达安装与标定2		69
3	温度传感器检测		37	9	激光雷达安装与标定1		85
4	空气流量传感器检测		41	10	激光雷达安装与标定2		85
5	氧传感器检测		45	11	视觉传感器安装与标定		98
6	超声波雷达安装与标定		54				

目 录

前　言
二维码索引

项目 1　智能网联汽车及传感器认知 ··· 1

任务 1　智能网联汽车调研与认知 ·· 1
任务 2　智能网联汽车关键技术认知 ··· 6
任务 3　智能网联汽车测试技术认知 ··· 8
任务 4　智能汽车传感器认知 ··· 11

项目 2　转速与相位传感器检测 ·· 16

任务 1　电磁式转速与相位传感器检测 ··· 16
任务 2　霍尔式转速与相位传感器检测 ··· 21
任务 3　光电式转速与相位传感器检测 ··· 28

项目 3　温度与气体传感器检测 ·· 32

任务 1　温度传感器检测 ··· 32
任务 2　空气流量传感器检测 ··· 37
任务 3　氧传感器检测 ·· 41

项目 4　超声波雷达认知、安装与标定 ··· 46

任务 1　超声波特性认知 ··· 47
任务 2　超声波测距原理认知 ··· 49
任务 3　超声波雷达的结构与原理认知 ··· 51
任务 4　了解超声波雷达在 ADAS 中的应用 ······································ 54

项目 5　毫米波雷达认知、安装与标定 ·················· 55
任务 1　毫米波特性认知 ·················· 55
任务 2　多普勒效应测距、测速、测角度原理认知 ·················· 58
任务 3　毫米波雷达工作原理认知 ·················· 60
任务 4　毫米波雷达安装与标定 ·················· 61

项目 6　激光雷达认知、安装与标定 ·················· 70
任务 1　激光特性认知 ·················· 70
任务 2　激光雷达测距原理认知 ·················· 71
任务 3　激光雷达分类与结构认知 ·················· 74
任务 4　激光雷达安装与标定 ·················· 78

项目 7　视觉传感器认知、安装与标定 ·················· 86
任务 1　了解视觉传感器的分类与应用 ·················· 86
任务 2　视觉传感器工作原理认知 ·················· 89
任务 3　数字图像处理认知 ·················· 90
任务 4　了解图像的边缘检测原理 ·················· 92
任务 5　视觉传感器标定 ·················· 96

项目 8　定位与惯性导航传感器认知、安装与标定 ·················· 99
任务 1　卫星导航定位系统认知 ·················· 99
任务 2　惯性导航传感器认知 ·················· 106
任务 3　高精度 MEMS 组合惯性导航传感器标定 ·················· 108

项目 9　传感器融合实例 ·················· 120
任务 1　了解多传感器融合技术 ·················· 120
任务 2　了解 ADAS 传感器融合方案设计 ·················· 121
任务 3　联合标定分析 ·················· 121

参考文献 ·················· 129

任务工单（单独装订）

项目 1
智能网联汽车及传感器认知

【项目目标】

1. 理解智能网联汽车的分级与发展。
2. 了解智能网联汽车的关键技术和测试技术概况。
3. 了解智能汽车传感器概况。

任务 1　智能网联汽车调研与认知

1. 智能网联汽车发展意义

在汽车诞生的百余年间，发生了无数次创新与变革。汽车本是工业革命的产物，反过来又推动人类社会发展。英国、法国、德国、美国、日本、中国等现代工业强国无一例外都拥有雄厚的汽车产业基础。百年汽车发展简史如图 1-1 所示。

随着全球汽车保有量的快速增长，能源短缺、环境污染、交通拥堵、事故频发等问题日益突出，成为制约汽车产业可持续健康发展的重要因素，这些问题在我国尤其严重。自 2009 年起连续十年我国是全球最大的汽车产销国，2017 年我国汽车销量达到 2887.9 万辆，其后销量略有调整，2018 年 2808.1 万辆，2019 年 2576.9 万辆。目前我国汽车保有量超过 2.6 亿辆，约占全球汽车保有量的 1/4。巨大的汽车保有量带来很多问题，智能网联汽车被认为是这些问题的有效解决方案。2015 年，国务院印发的《中国制造 2025》中提出发展节能与新能源汽车，掌握汽车低碳化、信息化、智能化核心技术。2020 年国家发展改革委等 11 部委联合印发的《智能汽车创新发展战略》明确了智能网联汽车发展的路线，北京、上海、杭州等多个城市已经颁发了智能网联汽车、无人驾驶汽车的路测号牌。

智能网联汽车（Intelligent Connected Vehicle，ICV）是一种跨技术、跨产业领域的新兴汽车，各国对智能网联汽车的定义有所不同，但发展智能网联汽车的终极目标是一样的，即

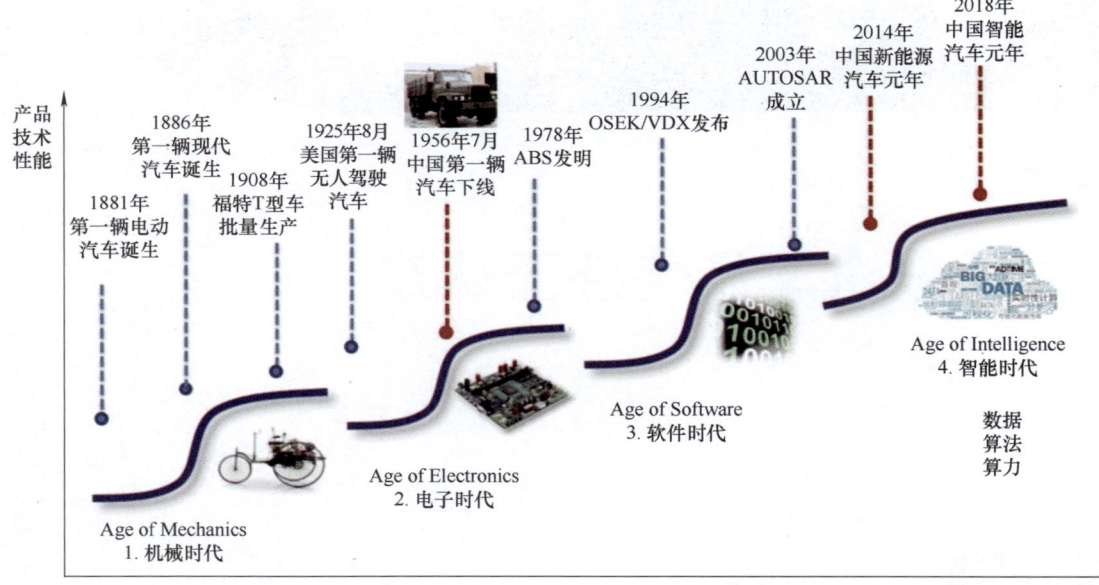

图 1-1　百年汽车发展简史

使其成为可上路安全行驶的无人驾驶汽车（Autonomous Vehicle，AV）。

2016 年 10 月，中国汽车工程学会《节能与新能源汽车技术路线图》定义：智能网联汽车是搭载先进的车载传感器、控制器、执行器等装置，并融合现代通信与网络技术，实现"V2X"智能信息交换共享，具备复杂的环境感知、智能决策、协同控制和执行等功能，可实现安全、舒适、节能、高效行驶，并最终可替代人来操作的新一代汽车。

广义上讲，智能网联汽车是以车辆为主体和主要节点，融合现代通信和网络技术，使车辆与外部节点实现信息共享和协同控制，以达到车辆安全、有序、高效、节能行驶的新一代多车辆系统。

智能网联汽车、智能汽车、车联网、智能交通系统密切相关，ICV 相关关系如图 1-2 所示。

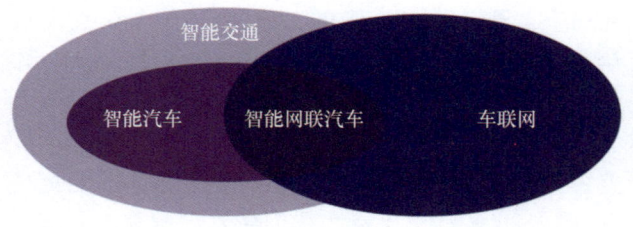

图 1-2　ICV 相关关系

智能网联汽车融合了智能交通系统中的智能汽车与车联网相关技术。智能网联汽车本身具备自主的环境感知能力，也是智能交通系统的核心组成部分，是车联网体系的一个结点，它通过车载信息终端实现与车、路、行人、业务平台等之间的无线通信和信息交换。智能网联汽车的聚焦点是在车上,发展重点是提高汽车行车安全,其终极目标是实现无人驾驶;车联网的聚焦点是建立交通信息体系,发展重点是给汽车提供信息服务,其终极目标是构建智慧交通系统;无人驾驶汽车是汽车智能化与车联网的完美结合。

2. 智能汽车的分级

2020 年 2 月国家发展改革委等 11 个部委联合颁布《智能汽车创新发展战略》,到 2025 年中国标准智能汽车相关体系基本建成,实现有条件自动驾驶的智能汽车达到规模化生产,高度自动驾驶的智能汽车在特定环境下市场化应用;2035 年至 2050 年,中国标准智能汽车体系全面建成,智能汽车强国愿景逐步实现,智能汽车充分满足人民日益增长的美好生活需要。

智能汽车是按若干技术分级逐步实现的,世界各主要国家的分级是不完全相同的。美国国家公路交通安全管理局(NHTSA)划分为 L0~L4 级共 5 级,美国汽车工程学会(SAE)划分为 L0~L5 级共 6 级,而德国联邦公路研究院划分为部分自动驾驶阶段、高度自动驾驶阶段、完全自动驾驶阶段 3 级。

我国对智能网联汽车的分级参考了 SAE 的标准,2020 年 1 月工业和信息化部发布了《汽车驾驶自动化分级》国家标准,拟从 2021 年 1 月 1 日起实施。我国的汽车驾驶自动化分级标准与 SAE J3016 标准基本一致,减少了不必要的分歧。但我国标准增加了对驾驶人接管能力监测和风险降低策略的要求,明确了最低安全要求,相比 SAE J3016 标准具有更高的降低安全风险的实际应用价值。

中美两国对汽车驾驶自动分级的标准见表 1-1。

1. L0 级驾驶自动化(应急辅助)

车辆的自动驾驶系统虽然不能控制汽车的转向或加减速,但是具备一定的路况识别和反应能力,比如能够在危险出现的时候提醒驾驶员。当出现故障时,汽车将由人类驾驶员负责接管,在驾驶员请求退出自动驾驶状态时,汽车能立即解除系统的控制权。此外,0 级自动驾驶仅在某些条件下才能实现。按照上述规定,FCW 前部碰撞预警和 LDW 车道偏离预警功能都可归类于 0 级自动驾驶。

2. L1 级驾驶自动化(部分驾驶辅助)

L1 级自动驾驶汽车和 L0 级自动驾驶汽车一样,都属于有限制条件的自动驾驶,且当汽车出现故障时都需要人类驾驶员来控制车辆。不同之处在于,L1 级自动驾驶汽车的自动化系统能够在人类驾驶员的协助下,对车辆的方向或加减速进行控制。换言之,L1 级自动驾驶可具备 ACC 自适应巡航或者 LKA 车道保持辅助功能。

3. L2 级驾驶自动化(组合驾驶辅助)

在自动驾驶系统所规定的运行条件下,车辆本身能够控制汽车的转向和加减速运动。在汽车出现故障时,人类驾驶员将负责执行汽车的驾驶任务。和 L1 级自动驾驶相比,L2 级自动驾驶将拥有 ICC 集成式巡航辅助功能(即同时具备自适应巡航控制功能和车道保持辅助功能)。

4. L3 级驾驶自动化(有条件自动驾驶)

在自动驾驶系统所规定的运行条件下,车辆本身就能完成转向和加减速,以及路况探测和反应的任务。对于 L3 级自动驾驶汽车,驾驶员需要在系统失效或者超过工作条件时对故障汽车进行接管。由此,属于 3 级自动驾驶的汽车将有条件实现 TJP 交通拥堵辅助功能。

表1-1 中美两国对汽车自动驾驶技术的分级

		L0	L1	L2	L3	L4	L5
NHTSA		L0（无自动化）	L1（DA 驾驶支持）	L2（PA 部分自动化）	L3（CA 有条件自动化）	L4（HA 高度自动化）	L5（FA 完全自动化）
		人类驾驶者全权驾驶汽车；行驶过程可以得到警告	系统对方向盘或减速中的一项操作提供支持，其余由人类操作	系统对方向盘或减速中的多项操作提供支持，其余由人类操作	系统完成所有的驾驶操作，根据系统请求，驾驶员需要提供适当的干预	系统完成所有的驾驶操作，特定环境下系统会向驾驶员提出响应请求，驾驶员可以对系统请求不响应	系统完成所有的驾驶操作，能够完成所有道路环境下的操作，不需要驾驶员介入
中国汽车驾驶自动化分级	SAE	L0（应急辅助）	L1（部分驾驶辅助）	L2（组合驾驶辅助）	L3（有条件自动驾驶）	L4（高度自动驾驶）	L5（完全自动驾驶）
	用户的角色	驾驶员（持续）：执行全部动态驾驶任务，监管驾驶自动化系统，并在需要时接管以确保车辆安全	驾驶员（持续）：1. 执行没有被驾驶自动化系统执行的其余动态驾驶任务；2. 监管驾驶自动化系统，并需要时确保车辆安全；3. 决定是否及如何启动或关闭驾驶自动化系统；4. 在任何时候，可以立即执行全部动态驾驶任务	驾驶员（持续）：1. 执行没有被驾驶自动化系统执行的其余动态驾驶任务；2. 监管驾驶自动化系统，并需要时确保车辆安全；3. 决定是否及如何启动或关闭驾驶自动化系统；4. 在任何时候，可以立即执行全部动态驾驶任务	驾驶员（驾驶自动化系统未激活）：1. 驾驶自动化系统激活前，确认装备驾驶自动化系统的车辆状态是否可以使用；2. 决定何时开启驾驶自动化系统；3. 在驾驶自动化系统激活后成为动态驾驶任务接管用户。驾驶自动化系统激活时，及时响应接管请求，及时接管动态驾驶任务；2. 发生车辆其他系统失效时，及时执行动态驾驶任务接管；3. 可将视线转移至非驾驶相关的活动，但保持一定的警觉性，对明显的外部刺激（如：碰撞、救护车、警笛等）进行适当响应；4. 决定是否以及如何实现最小风险状态，并判断是否达到最小风险状态；5. 在请求退出后成为驾驶员	驾驶员/调度员（驾驶自动化系统未激活）：1. 驾驶自动化系统激活前，确认装备驾驶自动化系统的车辆状态是否可以使用；2. 决定是否开启驾驶自动化系统；3. 在驾驶自动化系统激活后，车内的驾驶员/调度员/乘客成为乘客。驾驶自动化系统激活时，1. 无须执行动态驾驶任务或动态驾驶任务接管；2. 无须判断是否达到最小风险状态；3. 无须决定是否及如何实现最小风险状态；4. 可接受接管请求并执行动态驾驶任务接管；5. 在请求驾驶退出且系统退出后成为驾驶员	驾驶员/调度员（驾驶自动化系统未激活）：1. 驾驶自动化系统激活前，确认装备驾驶自动化系统的车辆状态是否可以使用；2. 决定是否开启驾驶自动化系统；3. 在驾驶自动化系统激活后，车内的驾驶员/调度员/乘客成为乘客。驾驶自动化系统激活时，1. 无须执行动态驾驶任务或动态驾驶任务接管；2. 无须决定是否及如何实现最小风险状态，且不需要判断是否达到最小风险状态；3. 可接受驾驶请求并执行动态驾驶退出；4. 可请求驾驶退出；5. 在请求退出且系统退出后且系统退出后成为驾驶员

（续）

	L0（应急辅助）	L1（部分驾驶辅助）	L2（组合驾驶辅助）	L3（有条件自动驾驶）	L4（高度自动驾驶）	L5（完全自动驾驶）
中国汽车驾驶自动化分级 驾驶自动化系统的角色	1. 持续执行部分目标和事件探测与响应；2. 当驾驶自动化系统退出时，立即解除系统控制权	1. 持续执行动态驾驶任务中的车辆横向或纵向运动控制；2. 具备与车辆横向或纵向运动控制相适应的部分目标和事件探测与响应的能力；3. 当驾驶员请求系统退出时，立即解除系统控制权	1. 持续执行动态驾驶任务中的车辆横向和纵向运动控制；2. 具备与车辆横向和纵向运动控制相适应的部分目标和事件探测与响应的能力；3. 当驾驶员请求系统退出时，立即解除系统控制权	1. 仅允许在设计运行条件内激活；2. 激活后在设计运行条件内执行全部动态驾驶任务；3. 识别是否即将不满足设计运行条件，并在即将不满足设计运行条件时，及时向动态驾驶任务接管用户发出接管请求；4. 在发生动态驾驶任务接管用户未响应接管请求时，发出接管请求；5. 在识别动态驾驶任务接管能力，并在用户的接管能力即将不满足要求时，发出接管请求；6. 在发出接管请求后，如果执行动态驾驶任务接管用户未响应，适时执行风险减缓策略；7. 当用户请求驾驶自动化系统退出时，立即解除系统控制权	1. 仅允许在设计运行条件内激活；2. 激活后在设计运行条件内执行全部动态驾驶任务；3. 识别是否即将不满足设计运行条件；4. 识别其他车辆和车辆系统失效；5. 在发生下列情况之一时，执行动态驾驶任务接管并自动达到最小风险状态：——即将不满足设计运行条件；——用户未响应接管请求；——用户要求实现最小风险状态；——车辆其他系统失效；6. 除下列情形以外，不得解除系统控制权：——已达到最小风险状态；——驾驶员在执行动态驾驶任务；7. 当用户请求退出时，解除系统控制权，如果存在安全风险可暂缓解除。	1. 无设计运行条件限制；2. 激活后执行全部动态驾驶任务；3. 识别驾驶和车辆系统失效或车辆其他系统失效；4. 在发生下列情况之一时，执行动态驾驶任务接管并自动实现最小风险状态：——用户未响应接管请求；——用户要求实现最小风险状态；5. 除下列情形以外，不得解除系统控制权：——已达到最小风险状态；——驾驶员在执行动态驾驶任务；6. 当用户请求退出时，解除系统自动化控制权，如果存在安全风险可暂缓解除。
驾驶自动化系统激活后，用户的角色	在驾驶座位的用户：传统驾驶员；不在驾驶座位的车内用户：远程驾驶员；车外用户：远程驾驶员			动态驾驶任务接管用户	在驾驶座位的用户：乘客；不在驾驶座位的车内用户：乘客；车外用户：调度员	乘客

5. L4 级驾驶自动化（高度自动驾驶）

L4 级自动驾驶汽车仍属于有限制条件的自动驾驶,但是汽车的方向和加减速控制、路况观测和反应,以及汽车故障时的接管任务都能够由自动驾驶系统完成,不需要人类参与。而按照这一界定,无人出租车便属于 4 级自动驾驶。

6. L5 级驾驶自动化（完全自动驾驶）

L5 级自动驾驶汽车和 L4 级自动驾驶汽车能够实现的基本功能相同,但 5 级自动驾驶汽车不再有运行条件的限制（商业和法规因素等限制除外）,同时自动驾驶系统能够独立完成所有的操作和决策。

任务实施：请完成"任务工单 1　智能网联汽车调研与认知"的相关工作任务。

任务 2　智能网联汽车关键技术认知

智能网联汽车技术路线主要分为基于传感器的自主式技术路线和基于车辆互联的网联式技术路线两种（图 1-3）。

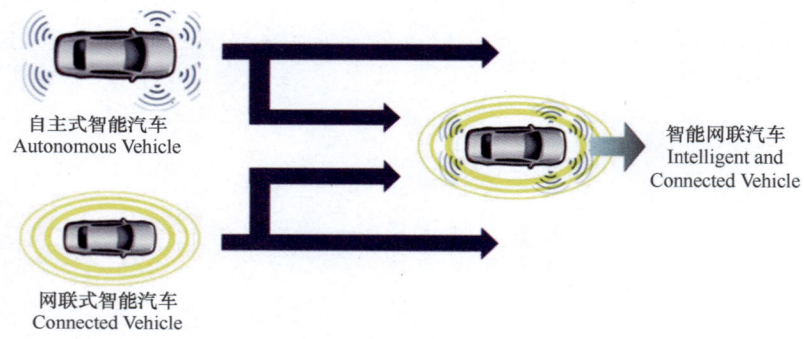

图 1-3　自主式技术路线和网联式技术路线

基于传感器的自主式技术路线基于先进传感器技术与传统汽车制造业的深度融合,使用先进的传感器（如多目摄像机和雷达）,并结合驱动器、控制单元以及软件,形成先进驾驶辅助系统（Advanced Driving Assistant System,ADAS）,使得汽车能够监测和应对周围的环境。该路线的推动者是传统汽车整车企业,如奔驰、宝马、通用、福特等汽车公司,ADAS 已经能向驾驶人提供不同程度的辅助功能,但目前还无法提供完整的无人驾驶体验。

基于车辆互联的网联式技术路线表现为互联网思维对传统汽车驾驶模式的变革,推动者主要是以谷歌、苹果等为代表的互联网企业,值得一提的是国内的百度、阿里等互联网企业也已经掌握了相当多的核心技术。这类企业重点开发车载信息系统,使用无线通信技术实现车辆与车辆（V2V）、车辆与道路基础设施（V2I）之间的实时通信。该方案对道路基础设施的要求较高。

自主式技术路线难以实现 V2V、V2I 的通信,网联式技术路线无法实现车辆与行人

（V2P）之间的通信，都有一定的局限性。在智能网联汽车上，自主式和网联式技术路线将走向技术融合，通过优势互补，提供安全性更好、自动化程度更高、使用成本更低的解决方案。

智能网联汽车的技术架构涉及的关键技术主要有以下 6 种：

1. 环境感知技术

环境感知系统的任务是利用摄像头、雷达、超声波等主要车载传感器以及 V2X 通信系统感知周围环境，通过提取路况信息、检测障碍物，为智能网联汽车提供决策依据。由于车辆行驶环境复杂，当前感知技术在检测与识别精度方面还无法满足自动驾驶的发展需要，而深度学习被证明在复杂环境感知方面有巨大优势。在传感器领域，目前出现了不同车载传感器融合的方案，用以获取丰富的周边环境信息，高精度地图与定位也是车辆重要的环境信息来源。

2. 智能决策技术

决策机制应在保证安全的前提下适应尽可能多的工况，进行舒适、节能、高效的正确决策，常用的决策方法有状态机、决策树、深度学习、增强学习等。状态机是用有向图表示决策机制，具有高可读性，能清楚表达状态间的逻辑关系，但需要人工设计，不易保证状态复杂时的性能。决策树是一种广泛使用的分类器，具有可读的结构，同时可以通过样本数据的训练来建立，但是有过拟合的倾向，需要广泛的数据训练，其效果与状态机类似，应用在部分工况的自动驾驶上。深度学习与增强学习在处理自动驾驶决策方面，能通过大量的机器学习实现对复杂工况的决策，并能进行在线的学习优化，但该方法不能确定未知工况下汽车性能的好坏。

3. 控制执行技术

控制系统的任务是控制车辆的速度与行驶方向，使其按照规划的速度曲线与路径行驶。现有自动驾驶功能多数针对常规工况，较多采用传统的控制方法，其性能可靠、计算效率高，已在主动安全系统中得到应用。现有控制器如何提高工况适应性是一个技术难点，可根据工况参数进行控制器参数的适应性设计。在控制领域中，多智能体系统是由多个具有独立自主能力的智能体通过一定的信息拓扑结构相互作用而形成的一种动态系统。用多智能体系统方法来研究车辆队列，可以显著降低油耗、改善交通效率以及提高行车安全性。

4. V2X 通信技术

车载通信的模式依据通信的覆盖范围可分为车内通信、车际通信和广域通信。车内通信已经从蓝牙技术发展到 Wi-Fi 技术和以太网通信技术；车际通信包括专用的短程通信技术和正在建立标准的车间通信长期演进技术；广域通信指采用 4G/5G 技术进行车载长距离无线通信。通过网联无线通信技术，车载通信系统将会更有效地获得驾驶人信息、汽车自身姿态信息和汽车周边的环境数据，并对其进行整合与分析。通信与平台技术的应用，极大地提高了车辆对于交通与环境的感知范围，为基于云控平台的汽车节能技术的研发提供了支撑条件。车辆通过车与云平台的通信将其位置信息及运动信息发送至云端，云端控制器结合道路信息以及交通信息对车辆速度和档位等进行优化，以提高车辆燃油经济性并提高交通效率。

5. 云平台与大数据技术

云平台与大数据技术包括云平台架构与数据交互标准、云操作系统、数据高效存储和检索技术、大数据关联分析和深度挖掘技术等。

6. 信息安全技术

信息安全技术是结合智能网联汽车发展实际，确定网联数据管理对象并实行分级管理，建立数据存储安全、传输安全、应用安全三维度的数据安全体系，建立包括云安全、管安全、端安全在内的数据安全技术框架，制定智能网联数据安全技术标准。信息安全技术领域的周边行业，已经出现了很多创新研究方向，例如在信息安全测试评估方面，出现了通过干扰车辆的通信设备、雷达和摄像头等车载传感设备，进行智能车的信息安全的攻防研究。

智能网联汽车是一种跨技术、跨产业领域的新兴汽车体系，涉及关键技术众多，人才极度紧缺。传感器技术是智能网联汽车的基础，智能网联汽车只有精确地感知汽车运行状态和行驶环境，才能进行智能控制，因此掌握智能汽车传感器技术意义重大。

任务3 智能网联汽车测试技术认知

随着智能网联汽车的不断发展，汽车逐步从独立的机械单元向智能化、网联化的网络节点发展。传动、线控、导航、人机工程和信息娱乐类技术的进步要求嵌入式系统中有严格的质量保障措施。高级自动驾驶和无人驾驶若要用自动驾驶系统替代人类驾驶者，则必须具有不低于人类驾驶者的驾驶水平并能保证驾驶安全，这是高级自动驾驶和无人驾驶车辆进入实际应用的前提和基础。

智能网联汽车的系统特点主要包括以下几点：

1）车载信息终端集成多种通信与数据I/O硬件，并提供对多种通信协议、数据处理及应用服务的支持，系统非常复杂。

2）系统具有多设备组成性，涉及众多厂商，信息数据流转链路复杂、网络异构且涉及海量信息整合、数据挖掘、大规模数据计算。

3）实时性、可靠性要求：网络节点（车辆）具有高动态性，拓扑变化频繁，且受到的干扰因素较多。

因此，智能网联汽车必须经过严格的系统评测和质量认证后才可以正式投入使用。测评的主要内容包括功能和性能、信息安全、功能安全、能否为责任认定提供依据等。智能网联汽车测试主要包括以下方法：

1. 以传感器为核心的测量原理、测量方法、测量工具及数据处理

传感器是指能感受规定的物理量，并将物理量按一定规律转换成可用输入信号的器件或装置。现代轿车已经安装了100~200个传感器用于采集汽车的工况信息，如空气流量传感器、曲轴位置传感器、氧传感器、爆燃传感器等。智能网联汽车还要增加环境感知传感器，如激光雷达、毫米波雷达、摄像头等。这些传感器工作原理不同，输出信号类型不同，检测工具不同，检测方法也不同，通过万用表、示波器检测可以判断传感器是否有故障。但是以传感器为核心的测量方法，只能孤立地判定传感器自身的工作状态，不能够综合判定传感器在系统中的运行状态。

传感器输出电子信号的类型可以分为模拟信号和数字信号。其中，模拟信号又可以分为直流信号和交流信号，数字信号又可以分为频率调制信号、脉宽调制信号和串行数据（多路）信号。

传感器输出电子信号的分析依据有幅值、频率、形状、脉冲宽度和阵列 5 个可以度量的参数指标，每一类型的电子信号都可以由 5 种分析依据中的一个或多个特征组成（表 1-2）。

表 1-2　传感器输出电子信号的分析依据

信号类型 \ 判定依据	幅 值	频 率	形 状	脉冲宽度	阵 列
直流信号	√				
交流信号	√	√	√		
频率调制信号	√	√	√		
脉宽调制信号	√	√	√	√	
串行数据（多路）信号	√	√	√	√	√

1）幅值：指电子信号的最大绝对值，也称最大值、振幅、峰值。

2）频率：指电子信号在单位时间内的循环次数，即电子信号在两个事件或循环之间的时间的倒数，一般指每秒的循环数（Hz），也表示每秒的波形周期数。

3）脉冲宽度：指电子信号所占的时间宽度，而占空比是指信号的脉冲宽度与信号周期的比值，用百分数表示。

4）形状：指电子信号的外形特征，包括曲线、轮廓、上升沿、下降沿等。

5）阵列：指组成专门信息信号的重复方式。

传感器输出电子信号的检测工具有万用表、示波器、解码器和计算机专用程序等，检测方法有在路检测和开路检测等。通过以上 5 种分析依据对传感器输出电子信号进行分析，可以判断传感器自身的状态以及是否有故障等。

随着传感器越来越智能化，其提供的电子信号的含义越来越复杂，即使传感器自身没有故障，仍不能保证其在接入系统后就正常工作，因此越来越多的汽车传感器在安装、更换、检修甚至 ECU 掉电以后，还要对传感器进行匹配和标定。

2. 模型在环和软件在环测试方法

在汽车涉及的各种控制算法开发流程中，为了降低研发成本，更早地发现算法中存在的问题和错误，常常在设计阶段进行相应的测试，在实际控制器完成以前进行模型在环测试和软件在环测试。

基于模型的系统工程（Model-Based System Engineering，MBSE）是一种解决涉及复杂控制、信号处理以及通信系统中相关问题的数学和可视化方法，它通过改变一组模型参数或输入信号，或通过查看输出结果或模型的响应来验证控制逻辑。

软件在环测试方法是指在主机中，对仿真中生成的代码或手写代码进行评估，以实现对生成代码的早期确认。为了提高测试效率，可以将软件在环与模型在环进行对比测试，实现模型和代码的同步执行。模型在环和软件在环测试示意如图 1-4 所示。

3. 硬件在环测试方法

硬件在环测试方法是将真实的控制器置于测试回路，将其余部件的压力或电子信号用真实信号或仿真环境模拟的信号纳入控制器的控制回路（不包含动力加载装置）。硬件在环测试示意如图 1-5 所示。

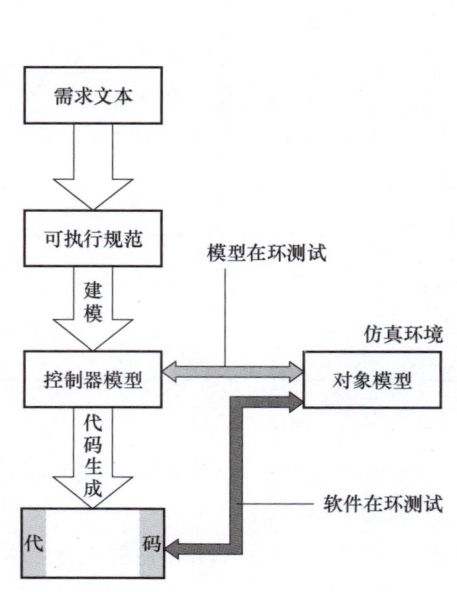

图 1-4　模型在环和软件在环测试示意

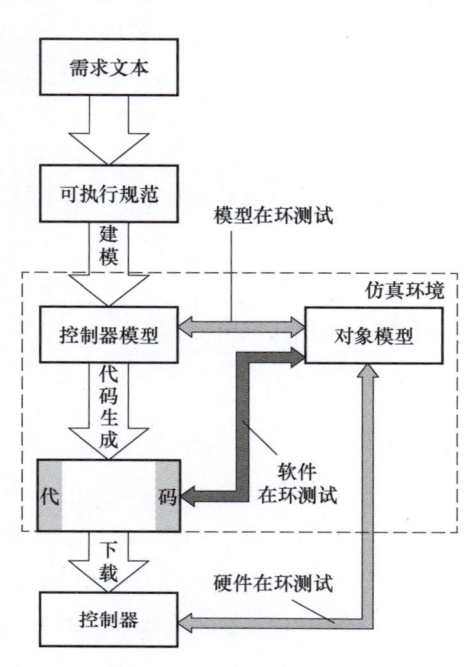

图 1-5　硬件在环测试示意

硬件在环测试的关键是引入信号的传递环节。图 1-6 所示为典型的硬件在环测试系统模型，其中 $P(s)$ 是控制器传递函数，$T_z(s)$ 是传感器传递函数，$D(s)$ 是控制对象模型，$N(s)$ 是测试系统的其余部件模型，$\xi_1(s)$ 是噪声信号。

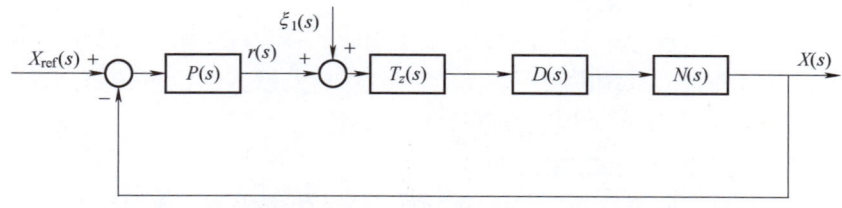

图 1-6　硬件在环测试系统模型

4. 台架在环测试方法

台架在环测试方法是利用动力加载装置模拟系统其余部件的动力学特性对实物部件进行加载，实物部件输出的信号再反馈回系统模型，构成系统回路。台架在环测试示意如图 1-7 所示。

5. 整车车测试方法

传感器单体检测、模型在环、软件在环、硬件在环和台架试验适用于传感器、控制器、部件、系统或总成的测试，但当把这些零部件或总成组装在一起时，可能会产生意

项目 1　智能网联汽车及传感器认知

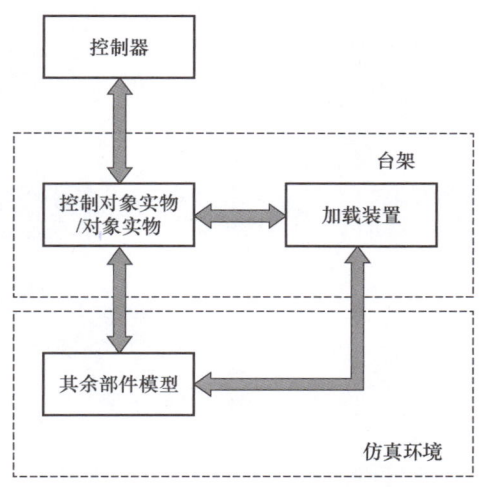

图 1-7　台架在环测试示意

想不到的故障或问题，所以必须做整车测试。整车的测试与评价，要使用汽车试验场或一些通用大型测试设备，例如环境试验设备、碰撞实验设备、电波暗室、半消声室、大型暗箱等。

任务 4　智能汽车传感器认知

1. 智能汽车是移动的传感器平台

智能汽车装备有大量传感器，可以看作是"移动的传感器平台"（图 1-8）。

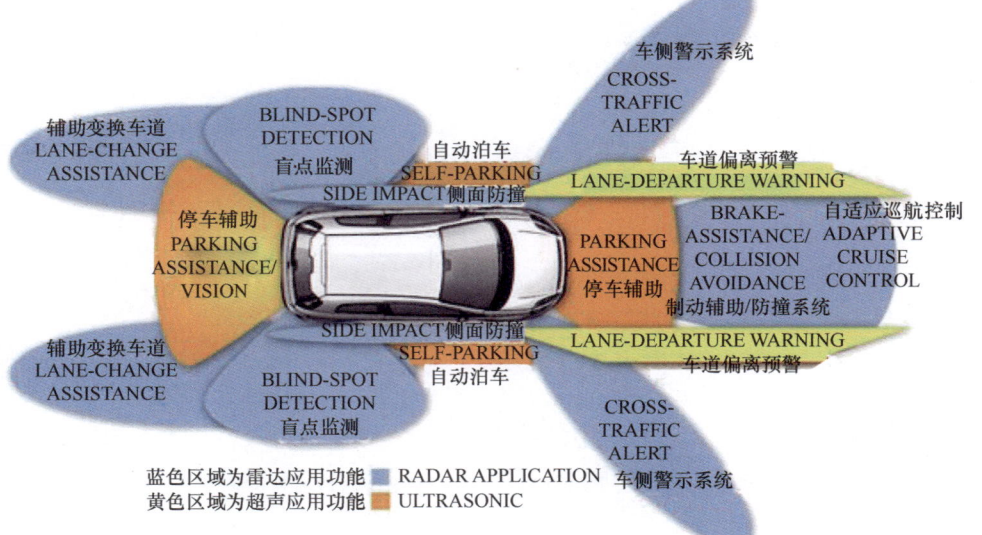

图 1-8　移动的传感器平台

11

传感器是一种能检测物理量、电量和化学量等信息，并能把它们转换成控制系统能接收的电信号，并对信息进行采集和传输的器件。GB/T 7665—2005 定义传感器为能感受被测量并按照一定的规律转换成可用输出信号的器件或装置，通常由敏感元件和转换元件组成（图 1-9）。

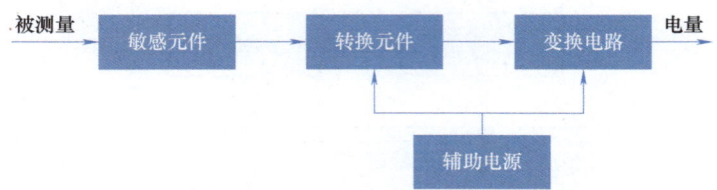

图 1-9　传感器的组成

智能网联汽车的关键词是网联和智能，其中智能主要是指自动驾驶。自动驾驶汽车必须具有环境感知能力，能不断采集汽车外部环境信息，识别周围环境中静止和运动的物体，对识别的物体进行检测和跟踪，再通过相应的算法判断物体是否是目标物以及目标物对汽车的威胁程度，即具有探测视场、探测距离的能力，其采集的数据应该覆盖车体周围 360°。应实现自动驾驶时前方最远探测距离不小于 150m，后方探测距离不小于 80m，左右侧向探测距离不小于 20m。

环境感知传感器主要包括视觉传感器、距离传感器、定位传感器。除了环境感知传感器，智能网联汽车仍然需要使用具有测控车辆自身运行状态功能的传感器，例如各种转速传感器、温度传感器、压力传感器，智能网联汽车仍然具有 ABS 等系统的基本功能。环境感知传感器主要用于采集汽车行驶环境的外部数据，而汽车状态测控传感器则用于采集汽车自身运行数据，二者各司其职并且协同工作。智能网联汽车传感器种类如图 1-10 所示。

没有一种传感器能够单独完成复杂的环境感知任务，智能网联汽车通常是根据场景需求，选择激光雷达、毫米波雷达、超声波雷达、摄像头、卫星定位与惯性导航传感器中的若干进行组合，并通过信息融合，协同感知汽车行驶场景的状况。

不同场景智能网联汽车所使用的环境感知传感器如图 1-11 所示，L1 ~ L3 级别的智能网联汽车主要实现 ADAS 功能，通过超声波雷达、毫米波雷达和摄像头的组合可以满足辅助驾驶对环境感知的需求，L4 ~ L5 级别的智能网联汽车需要增加更多的传感器来满足对更复杂环境进行感知的需求。

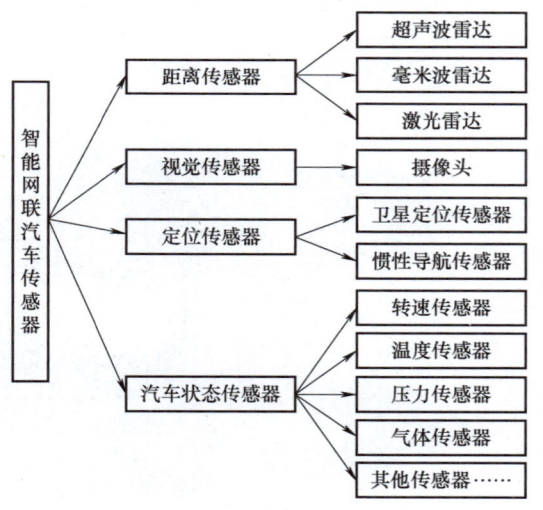

图 1-10　智能网联汽车传感器种类

不同类型的环境感知传感器，具有各自的优点与缺点，环境感知传感器性能对比见表 1-3。

智能汽车传感器技术任务工单

班　　级：＿＿＿＿＿＿

姓　　名：＿＿＿＿＿＿

学　　号：＿＿＿＿＿＿

指导教师：＿＿＿＿＿＿

机械工业出版社

目 录

任务工单 1　智能网联汽车调研与认知 …………………………………… 1

任务工单 2　电磁式转速与相位传感器检测 ……………………………… 2

任务工单 3　霍尔式转速与相位传感器检测 ……………………………… 4

任务工单 4　光电式转速与相位传感器检测 ……………………………… 8

任务工单 5　温度传感器检测 ……………………………………………… 10

任务工单 6　空气流量传感器检测 ………………………………………… 12

任务工单 7　氧传感器检测 ………………………………………………… 14

任务工单 8　超声波雷达安装与标定 ……………………………………… 17

任务工单 9　毫米波雷达安装与标定 ……………………………………… 19

任务工单 10　激光雷达安装与标定 ………………………………………… 23

任务工单 11　视觉传感器安装与标定 ……………………………………… 25

任务工单 12　定位与惯性导航传感器安装与标定 ………………………… 26

任务工单 1
智能网联汽车调研与认知

1. 分析我国智能网联汽车的技术分级阶段。

阶段	智能化程度	特征	典型功能（配置）举例
L0			
L1			
L2			
L3			
L4			
L5			

2. 调研本地市场在售的智能网联汽车。

品牌	车型	上市时间	具备智能网联汽车的功能（配置）	对应智能网联汽车的阶段

3. 智能网联汽车主要测试技术分析。

测试方法	测试对象	测试设备	测试方法	优缺点分析

任务工单 2
电磁式转速与相位传感器检测

1. 电磁式传感器的测速。

（1）设备或仪器：电动机、电磁式传感器、2～24V 直流电源、频率/转速表、通信接口。

（2）任务目标：理解电磁式传感器的原理及应用。

（3）工作步骤：

1）安装电磁式传感器，将电动机电源接到 2～24V 直流电源输出（注意正负极不要接反，以防烧坏电动机），电磁式传感器的两根输出线接到频率/转速表。

2）调节 2～24V 直流电源电压调节旋钮，改变电动机的转速，通过通信接口的 CH1 通道用上位机软件观测其输出波形。

实验台如图 1 所示。

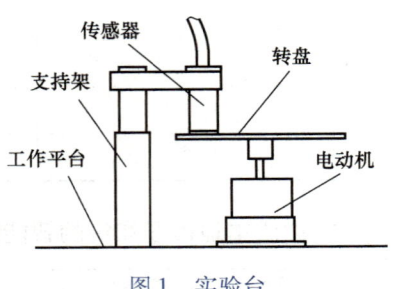

图 1 实验台

记录实验数据：

U/V						
$n/(r/min)$						

记录图线：

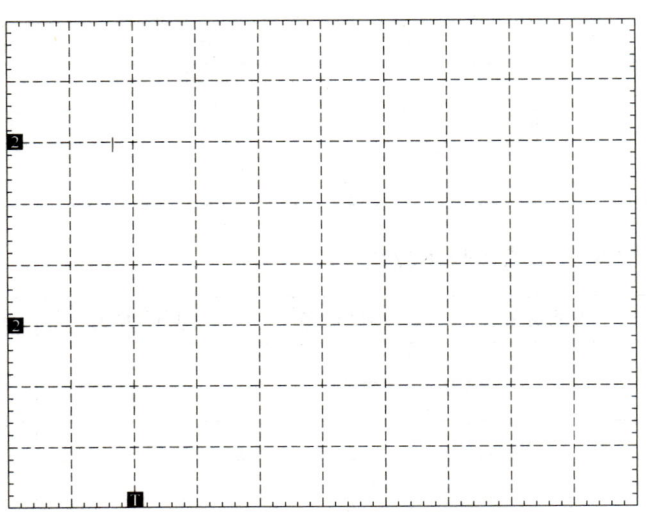

2. 电磁式发动机转速传感器的检测。
（1）设备或仪器：电磁式发动机转速传感器、磁铁或铁棒、万用表、示波器。
（2）任务目标：掌握电磁式发动机转速传感器的检测方法。
（3）工作步骤：
1）测量端子之间的电阻。
2）用磁铁或铁棒划过传感器，记录信号电压。
电磁式发动机转速传感器电路如图 2 所示。

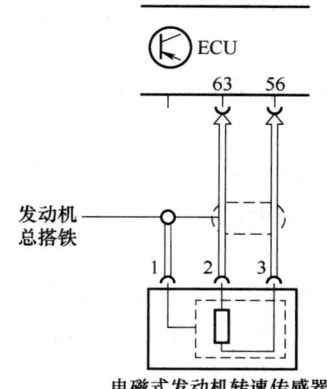

图 2　电磁式发动机转速传感器电路

记录实验数据：

各端子间电阻/Ω						
端子 2-3 间电压/V						

记录图线：

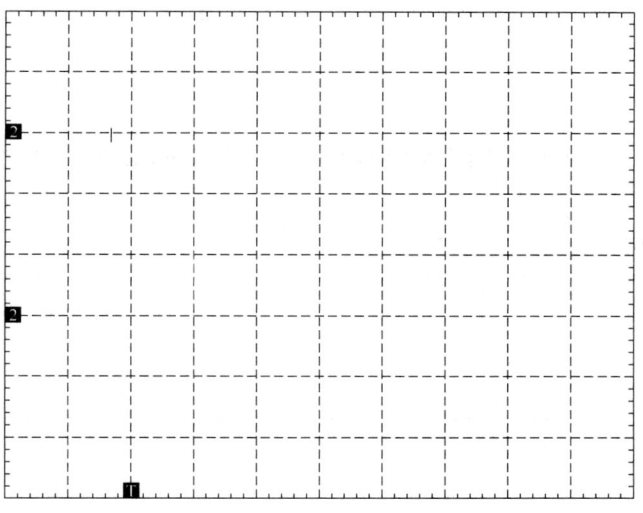

任务工单 3
霍尔式转速与相位传感器检测

1. 直流激励时霍尔式传感器的位移特性。

（1）设备或仪器：霍尔式传感器模块、霍尔式传感器、测微头、直流电源、万用表。

（2）任务目标：理解霍尔式传感器的直流激励时的位移特性。

（3）工作步骤：

根据霍尔效应，霍尔电势 $U_H = IBK_H$，其中 K_H 为灵敏度系数，由霍尔元件材料的物理性质决定，当通过霍尔元件的电流 I 一定，霍尔元件在一个梯度磁场中运动时，就可以进行位移测量。

1）将霍尔式传感器按图 3 接线，引线接到霍尔式传感器模块插座上。

2）开启电源，将测微头的起始位置调到"1cm"处，手动调节测微头的位置，先使霍尔元件置于磁钢中间位置，固定测微头，再次调节到零。

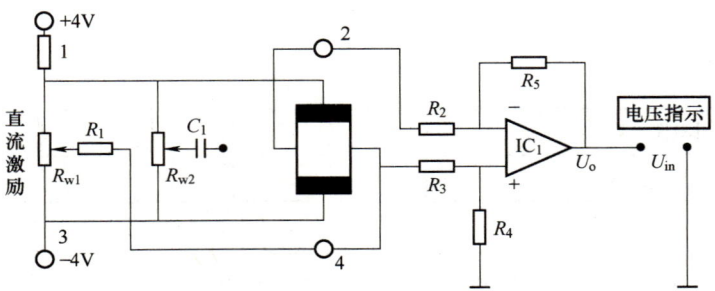

图 3　接线图

3）分别向左、右不同方向旋动测微头，每隔 0.2mm 记下一个读数，直到读数近似不变，将读数填表。

记录实验数据：

x/mm								
U/mV								

记录图线：

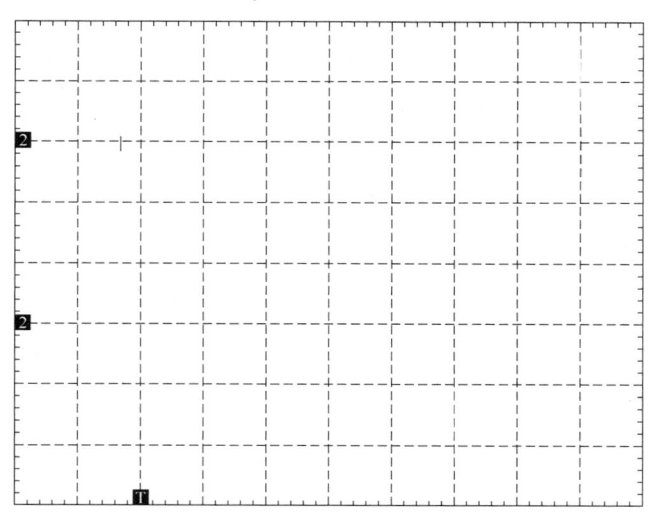

2. 交流激励时霍尔式传感器的位移特性。

（1）设备或仪器：霍尔式传感器模块、霍尔式传感器、测微头、直流电源、万用表。

（2）任务目标：理解霍尔式传感器的交流激励时的位移特性。

（3）工作步骤：

1）将霍尔式传感器按图4接线，引线接到霍尔式传感器模块插座上。

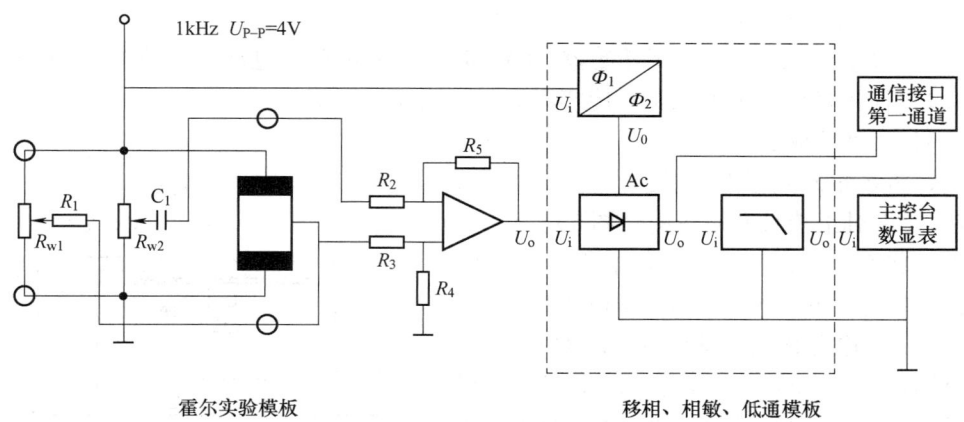

图 4　接线图

2）振荡器的输出端输出频率为 1kHz，$U_{p-p}=4V$ 的正弦波。

3）开启电源，将测微头的起始位置调到"10mm"处，手动调节测微头的位置，先使霍尔元件置于磁钢中间位置，固定测微头，再次调节到零。

4）分别向左、右不同方向旋动测微头，每隔 0.2mm 记下一个读数，直到读数近似不变，将读数填表。

记录实验数据：

x/mm								
U/mV								

记录图线：

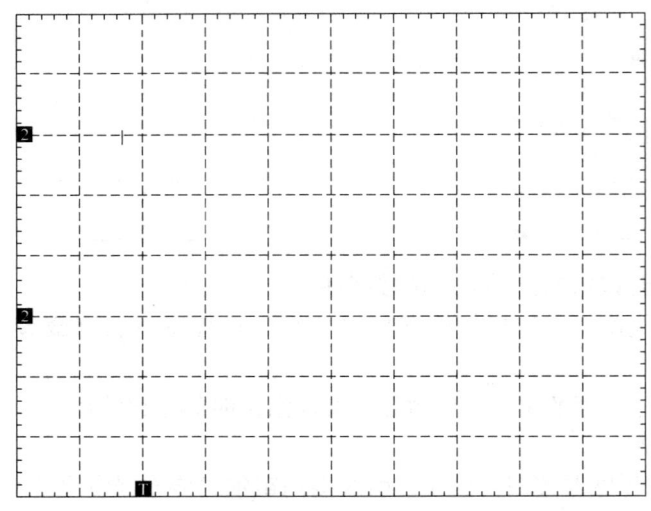

3. 霍尔式传感器测速。

（1）设备或仪器：霍尔式传感器、5V 和 2~24V 电源、电动机、频率/转速表。

（2）任务目标：理解霍尔式传感器的测速原理与应用。

（3）工作步骤：

1）将霍尔式传感器安装于工作平台上，使霍尔元件对正转盘上的磁钢（图5）。

2）将 5V 电源接到三源板上霍尔元件输出的电源端，霍尔元件输出接到频率/转速表，2~24V 电源接到电动机的电源输入端。

3）调节 2~24V 电源输出，观察电动机转速的变化。通过通信接口的 CH1 通道，用上位机软件观测霍尔元件的输出脉冲波形。

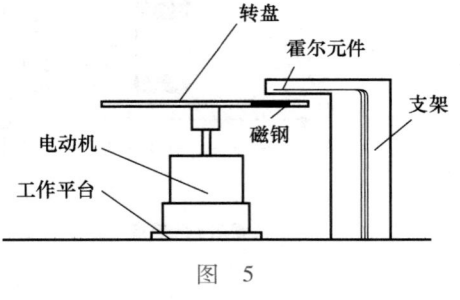

图 5

记录实验数据：

U/V								
n/(r/min)								

记录图线：

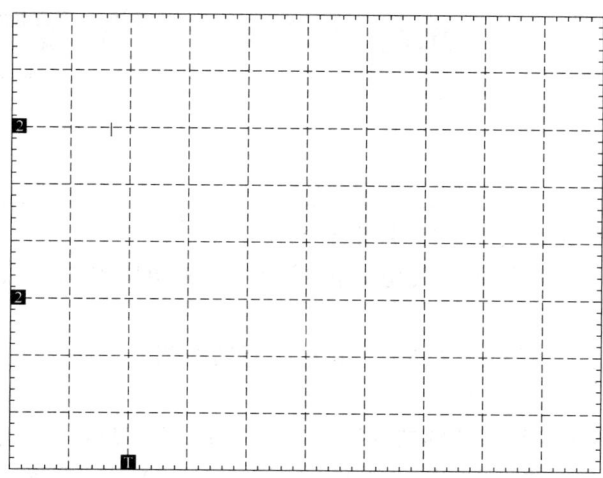

4. 霍尔式传感器检测。

（1）设备或仪器：霍尔式传感器、5V 和 2～24V 电源、电动机、万用表、示波器。
（2）任务目标：掌握霍尔式传感器检测方法。
（3）工作步骤：
1）准备霍尔式传感器实物，G28、G40、G300 或其他轮速传感器。
2）输入 5V 工作电压。
3）检测转速变化时，信号端子输出电压变化。

记录实验数据：

x/mm									
U/mV									

记录图线：

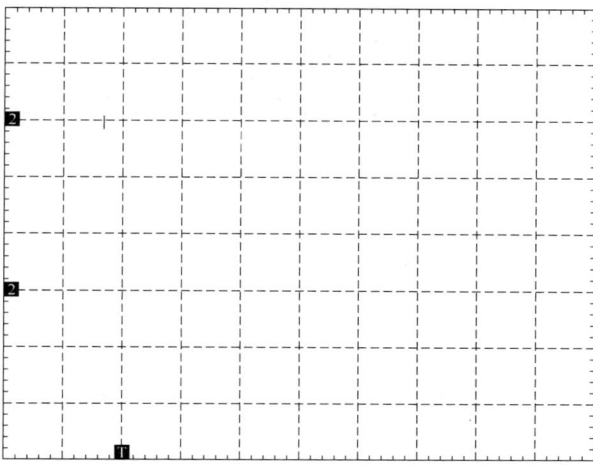

任务工单 4
光电式转速与相位传感器检测

光电式转速与相位传感器的转速测量。

（1）设备或仪器：电动机、光电式传感器、直流稳压电源、频率/转速表、通信接口（含上位机软件）。

（2）任务目标：理解光电式转速与相位传感器的测速原理。

（3）工作步骤：

1）将光电式转速与相位传感器安装在电动机上，2~24V 电源电压输出接到三源板的电动机电源输入，并将 2~24V 电压调节到最小，5V 电源接到三源板光电式转速与相位传感器输出的电源端，光电式转速与相位传感器输出接到频率/转速表的"fin"端。

2）合上主控制台电源开关，逐渐增大 2~24V 电压输出，使电动机转速加快，观测频率/转速表的显示值，同时可通过通信接口的 CH1 用上位机软件观察光电式转速与相位传感器的输出波形。

实验台如图 6 所示。

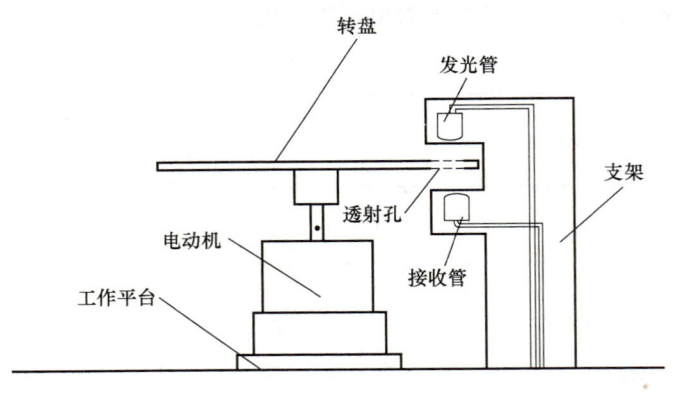

图 6　实验台

记录实验数据：

U/V						
n/(r/min)						

记录图线：

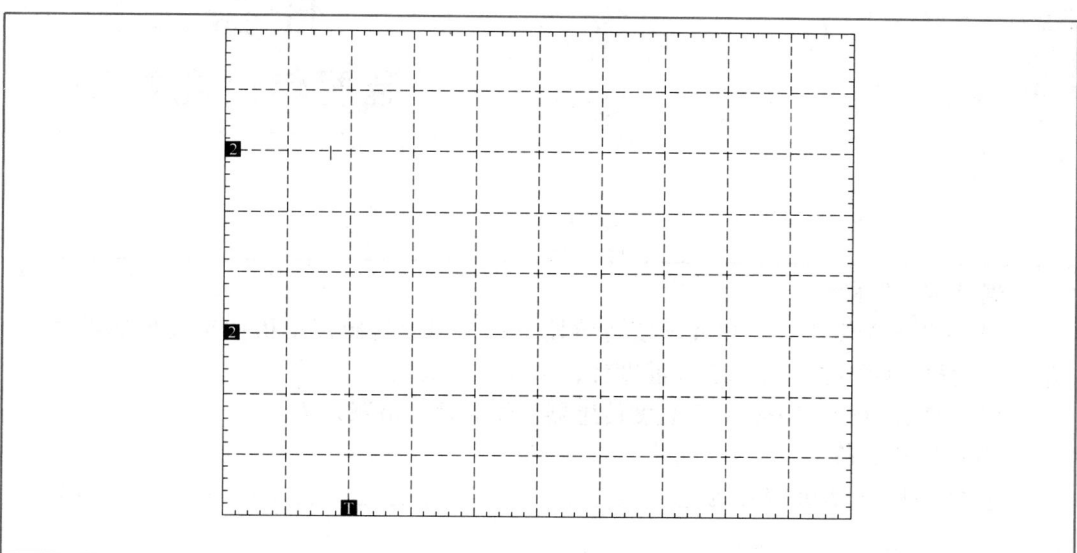

任务工单 5
温度传感器检测

温度传感器检测。

(1) 设备或仪器：冷却液温度传感器、进气温度传感器、机油温度传感器等若干，发动机，解码器，万用表，温度计，水杯，电吹风。

(2) 任务目标：理解 NTC 温度传感器工作原理与检测方法。

(3) 任务准备

① 实验用发动机型号为_____，温度传感器的类型是_____。

② 冷却液温度传感器的英文缩写是_____，进气温度传感器的英文缩写是_____。

③ 冷却液温度升高，喷油量_____，点火提前角_____；进气温度升高，喷油量_____，点火提前角_____。

(4) 工作步骤

1) 画出该车温度传感器电路图，并填写相应内容。

冷却液温度传感器电路图：	端子	功用	性能参数

进气温度传感器电路图：	端子	功用	性能参数

2) 用电吹风或热水改变温度传感器的温度，测量端子间的电阻值并绘出温度-电阻曲线图。

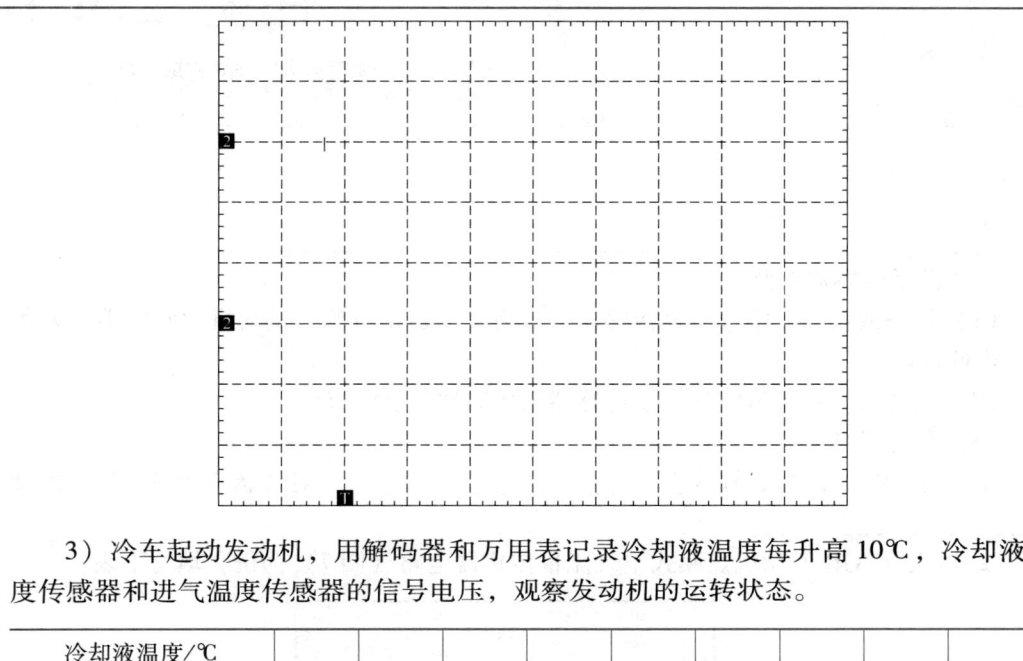

3)冷车起动发动机,用解码器和万用表记录冷却液温度每升高10℃,冷却液温度传感器和进气温度传感器的信号电压,观察发动机的运转状态。

冷却液温度/℃								
冷却液温度传感器 信号电压/V								
进气温度/℃								
进气温度传感器 信号电压/V								

任务工单 6
空气流量传感器检测

空气流量传感器检测。

（1）设备或仪器：空气流量传感器、双路直流稳压电源、发动机、解码器、万用表、电吹风机。

（2）任务目标：理解空气流量传感器工作原理与检测方法。

（3）任务准备

① 实验用发动机型号为_____，空气流量传感器的类型是_____。

② 以大众 AJR 发动机热膜式空气流量传感器电路（图 7）为例，填写下表：

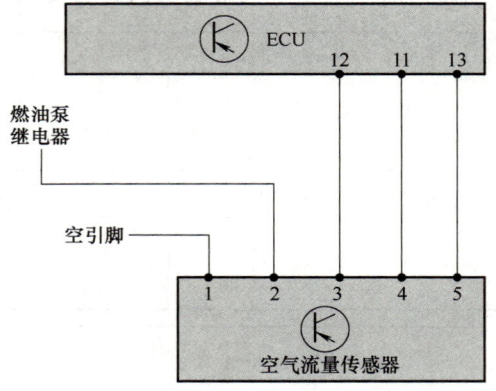

图 7　大众 AJR 发动机热膜式空气流量传感器电路

端　子	功能定义	标准电压/V
1 号端子		
2 号端子		
3 号端子		
4 号端子		
5 号端子		急速时_____；急加速时_____

（4）工作步骤

1）取下空气流量传感器总成（图8），将12V/5V变压器12V电压或蓄电池电压施加在空气流量传感器电器插座针脚2上，将5V电压施加在空气流量传感器电器插座针脚4上，将数字万用表设置在直流电压20V档，测量空气流量传感器电器插座针脚3和针脚5，应有1.5V左右电压；使用电吹风机由空气流量传感器隔栅一端吹入冷空气或加热的空气，测量空气流量传感器电器插座针脚3和针脚5，电压应瞬时上升至2.8V后回落。

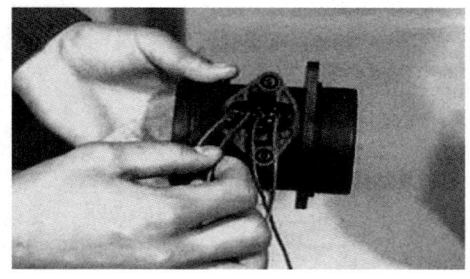

图8 空气流量传感器总成

用电吹风机向空气流量传感器多次吹气，记录信号电压：

第一次吹气	
第二次吹气	
第三次吹气	
第四次吹气	
第五次吹气	

2）就车测试。起动发动机并使其达到工作温度，测量发动机实验台上的空气流量传感器针脚5的反馈信号，红色表针置于空气流量传感器针脚5，黑色表针置于空气流量传感器针脚3、蓄电池负极或进气歧管壳体，记录不同转速时空气流量传感器的信号电压。

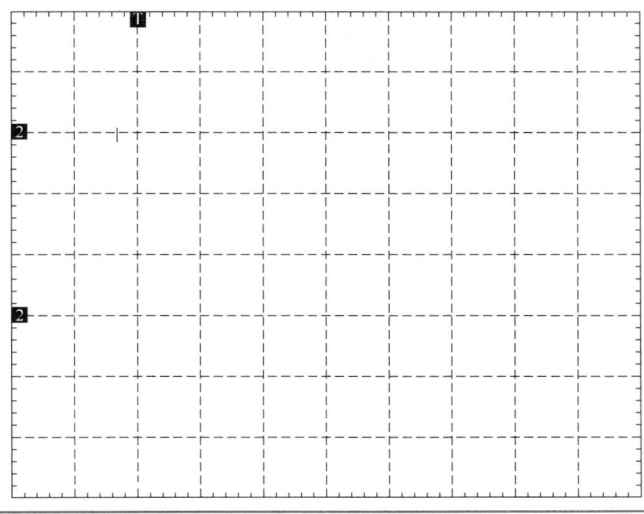

任务工单 7
氧传感器检测

氧传感器检测。
（1）设备或仪器：氧传感器、发动机、解码器、万用表、电吹风机。
（2）任务目标：理解氧传感器的工作原理与检测方法。
（3）任务准备
① 氧传感器的英文缩写是_____，常用类型有_____和_____。
② 氧传感器的作用是_____。
③ 图 9 是大众 AJR 氧传感器与 PCM 电路图，将 1-4 号端子功能定义与标准电压填入下表：

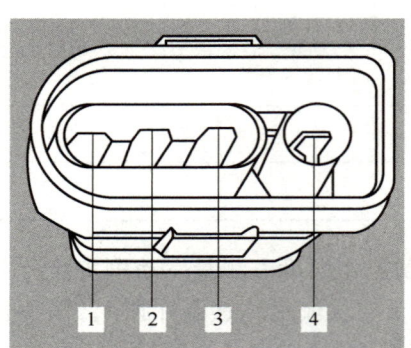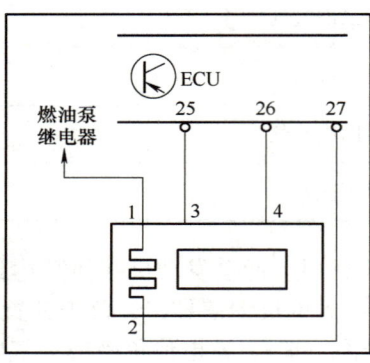

图 9　大众 AJR 氧传感器与 PCM 电路图

端子	功能定义	标准电压/V
1 号端子		
2 号端子		
3 号端子		
4 号端子		

（4）工作步骤
1）接上解码器，打开点火开关，读取故障码：_____。
2）拔下氧传感器插头，测量加热元件电阻值为_____，测量加热元件电压为_____。

3）发动机热车至正常温度，并以 2500r/min 运转，用万用表测量氧传感器信号电压，电压在_____之间波动，10s 内变化次数为_____次。

4）急踏加速踏板，使混合气变浓，信号电压为_____；松开加速踏板，使混合气变稀，信号电压为_____。

5）画出氧传感器在各种工况下的波形。

正常急速工况：

拔下压力调节器真空管：

拔下某气缸喷油器插头：

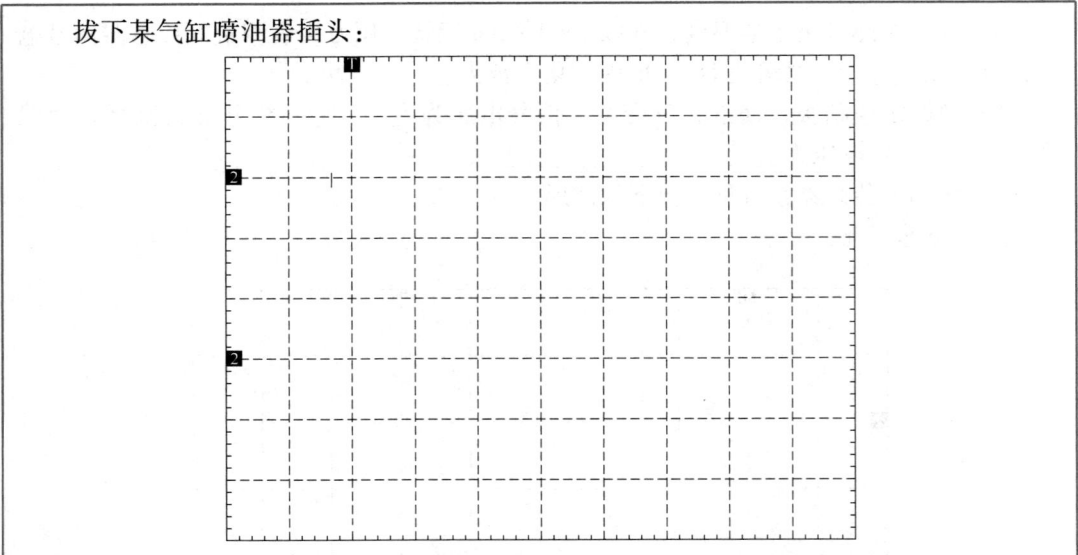

任务工单 8
超声波雷达安装与标定

超声波雷达安装与标定。

(1) 设备或仪器：超声波雷达（实验台或实验箱）、万用表、示波器、目标模拟器、卷尺。

(2) 任务目标：理解超声波雷达的工作原理，掌握其安装与标定方法。

(3) 安全要求与注意事项：注意人身和设备安全；场地面积足够，无障碍物；功能检测时，学员应在指定工作区域，以免随意走动造成干扰。

(4) 工作步骤

1) 在工作区放置工作牌，将超声波雷达安装在支架上。

2) 将超声波雷达和控制盒线束连接。

3) 打开超声波雷达控制盒供电开关、超声波电源开关。

4) 在超声波雷达正前方1m处放置障碍物（或站立人模拟障碍物）。

5) 观察超声波显示界面测距数值。

6) 前后左右移动障碍物，观察测距数值变化。在图10 超声波雷达的不感应区域、限定区域和不确定区域示意中标记相应区域尺寸。

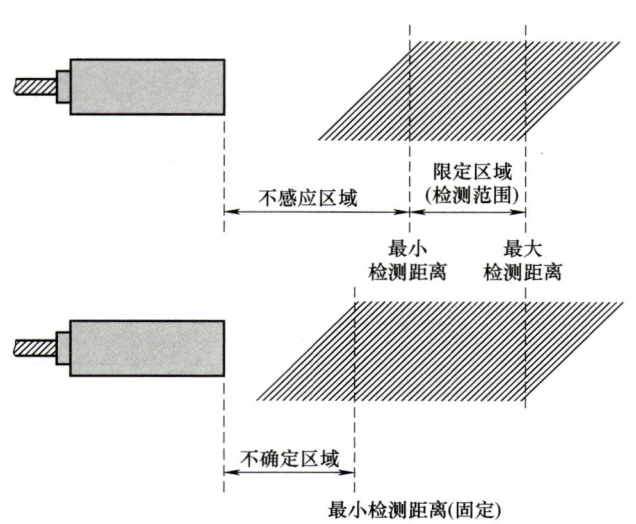

图10　超声波雷达的不感应区域、限定区域和不确定区域示意

7) 组装和连接示波器。

8）将示波器测试针连接控制面板端口 CH2（信号）、CH1（接地）。

9）打开示波器，测试超声波雷达发射的脉冲信号。图 11 所示是发射脉冲信号参考，根据测试结果记录测试波形。

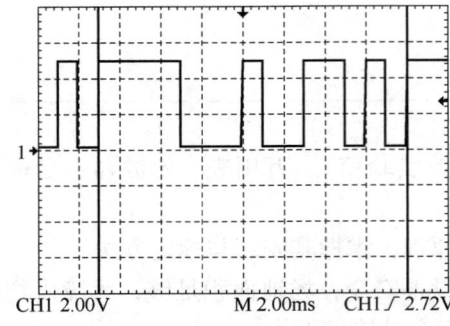 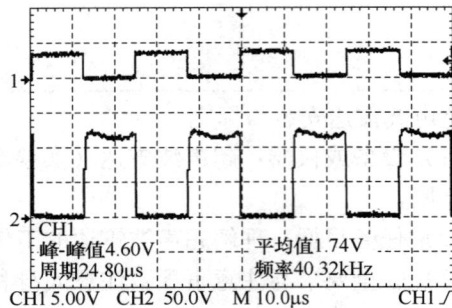

图 11　发射脉冲信号参考

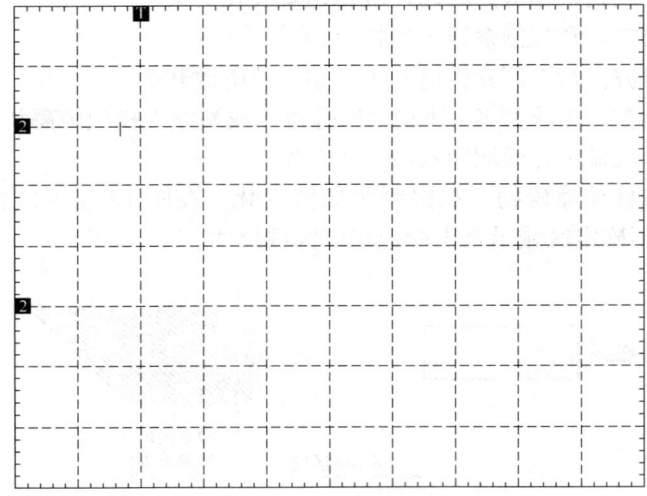

10）观察波形，分析超声波雷达发射信号的脉冲周期。
_____

11）整理实验场地。

任务工单 9
毫米波雷达安装与标定

毫米波雷达安装与标定。

(1) 设备或仪器:毫米波雷达(实验台或实验箱)、万用表、示波器、目标模拟器、卷尺。

(2) 任务目标:理解毫米波雷达工作原理,掌握其安装与标定方法。

(3) 安全要求与注意事项:注意人身和设备安全;场地面积足够,无障碍物;功能检测时,学员应在指定工作区域,以免随意走动造成干扰。

(4) 工作步骤

1) 在工作区放置工作牌,将毫米波雷达安装在支架上。

2) 将毫米波雷达 RACN 信号线与控制柜 CAN-H 和 CAN-L 连接,如图 12 所示。

图 12 毫米波雷达与控制柜连接

3) 打开毫米波雷达控制盒供电开关、电源开关。

4) 在毫米波雷达正前方固定距离放置模拟目标,记录距离。

5) 打开控制柜电源,启动计算机。

6) 启动"Radar Viewer"或其他毫米波测试软件。

7) 对毫米波雷达安装位置进行调整、标定(模拟目标在测试软件中显示信息与实际一致)。

8) 记录软件测试界面的距离、幅度、角度等信息。

9）记录最远距离测试点位数据，并将测试数据填表：

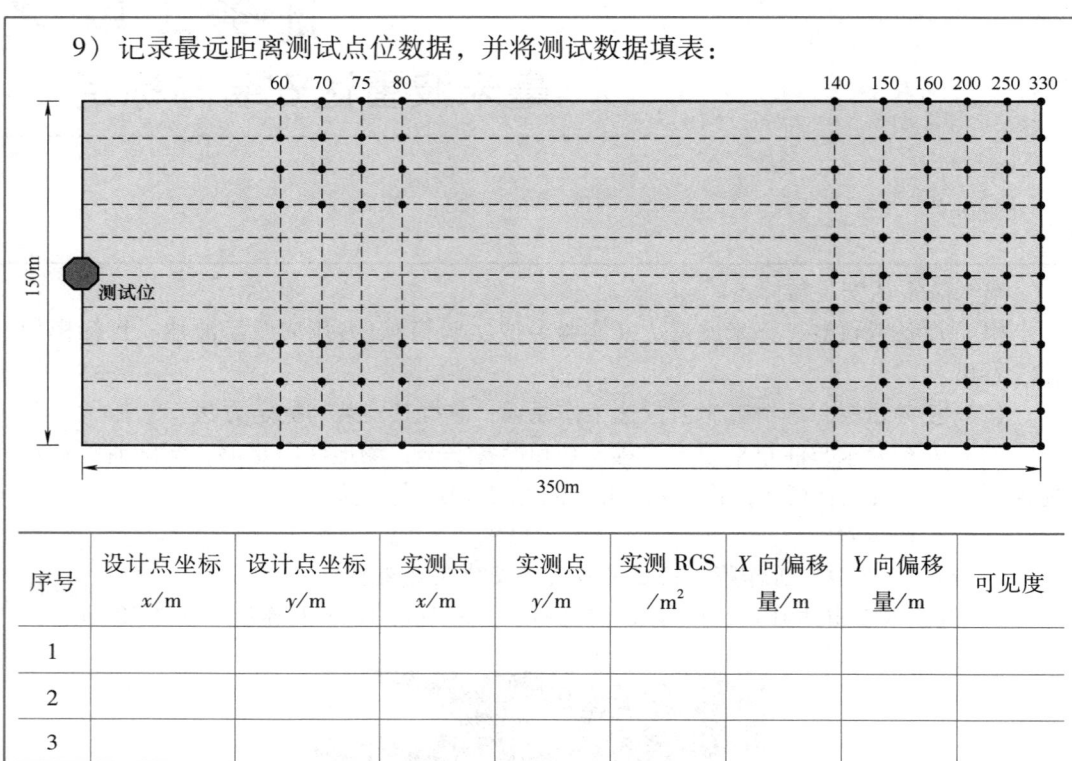

序号	设计点坐标 x/m	设计点坐标 y/m	实测点 x/m	实测点 y/m	实测 RCS $/m^2$	X 向偏移量/m	Y 向偏移量/m	可见度
1								
2								
3								

10）记录距离精度测试点位数据，并将测试数据填表：

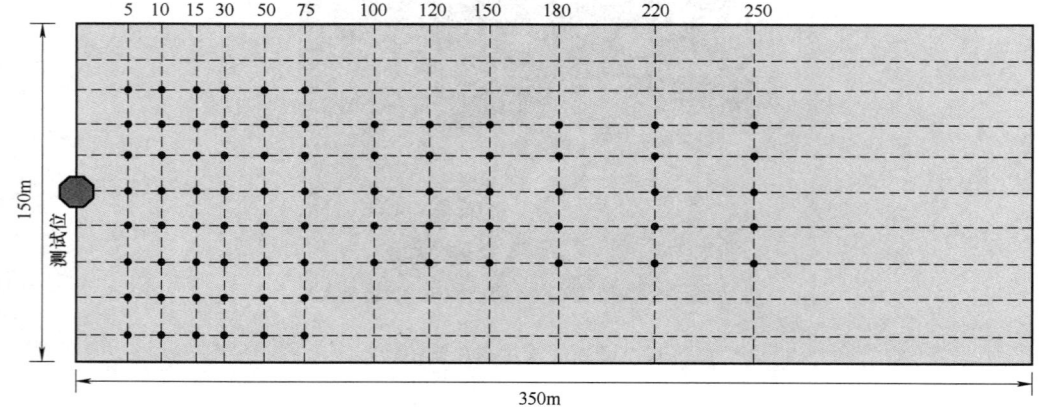

序号	坐标 x/m	坐标 y/m	实测点 x/m	X 向偏差量/m	实测点 y/m	Y 向偏差量/m	雷达测量体长/m	雷达测量体宽/m
1								
2								
3								

11）记录目标雷达散射特性及位置中心精度测试数据，并将测试数据填表：

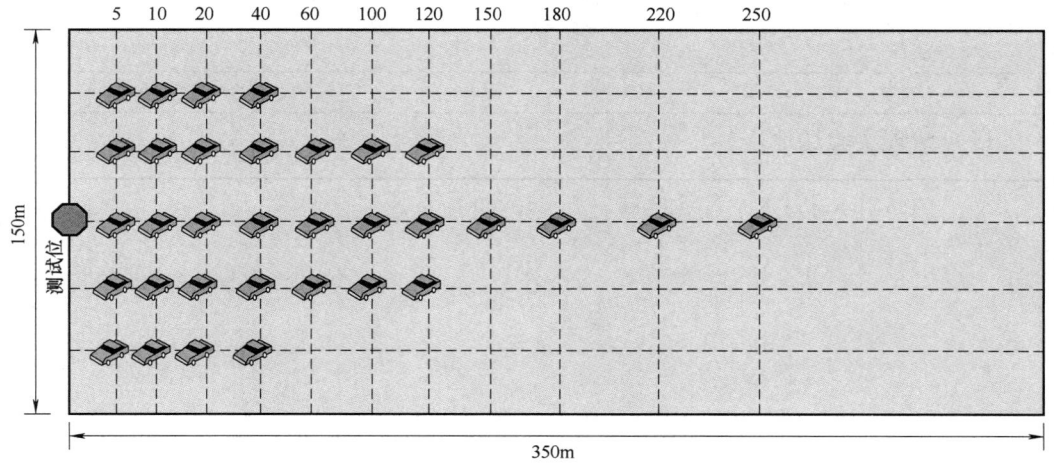

序号	目标车辆类型	车速/(km/h)	目标 RCS/m²	DistLong_rms	DistLat_rms	VrelLong_rms	VrelLat_rms	ArelLong_rms
1								
2								
3								

12）关闭测试界面，启动"USB-CAN TOOL"程序，打开 CAN 分析仪。

13）设置设备比特率为 500kbit/s，读取 CAN 分析仪采集的数据。

14）实时存储 CAN 分析仪采集到的数据，识别出有效数据。

15）解析 CAN 分析仪读取的数据，将十六进制转换为十进制。

16）将换算的数据和测试软件读出的数据做匹配分析（参考雷达目标格式，计算目标距离）。

17）将雷达 RCAN 信号线与示波器通道连接。

18）通过示波器观察 CAN-H 和 CAN-L 波形，保存波形截图。

19）清理实验场地。

任务工单 10
激光雷达安装与标定

激光雷达安装与标定。

（1）设备或仪器：激光雷达（实验台或实验箱）、万用表、示波器、目标模拟器、卷尺。

（2）任务目标：理解激光雷达工作原理，掌握其安装与标定方法。

（3）安全要求与注意事项：注意人身和设备安全；场地面积足够，无障碍物；功能检测时，学员应在指定工作区域，以免随意走动造成干扰。

（4）工作步骤

1）在工作区放置工作牌，将激光雷达安装在支架上，注意平整与无遮挡。

2）将激光雷达的 USB 接口与实验台 USB 接口连接。

3）打开计算机的"设备管理器"，查看连接硬件的识别端口。

4）深圳速腾提供 RSVIEW 软件读取设备参数，根据硬件识别端口进行设置。也可以使用其他定制软件。

5）单击"command-scan"启动激光雷达扫描。

6）在雷达正前方放置模拟目标，观察扫描的点云图像、角度与距离信息。

7）移动物体，观察点云变化，并记录。

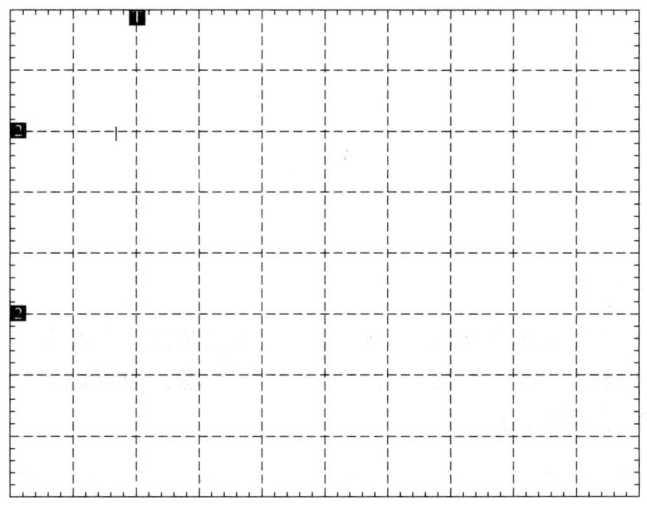

8）单击"set motor PWM"，调节激光雷达转速。

9）连接示波器。

10）根据激光雷达接口及定义，测试激光雷达供电电压值：_____。

11）测试激光雷达输出、输入信号波形（比特率256kbit/s），并记录。

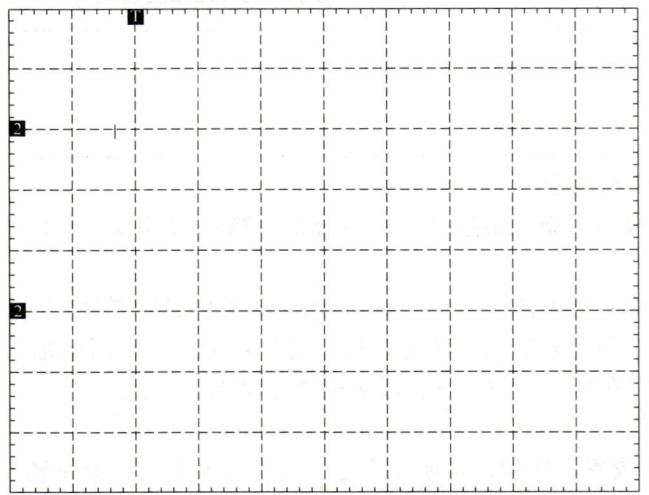

12）测试激光雷达PWM脉冲调制波形，并记录。

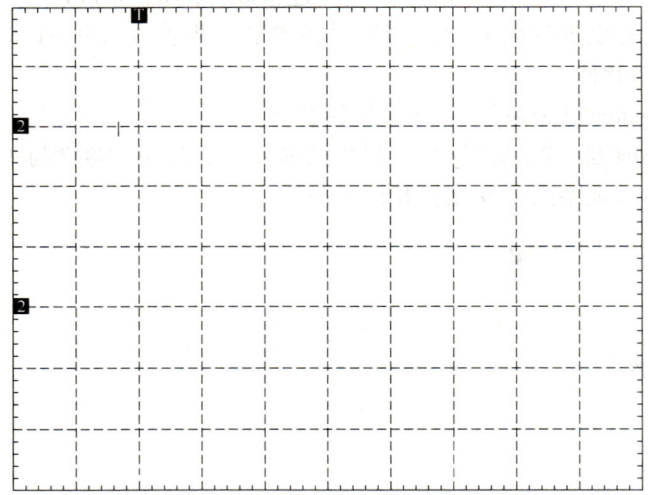

13）清理实验场地。

注：不同激光雷达的标定方法差异较大，车规激光雷达价格贵、扫描精度高、距离远，实验室空间有限会造成干扰。从教学实用性考虑，建议以单线激光雷达为任务载体，具体方法参考产品手册。

任务工单 11
视觉传感器安装与标定

视觉传感器安装与标定。
(1) 设备或仪器：视觉传感器（实验台或实验箱）、目标模拟器、卷尺。
(2) 任务目标：理解视觉传感器工作原理，掌握其安装与标定方法。
(3) 安全要求与注意事项：注意人身和设备安全；场地面积足够，无障碍物；功能检测时，学员应在指定工作区域，以免随意走动造成干扰。
(4) 工作步骤

1) 在工作区放置工作牌，将视觉传感器安装在支架上，注意平整与无遮挡（图13）。

2) 将安装视觉传感器的支架摆放在合适位置。

3) 将视觉传感器的 USB 接口与控制台连接，启动设备，确保供电正常。

4) 将目标模拟器置于视觉传感器前方，测量模拟器与传感器的距离和角度，启动计算机视觉传感器参数标定软件，标定物距、角度等外参。

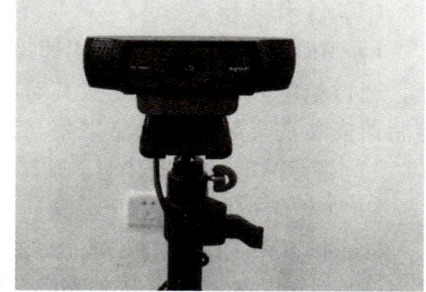

图 13　视觉传感器安装在支架上

5) 标定视觉传感器内参（选做），如像素、焦距、图像原点、畸变等的标定。

6) 以车道与行人识别为例进行应用标定，启动专用标定软件"QYCL carlane"。

7) 将视觉传感器置于车道线的正前方，调整视觉传感器角度及位置，使显示窗口能识别出车道线、行人。

8) 滑动道路上线和道路下线模块，观察车道线识别的区域变化，将软件识别区域与真实区域匹配。

9) 滑动 ROI 区域横、纵坐标位置模块，可以对摄像头拍摄的图像进行感兴趣学习区域识别。

10) 调整 Canny 阈值1和阈值2模块，观察车道线识别的区域变化，将软件识别区域与真实区域匹配。

11) 滑动 Hough 阈值模块，观察车道线识别区域变化，将软件识别区域与真实区域匹配。

12) 恢复各模块初始位置，关闭调试软件。

13) 清理实验环境。

任务工单 12
定位与惯性导航传感器安装与标定

定位惯性导航传感器安装与标定。

（1）设备或仪器：定位与惯性导航传感器（实验台或实验箱）、线控底盘或实车。

（2）任务目标：理解惯性导航传感器工作原理，掌握其安装与标定方法。

（3）安全要求与注意事项：注意人身和设备安全；场地面积足够，无障碍物；功能检测时，学员应在指定工作区域，以免随意走动造成干扰。

（4）工作步骤

1）MEMS 陀螺仪标定采用速率标定方式。将 MEMS IMU 固定于三轴转台的平台上，通过给定固定速率值测量其对应输出的方式进行实验。在工作区放置工作牌，将传感器安装在支架上，注意平整与无遮挡。

2）将待标定 IMU 安装至三轴转台，IMU 的轴向与转台轴向平行，系统开机初始化。

3）X 轴陀螺仪标定数据采集。使转台 X 轴正转，Y、Z 轴静止，速率稳定后记录 X、Y、Z 轴的 MEMS 陀螺仪输出数据；之后转台 X 轴反转，角速度与之前相同，Y、Z 轴静止，速率稳定后记录 X、Y、Z 轴的 MEMS 陀螺仪输出数据，完毕后转台停止旋转。

转台 X 轴正转，Y、Z 轴静止	X 轴输出数据 =
	Y 轴输出数据 =
	Z 轴输出数据 =
转台 X 轴反转，Y、Z 轴静止	X 轴输出数据 =
	Y 轴输出数据 =
	Z 轴输出数据 =

4）Y、Z 轴陀螺仪标定数据采集，参考步骤 4）的方式进行操作。

转台 Y 轴正转，X、Z 轴静止	X 轴输出数据 =
	Y 轴输出数据 =
	Z 轴输出数据 =
转台 Y 轴反转，X、Z 轴静止	X 轴输出数据 =
	Y 轴输出数据 =
	Z 轴输出数据 =

（续）

转台 Z 轴正转，X、Y 轴静止	X 轴输出数据 =
	Y 轴输出数据 =
	Z 轴输出数据 =
转台 Z 轴反转，X、Y 轴静止	X 轴输出数据 =
	Y 轴输出数据 =
	Z 轴输出数据 =

5）求取步骤④、⑤中各次角速度实验中的角速度平均值，用于标定计算。
角速度平均值 =

6）MEMS IMU 加速度计六面法标定（图14）。

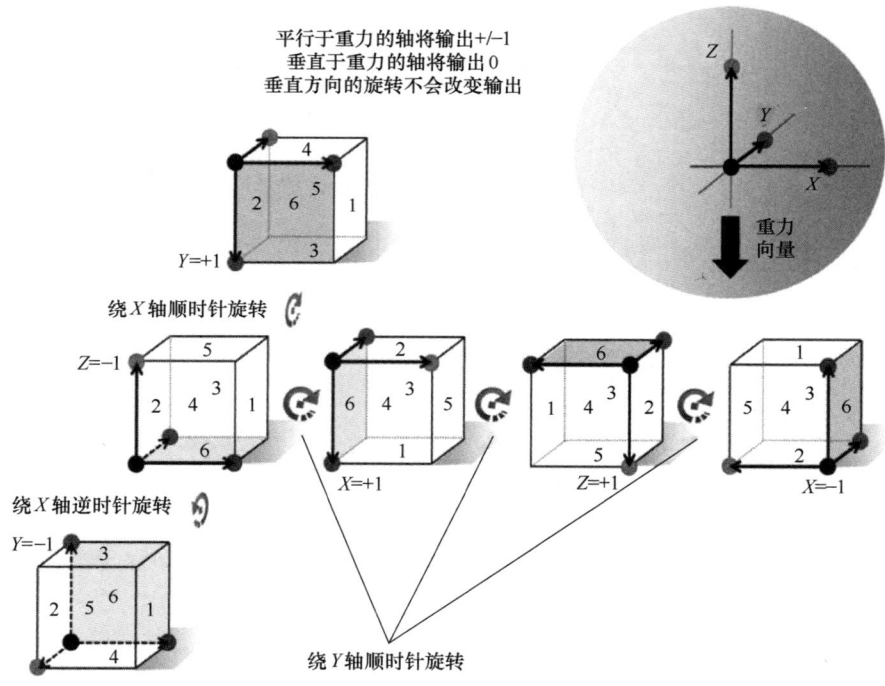

图 14　加速度计六面法标定

7）将 MEMS IMU 放置于六面立方体上，按照图1所示顺序翻转6次，分别采集6个状态的加速度计静态数据，用于校正。

状态 1 加速度 =	状态 4 加速度 =
状态 2 加速度 =	状态 5 加速度 =
状态 3 加速度 =	状态 6 加速度 =

8）其他 MEMS 惯性导航传感器的实物安装、初始化和标定过程，参考项目 8 的任务 3，根据原厂产品手册进行。

9）恢复各模块初始位置，关闭调试软件。

10）清理实验环境。

项目1　智能网联汽车及传感器认知

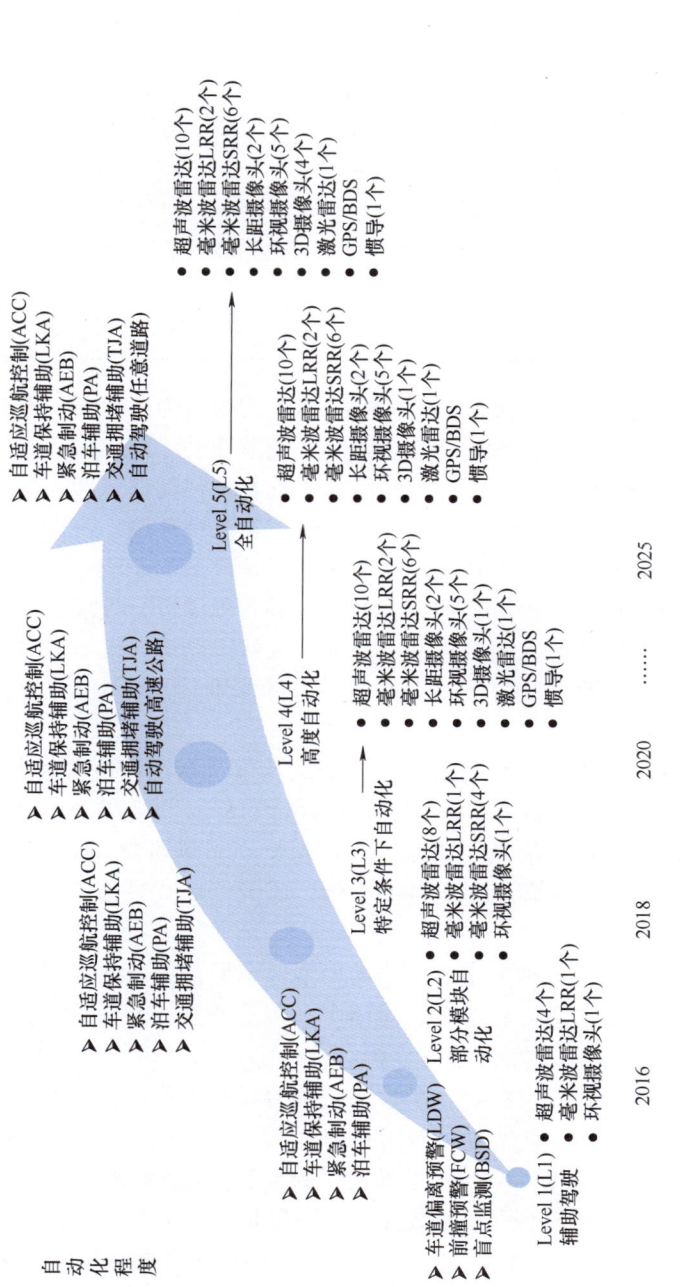

图1-11　不同场景智能网联汽车所使用的环境感知传感器

表 1-3 环境感知传感器性能对比

应用的技术	超声波雷达	摄像头（Vsion）	激光雷达	毫米波雷达
远距离探测能力	弱	强	强	强
夜间工作能力	强	弱	强	强
全天候工作能力	弱	弱	弱	强
受气候影响	小	大	大	小
恶劣环境（烟雾、雨雪）工作能力	一般	弱	弱	强
温度稳定度	弱	强	强	强
车速测量能力	一般	一般	弱	强
目标识别能力	弱	强	一般	弱
避免虚报警能力	弱	一般	一般	强
硬件低成本可能性	高	一般	低	一般

超声波雷达的数据处理简单、快速，一般能检测到的距离为 1~5m，但检测不出来详细的位置信息，主要用于近距离障碍物检测，通常用于倒车辅助。

毫米波雷达波束窄、分辨率高、抗干扰能力强，具有较好的环境适应性，下雨、大雾或黑夜等天气状况对毫米波的传输几乎没有影响，因此可在各种环境下可靠地工作。毫米波雷达的不足是进行目标识别时，难以识别出正在转弯与正在换道的车辆。

摄像头，也称车载相机，采用机器视觉技术对所得的图像进行处理，主要用于车道线识别、交通信号灯识别、障碍物的检测与跟踪以及驾驶人状态监测。机器视觉受天气状况和光照条件变化的影响很大，并且无法直接得到检测对象的深度信息，但是它具有检测范围广、信息容量大、成本低等优点。

激光雷达方向性好、波束窄、无电磁干扰、距离及位置探测精度高。与机器视觉相比，激光雷达能解决图像模糊问题。激光雷达技术可以跟踪目标，获得周围环境的深度信息，广泛应用于障碍物检测、环境三维信息的获取、车距保持、车辆避障。但是激光雷达成本高，对控制单元的运算能力要求高，环境适应性差，雨、雾天气对其工作效果会产生较大影响。

2. 传感器融合与标定

多传感器融合是为了克服各种类型传感器的局限性、保证各传感器在任何时刻都能为车辆运行提供冗余可靠的环境信息。智能车辆使用多个传感器进行数据采集，利用传感器信息融合技术（图1-12）对检测到的数据进行分析、综合、平衡，根据各个传感器信息在时间或空间的冗余或互补特性进行容错处理，扩大系统的时频覆盖范围，增加信息维度，避免单个传感器的工作盲区，从而得到所需要的环境信息。

传感器标定是确定传感器输入量与输出量之间的关系，包括内参标定与外参标定。

传感器内参标定一般指将传感器读数校正至实际数值处，一般通过修正变换进行，更关注准确度。不同的传感器有不同的标定内容，例如视觉传感器内参标定主要关注像素、色温、畸变等，距离传感器内参标定主要关注距离检测值与实际值是否在误差范围内。通常内参标定在工厂进行。

传感器外参标定一般指传感器与外界工作环境进行参数融合的标定。例如定位传感器通常自身有一个坐标系，在不同传感器数据融合的过程中，数据在不同坐标系下的转换需要使用 2 个坐标系的外参，通常为旋转矩阵 R 和平移矩阵 T。例如，把激光雷达安装到车体以

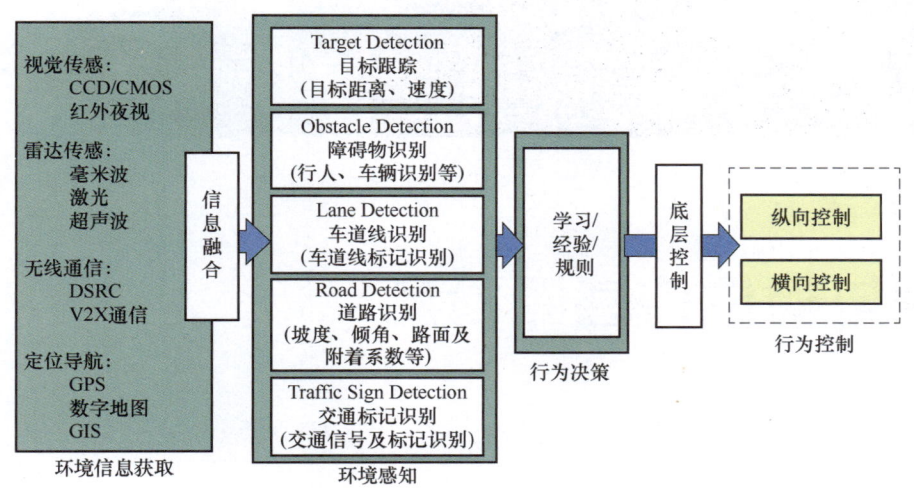

图 1-12　传感器信息融合技术

后，需要把激光雷达的坐标系转化到统一的车体坐标系。

静态特性是指在静态信号作用下，传感器输出量与输入量之间的一种函数关系，其静态特性可表示为

$$y = a_0 + a_1 x + a_2 x^2 + \cdots + a_n x^n \tag{1-1}$$

传感器的动态特性是指传感器在测量快速变化的输入信号情况下，输出量对输入量的响应特性。

传感器标定应该使静态特性和动态特性都符合要求。以激光雷达标定为例，首先进行激光雷达外部安装参数的标定，然后通过激光雷达返回的极坐标数据实现单个激光雷达的数据转换，最后实现多个激光雷达数据转换。通过式（1-2）可实现基准坐标的转化。

$$\begin{bmatrix} x \\ y \\ z \end{bmatrix} = \begin{bmatrix} 1 & 0 & 0 \\ 0 & \cos(-\beta_0) & -\sin(-\beta_0) \\ 0 & \sin(-\beta_0) & \cos(-\beta_0) \end{bmatrix} \begin{bmatrix} -d_i \cos(b_0 + iA) \\ -d_i \sin(b_0 + iA) \\ 0 \end{bmatrix} = \begin{bmatrix} -d_i \cos(b_0 + iA) \\ -d_i \sin(b_0 + iA) \cos\beta_0 \\ -d_i \sin(b_0 + iA) \sin\beta_0 \end{bmatrix} \tag{1-2}$$

式中，β_0 为基准坐标系旋转的角度；d_i 为扫描距离；i 为激光雷达数据序列号；A 为设计采样步距。

通过式（1-3）可实现车辆坐标系的建立。

$$\begin{bmatrix} x_V \\ y_V \\ z_V \end{bmatrix} = \begin{bmatrix} -d_i \cos(b_0 + iA) \cos\gamma + d_i \sin(b_0 + iA) \sin\beta_0 \sin\gamma \\ d_i \sin(b_0 + iA) \cos\beta_0 + L \\ -d_i \cos(b_0 + iA) \sin\gamma - d_i \sin(b_0 + iA) \sin\beta_0 \cos\gamma + H_L - H_V \end{bmatrix} \tag{1-3}$$

式中，L 为激光雷达安装点到车辆质心的距离沿 y 轴的分量；H_L 为激光雷达安装点离地的高度；H_V 为汽车质心离地的高度。

标定传感器时必须要遵守的一个原则是：用精度高的测量规范对精度低的测量规范进行校正。例如量块可以标定千分尺，量块测得值被认为是实际值，而千分尺测得值称为读数。测量时还需要考虑测不准原理，随机误差的存在使得每次测量都无法得到精确的值，但多次测量的读数一般呈正态分布，可用多次测量取平均值的方法消除随机误差的影响。

项目 2
转速与相位传感器检测

【项目目标】

1. 理解电磁式、霍尔式、光电式转速与相位传感器的工作原理。
2. 理解典型的汽车转速传感器和相位传感器案例,掌握检测技术。

当前,在一辆汽车中可能装备了数十种转速与相位传感器。例如,在发动机电控系统中,曲轴位置传感器和凸轮轴位置传感器用于提供发动机转速和相位信号,进行喷油时间和点火时间的控制;在变速器控制系统中,需要采集变速器输入轴转速、输出轴转速和车速信号;在纯电动汽车的动力控制系统中,需要采集电动机转速和相位信号;智能网联汽车不但有 ABS、ESP,还具备 AEB、线控制动、线控转向等先进功能,需要采集车轮的转速信号、转向轮的转角信号等。按工作原理分类,转速与相位传感器有电磁式、霍尔式、光电式、磁阻式等多种。

任务 1　电磁式转速与相位传感器检测

一、电磁式转速与相位传感器工作原理

大多数汽车传感器是被动式的,需要提供工作电源才能工作,但是电磁式传感器却能够自行工作。电磁式转速与相位传感器由信号转子、永久磁铁、信号线圈等组成,其结构如图 2-1 所示。

磁力线按永久磁铁→定子与转子间的空气间隙→转子凸齿→转子凸齿与定子磁头间的空气间隙→磁头→永久磁铁 S 极的路线,最终形成一个闭合回路。信号转子一般安装在转轴上,随转轴一起旋转。当信号转子旋转时,由于转子凸起部分的转动引起磁路空气间隙的变化,使通过线圈的磁通发生变化,根据法拉第电磁感应定律,在信号线圈的两端会产生一个感应电压,并且这个感应电压的方向总是企图阻碍磁通的变化,因此信号转子凸起部分接近与离开信号线圈时,会产生相反的交流电压信号。线圈感应电压 E 与线圈匝数之间的关系

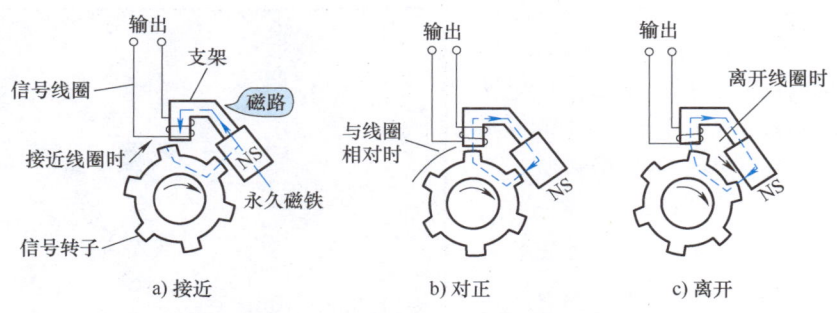

a) 接近　　　　　b) 对正　　　　　c) 离开

图 2-1　电磁式转速与相位传感器结构

见式（2-1），信号线圈中的磁通和感应电压的输出波形如图 2-2 所示。

$$E = -w\frac{\mathrm{d}\Phi}{\mathrm{d}t} \tag{2-1}$$

式中，E 为线圈感应电压（V）；w 为线圈匝数；$\dfrac{\mathrm{d}\Phi}{\mathrm{d}t}$ 为磁通变化率。

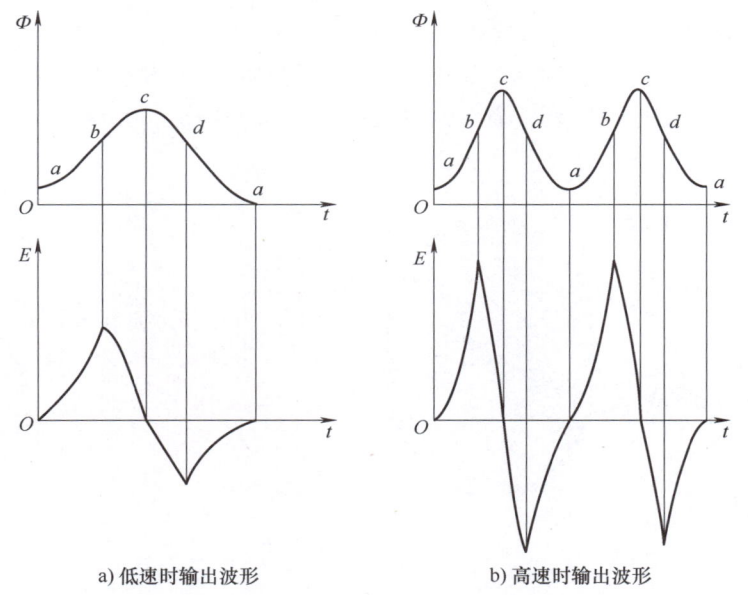

a) 低速时输出波形　　　　　b) 高速时输出波形

图 2-2　信号线圈中的磁通和感应电压的输出波形

假设信号转子按顺时针方向旋转，转子凸齿与磁头间的气隙减小时，磁通变化率 $\dfrac{\mathrm{d}\Phi}{\mathrm{d}t} > 0$，感应电压 $E>0$，如图 2-2 中曲线 abc 所示。当转子凸齿接近磁头边缘时，磁通变化率最大，感应电压达到最大值。当转子旋转到凸齿的中心线与磁头的中心线对齐时，转子凸齿与磁头间的气隙最小，磁通变化率为零，感应电压也为零，如图 2-2 曲线上 c 点所示。

二、电磁式发动机转速传感器

发动机转速传感器也称为曲轴位置传感器。大众迈腾 B7L 使用第二代 EA888 发动机，其转速传感器G28安装在发动机的气缸体上（图2-3）。该传感器的作用有2个：获得发动机转速信号；获得曲轴转角位置信号。如果传感器信号中断，发动机将不能起动、熄火，转速表将不显示转速。

G28传感器基于电磁感应原理工作，其信号轮安装在曲轴后部，传感器安装在气缸体上，对准信号轮的部位。信号轮有58个凸齿、57个小齿缺和1个大齿缺，大齿缺所占弧度等于2个凸齿与3个小齿缺的弧度之和。曲轴每转1圈，能够在传感器的线圈上产生58个信号电压，其中

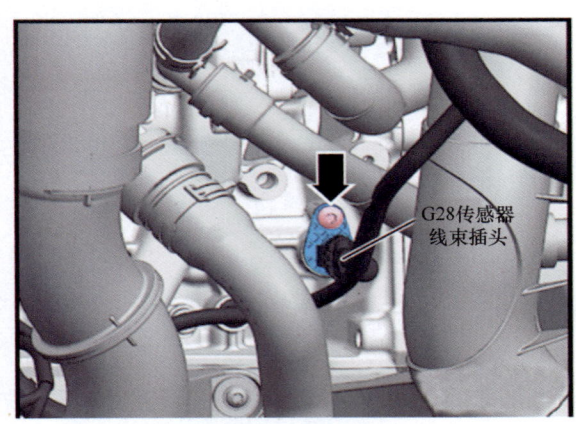

图2-3　G28安装位置

57个信号电压的高、低电平各占3°的曲轴转角时间，另1个信号电压的高电平占3°的曲轴转角时间、低电平占15°的曲轴转角时间。

PCM收到58个信号电压就能判断曲轴转过一圈，并能据此计算出曲轴的转速，当收到宽脉冲信号时，就能判断1、4缸的活塞到达上止点前的位置信号。但是四冲程发动机曲轴转2圈才完成一个工作循环，因为G28传感器仅能提供曲轴相位信号，所以无法判断1、4缸是处在压缩行程还是排气行程，需要判缸传感器来帮助判别。大众B7L的G28传感器工作原理如图2-4所示。

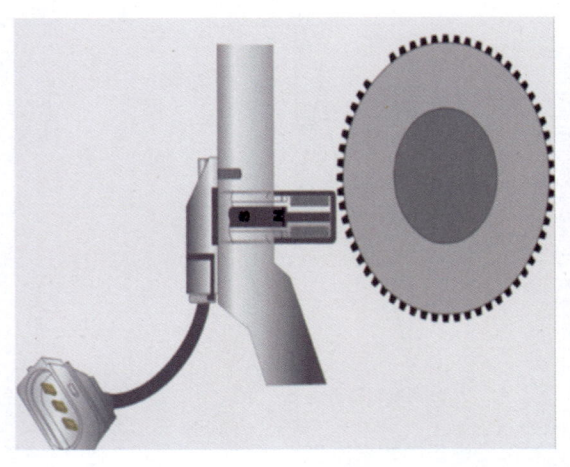 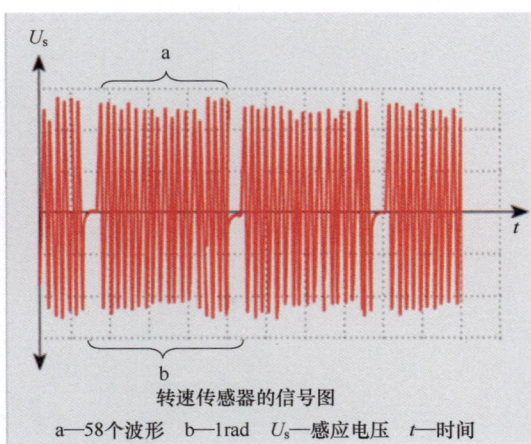

转速传感器的信号图
a—58个波形　b—1rad　U_s—感应电压　t—时间

图2-4　大众B7L的G28传感器工作原理

大众B7L的G28传感器的线束引脚有3个，其中引脚2、3分别与PCM引脚90、82相连接，提供信号，引脚1接屏蔽线，防止外界干扰，如图2-5所示。

测量G28，可以用万用表测量引脚2、3之间的电阻，线圈正常电阻值应在730～1000Ω，测量引脚1、2之间与引脚1、3之间的电阻值应为无穷大。也可以用磁铁划过G28，模拟信号轮转动的情况，测量引脚2、3之间是否有电压产生。由于电压是脉冲信号，因此无法准确地用万用表测量信号电压的大小，此时应该用示波器记录信号电压的变化情况，或使用解码器的数据组功能读取轮速传感器的数据流（数据组号为第11组）。

项目 2　转速与相位传感器检测

三、电磁式车速传感器

车速传感器通常安装在变速器的输出轴附近（图 2-6），将变速器的驻车齿轮作为信号转子。驻车齿轮随自动变速器输出轴一起转动，齿轮上的凸齿不断靠近或离开车速传感器，使通过传感器线圈内的磁通量不断变化，在线圈上产生一个周期变化的感应电压。汽车行驶的车速越高，自动变速器输出轴的转速也越高，车速传感器线圈中产生的感应电压的脉冲频率也越高，电控组件根据脉冲频率计算汽车的行驶速度。

有的自动变速器的输入轴也安装了转速传感器，ECU 将发动机转速、变速器输入轴转速、变速器输出轴转速进行综合分析，计算液力变矩器的传动比、更精确控制换档过程。

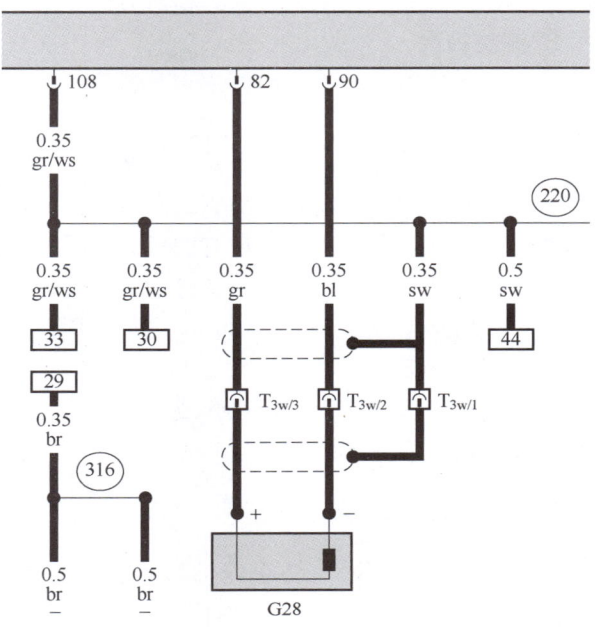

图 2-5　大众 B7L 的 G28 传感器电路原理图

图 2-7 是丰田卡罗拉轿车车速传感器和变速器电磁阀的电路原理图。车速传感器 B91 检测自动变速器输出轴的转速，ECU 向变速器电磁阀 B90 发出指令，控制换档。

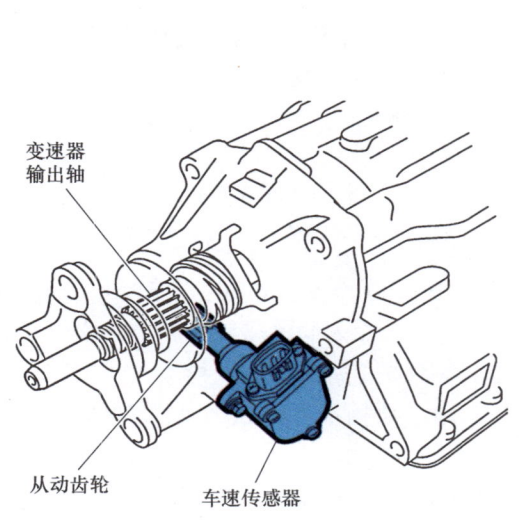

图 2-6　安装在变速器输出轴附近的车速传感器

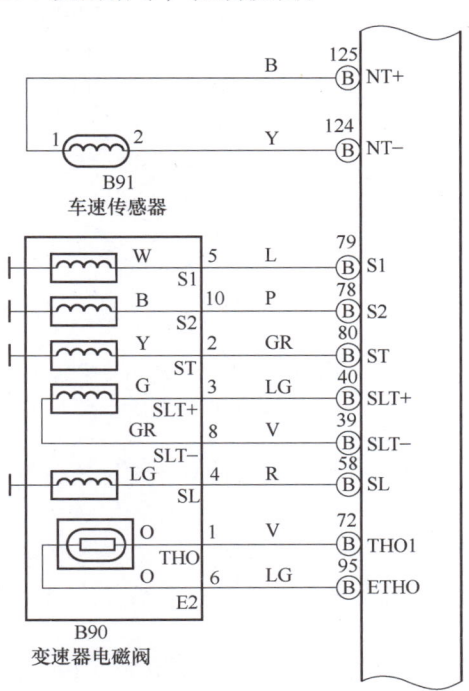

图 2-7　丰田卡罗拉轿车车速传感器和变速器电磁阀的电路原理图

该车速传感器也是电磁式的,检测方法如下:

1. 开路检测

拔下车速传感器插头,用万用表测量传感器两接线端子间的电阻,一般线圈电阻值为几百或几千欧姆。

2. 模拟检测

将车支起,用手转动悬空的驱动车轮,同时用万用表测量车速传感器的两接线端子间有无脉冲感应电压。若万用表指针有摆动,说明传感器有输出脉冲电压,传感器工作正常;否则,说明传感器有故障,应进一步检测传感器转子及感应线圈是否脏污。若清洁后仍无脉冲电压,更换传感器。

3. 单体时检测

拆下车速传感器,用一根铁棒或一块磁铁迅速靠近或离开传感器,同时用万用表测量传感器两接线端子间有无脉冲电压产生。

四、电磁式轮速传感器

轮速传感器的作用是将车轮的转速信号传给 ABS 电控单元。大众桑塔纳 MK20-Ⅰ型 ABS 共有 4 个轮速传感器,2 个前轮转速传感器 G45 和 G47 安装在转向节上,前轮的齿圈(43 齿)安装在传动轴上作为信号轮(图 2-8)。2 个后轮转速传感器 G44 和 G46 安装在固定支架上,后轮的齿圈(43 齿)安装在后轮毂上作为信号轮(图 2-9)。

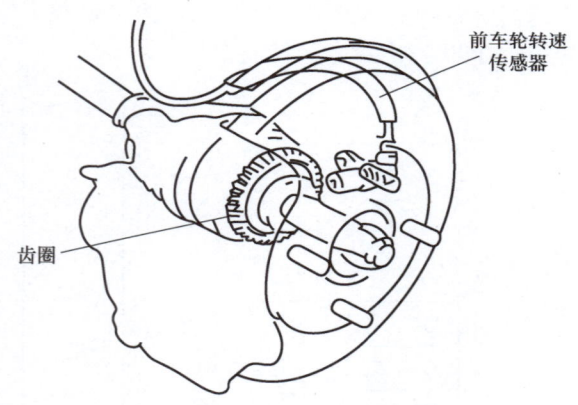
图 2-8 前车轮转速传感器
(G45/G47) 安装位置

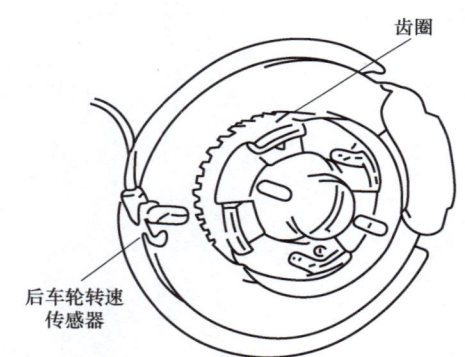
图 2-9 后车轮转速传感器
(G44/G46) 安装位置

车轮每转一圈,在 ABS 轮速传感器感应线圈上就产生 43 个交变电压,交变电压的频率将随车轮转速成正比例变化。电控单元可以通过轮速传感器输入的电压脉冲频率来确定车轮的转速、汽车的参考速度等。该传感器的检测方法与电磁式车速传感器的检测方法相同。

电磁式轮速传感器不需要工作电源就能自主工作,结构简单、成本低,但存在以下缺点:

1) 低速特性不好,输出信号电压的幅值随转速的变化而变化,如果转速过低,其输出信号电压也低,电控单元无法检测。

2) 响应频率有限制,工作带宽在 10~1000Hz 之间,如果转速过高或过低就不能检测。

3）抗电磁波干扰能力差。

由于电磁式轮速传感器的缺点，其正在逐渐被其他传感器取代。例如，磁阻式轮速传感器可以检测极低的转速，而霍尔式轮速传感器输出信号电压的幅值与转速无关。

任务实施： 请完成"任务工单 2　电磁式转速与相位传感器检测"的相关工作任务。

电磁式转速与相位传感器检测

任务 2　霍尔式转速与相位传感器检测

一、霍尔式转速与相位传感器工作原理

霍尔效应（Hall Effect）是美国物理学家霍尔博士于 1879 年发现的。他发现把一个通有电流 I 的长方体导体垂直于磁力线放入磁感应强度为 B 的磁场中时，在导体的两个横向侧面会产生一个同时垂直于电流方向和磁场方向的电压 U_H（图 2-10），并且 U_H 与电流 I、磁感应强度 B 成正比，即

$$U_H = IBK_H/d \tag{2-2}$$

式中，K_H 为霍尔系数；d 为导体厚度。

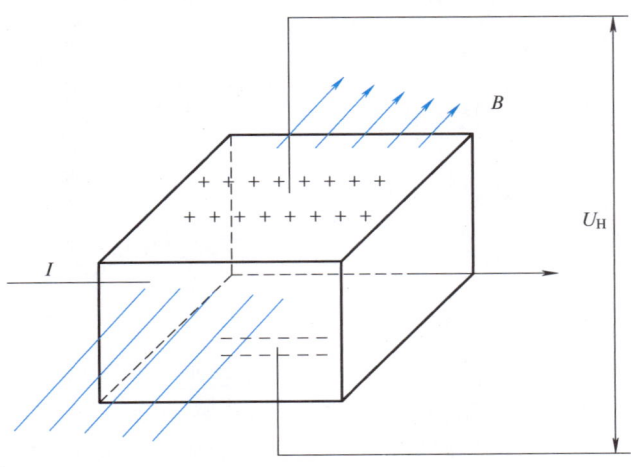

图 2-10　霍尔效应原理图

后来人们发现，半导体具有更大的霍尔系数，把通有电流的半导体垂直于磁力线方向放入磁场，能够得到更大的霍尔电压。20 世纪 80 年代开始，霍尔式传感器的应用与日俱增，因为霍尔式传感器有两个突出的优点：一是输出电压信号近似于方波信号；二是输出电压高低与被测物体的转速无关。

霍尔元件（图2-11）的结构很简单，它由霍尔片、引线和壳体组成。霍尔片是一块矩形半导体单晶薄片，有4根引线，其中1、1′两根引线加激励电压或电流，称为激励电极，2、2′两根引线为霍尔输出引线，称为霍尔电极。霍尔元件壳体由非导磁金属、陶瓷或环氧树脂封装而成，在电路中霍尔元件可用两种符号表示（图2-11c）。

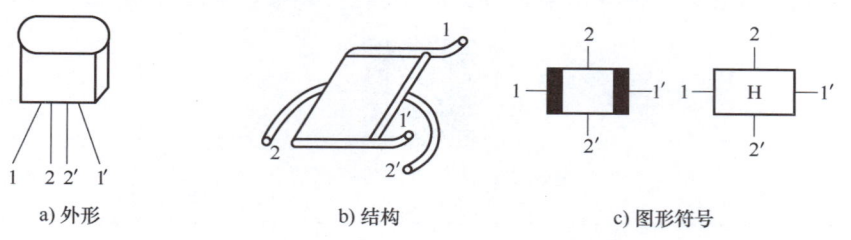

图2-11 霍尔元件

由于霍尔效应与电流、磁场、电压三者有关，因此利用霍尔元件可以制成各种霍尔式传感器，可以用于检测电压、电流、转速、位移等各种物理量，还可以用于计数。汽车用的霍尔式传感器主要有以下三种形式。

1. 固定磁场式霍尔传感器

固定磁场式霍尔传感器（图2-12）由霍尔元件、永久磁铁和遮磁叶轮组成。遮磁叶轮由导磁材料冲制成盘状或桶状，并具有遮磁叶片和导磁窗的结构。遮磁叶片的数量是否均布由传感器的功能决定，如在通用汽车公司的霍尔式曲轴位置传感器的信号轮中，外圈均布遮磁叶片用以提供曲轴转速信号，内圈不均布遮磁叶片用以提供某缸活塞到达上止点前的曲轴相位信号。

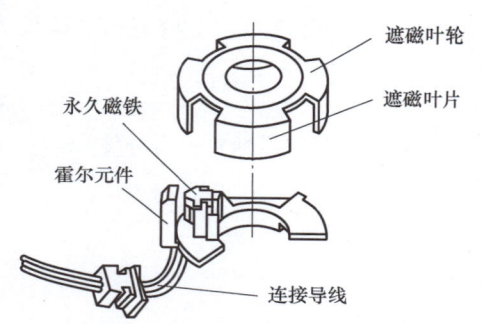

图2-12 固定磁场式霍尔传感器

霍尔元件和永久磁铁固定在一块导磁的基板上，它们之间保持一定的间隙。遮磁叶片安装在转轴上，当遮磁叶片通过霍尔元件与永久磁铁之间的间隙时，磁力线被遮磁叶片屏蔽不能通过霍尔元件，霍尔电压消失。当导磁窗位于霍尔元件与永久磁铁之间时，磁场作用于霍尔元件而产生霍尔电压。

2. 移动磁场式霍尔传感器

移动磁场式霍尔传感器通过移动磁场来改变通过霍尔元件的磁通量，使霍尔电压发生变化，其结构如图2-13所示。这种传感器在旋转或直线移动的零件上设置永久磁铁，霍尔式传感器固定在壳体或箱体上，当零件运动时，磁场的变化在霍尔元件中引发霍尔电压。

3. 一体式霍尔传感器

一体式霍尔传感器将霍尔元件、永久磁铁和集成芯片封装在一个传感器壳体内，如图2-14所示。传感器安装在需要检测的部位，外部导磁零件运动引起磁场变化，改变作用于霍尔元件上的磁场强度，从而产生霍尔电压信号。信号经过内藏式集成芯片处理后可直接为控制系统提供信号，甚至可以向数据总线提供数字信号。霍尔式传感器正在向可编程、智能化、微型化发展。

项目 2　转速与相位传感器检测

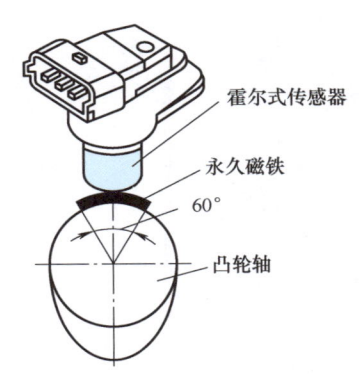

图 2-13　移动磁场式霍尔传感器结构

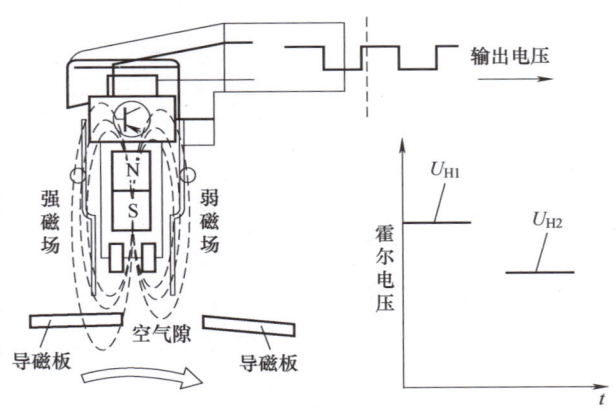

图 2-14　一体式霍尔传感器

二、霍尔式发动机转速传感器

大众迈腾 B8L 将发动机升级为第三代 EA888 发动机，转速传感器 G28 的作用没有变化，仍然是获得发动机转速信号与曲轴转角位置信号，但是 G28 换成霍尔式，原因是第三代 EA888 增加了混合喷射（缸内直喷＋歧管内喷射）和发动机起停技术，需要更精确地检测曲轴位置。

第三代 EA888 发动机转速传感器是固定磁场式霍尔传感器，其信号轮仍然和前代发动机一样安装在曲轴后端（图 2-15），信号轮由 58 个凸齿、57 个小齿缺和 1 个大齿缺构成。曲轴与信号轮同步旋转，凸齿和齿缺依次转过霍尔元件和磁铁之间，使得霍尔元件上的磁通量发生周期性变化。PCM 接收到 58 个方波脉冲电压就能判断曲轴转过一圈，并据此计算发动机转速；PCM 接收到 1 个宽方波脉冲电压就能判断 1、4 缸活塞到达上止点前位置。

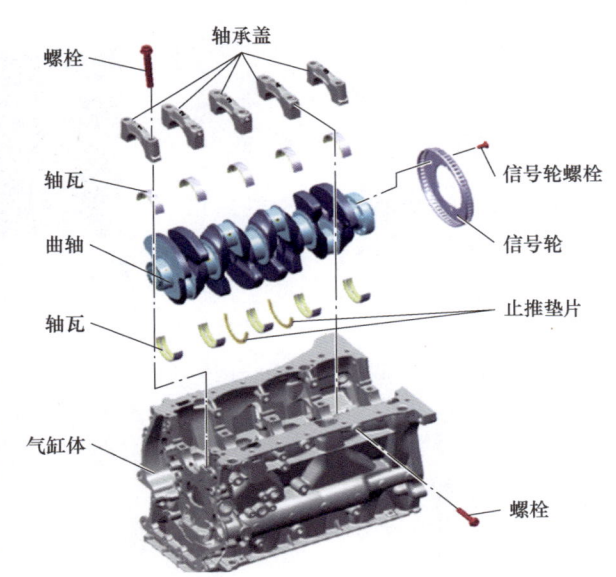

图 2-15　第三代 EA888 发动机中
发动机转速传感器信号轮的位置

图 2-16 是第三代 EA888 发动机 G28 传感器电路图。霍尔式传感器需要提供工作电压，使电流通过霍尔元件才能工作，G28 的 1 号端子由发动机电控单元提供 5V 的工作电压，3 号端子是搭铁端，2 号端子是信号反馈端，但信号电压是如图 2-17 所示的方波，另有一个宽脉冲方波对应曲轴相位信号。

检测 G28 传感器时首先应单件检测。拆下传感器，分别测量 3 个端子电阻，应为无穷大；然后插回线束并接通电路，检测端子 1、3 之间，应有 5V 工作电压输入；转动发动机，

23

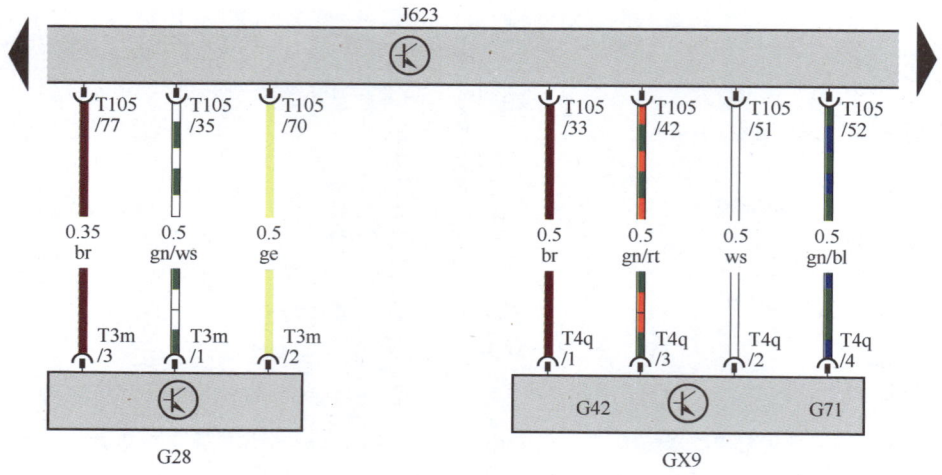

图 2-16　第三代 EA888 发动机 G28 转速传感器电路图

J623—发动机电控单元　G28—发动机转速传感器　G42—进气温度传感器
G71—进气歧管压力传感器　GX9—进气歧管传感器

检测端子 1、2 之间,应有如图 2-17 所示的方波信号电压输出。

三、凸轮轴位置传感器

发动机转速传感器 G28 能提供 2 个信号:曲轴的转速信号和位置信号,但是位置信号只能判断 1、4 缸活塞到达上止点前位置,无法判断是处于压缩行程还是排气行程,需要结合凸轮轴位置传感器来判断,因此凸轮轴位置传感器又称判缸传感器。以往大众公司的电喷发动机只有 1 个凸轮轴位置传感器 G40,但是第三代 EA888 发动机采用了双顶置凸轮轴和混合喷射技术,因此额外又增加了 1 个凸轮轴位置传感器 G300,这 2 个传感器分别检测 2 个凸轮轴的位置(图 2-18)。

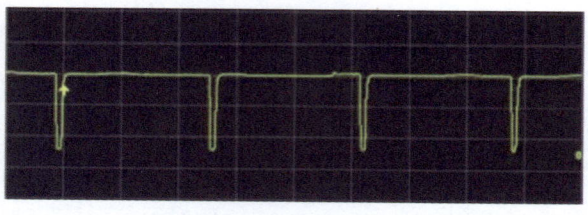

图 2-17　第三代 EA888 发动机 G28 转速传感器信号波形

这种凸轮轴位置传感器属于移动磁场式霍尔传感器,凸轮轴上套有一个半周环,凸轮轴转 1 圈,在霍尔元件上就产生 1 个脉冲信号电压,发动机电控单元根据 G28、G40、G300 信号精确判断曲轴位置。如果 G40 和 G300 中的一个传感器信号断路,发动机仍能工作,同时记录故障码。

图 2-19 所示为第三代 EA888 发动机凸轮轴位置传感器电路图。G40 传感器 1 号端子是 5V 工作电压输入端,2 号端子是信号电压反馈端,3 号端子是搭铁端。G300 传感器 1 号端子是 5V 工作电压输入端,2 号端子是信号电压反馈端,3 号端子是搭铁端。

检测 G40、G300 传感器时首先应单件检测。拆下传感器,分别测量 3 个端子电阻,应为无穷大;然后插回线束并接通电路,检测端子 1、3 之间,应有 5V 工作电压输入;转动发动机,检测端子 2、3 之间,应有如图 2-20 所示的方波信号电压输出,其中 G40 波形为黄色,G300 波形为绿色,怠速时两个波形之间相差 8ms。

项目 2　转速与相位传感器检测

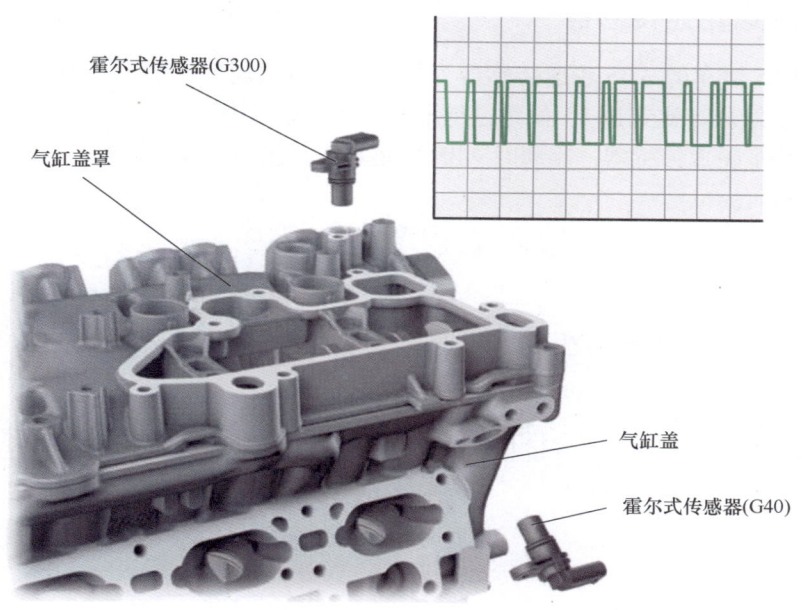

图 2-18　第三代 EA888 发动机凸轮轴位置传感器

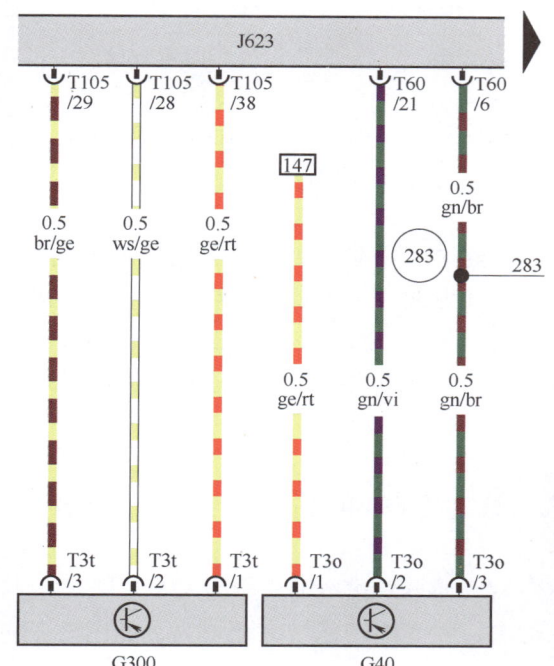

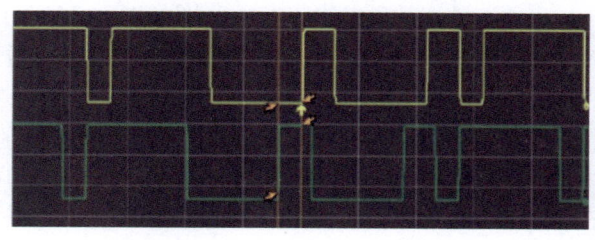

图 2-19　第三代 EA888 发动机
凸轮轴位置传感器电路图

图 2-20　第三代 EA888 发动机
凸轮轴位置传感器信号波形

四、霍尔式轮速传感器

以比亚迪 E5 汽车的 ABS 轮速传感器为例介绍霍尔式轮速传感器。图 2-21 所示为比亚迪 E5 汽车 ABS 组成，比亚迪 E5 虽然是纯电动汽车，但 ABS 工作原理类似于燃油汽车，在 4 个车轮都安装了轮速传感器，制动时 ABS 检测每个车轮的转速以防车轮抱死。

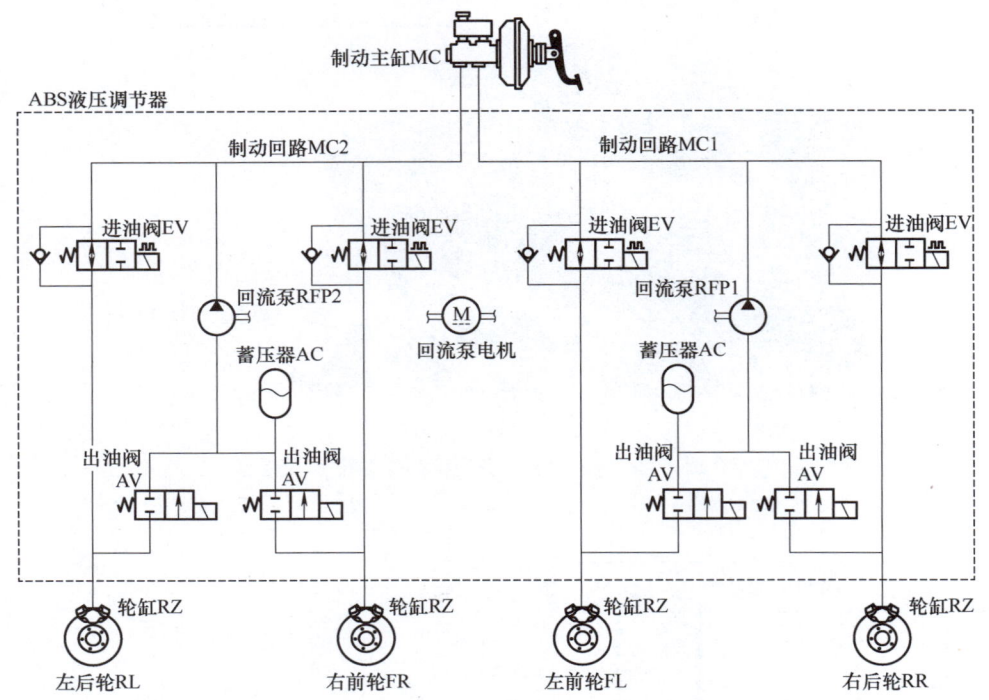

图 2-21 比亚迪 E5 汽车 ABS 组成

该轮速传感器的工作原理是一体式霍尔传感器，封装了霍尔元件、永久磁铁和集成芯片，每个半轴各安装了一个 48 齿的齿圈作为信号轮，比亚迪 E5 轮速传感器如图 2-22 所示。

ABS ECU 向轮速传感器提供 12V 的工作电压。半轴每转一圈能在传感器上产生 48 个幅值基本恒定、占空比为 50% 的方波，其低电压为 0.5V，高电压为 1V，频率随车速的增大而增大，比亚迪 E5 轮速传感器信号波形如图 2-23 所示。

比亚迪 E5 轮速传感器电路图如图 2-24 所示。

检测比亚迪 E5 轮速传感器时，轮速传感器与搭铁线之间的电阻应为无穷大，传感器与 ECU 之间的电阻应小于 0.5Ω。

将熔断器连接到线束插接器上，测量 ABS ECU 对传感器的供电电压应为 12V。

将汽车举升，转动车轮，应有方波信号电压输出，频率随转速增大而增大，如图 2-23 所示。

大众 B8L 汽车的车轮转速传感器、变速器输入轴转速传感器、变速器输出轴转速传感器、驱动轴转速传感器也都将电磁式转速传感器换为霍尔式转速传感器，提高了检测精度和响应速度。

项目 2　转速与相位传感器检测

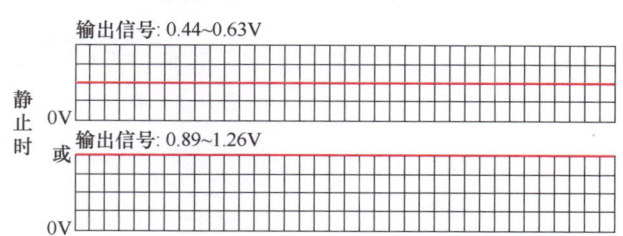

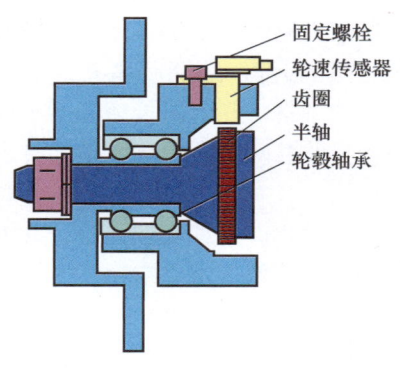

图 2-22　比亚迪 E5 轮速传感器

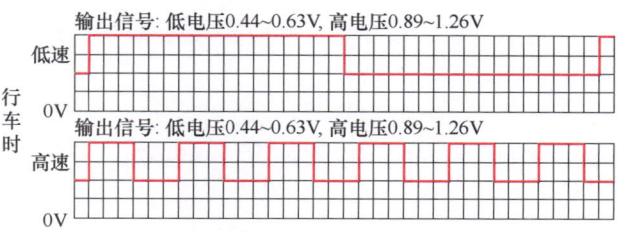

图 2-23　比亚迪 E5 轮速传感器信号波形

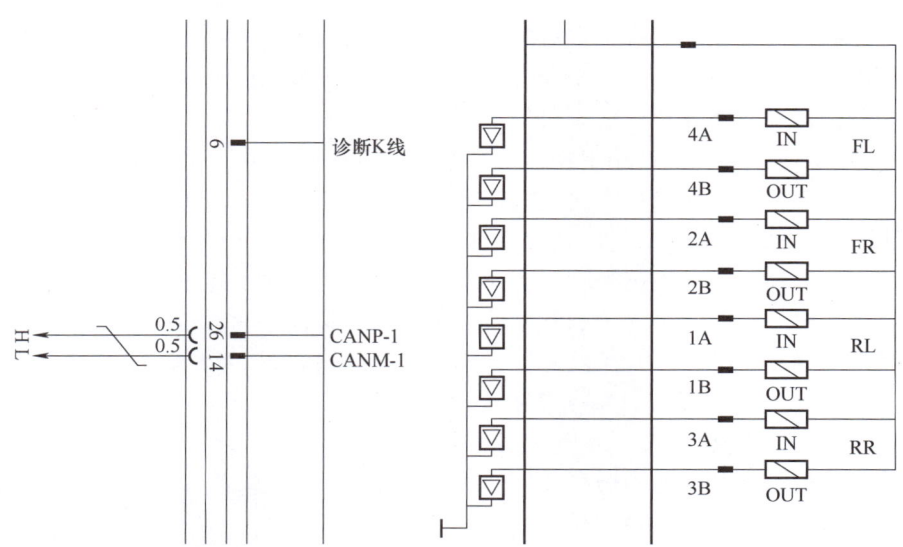

图 2-24　比亚迪 E5 轮速传感器电路图

任务实施：请完成"任务工单 3　霍尔式转速与相位传感器检测"的相关工作任务。

霍尔式转速与相位传感器检测

任务 3　光电式转速与相位传感器检测

一、光电式传感器工作原理

光电式传感器是将光通量转换为电量的一种传感器，光电式传感器的基础是光电转换元件的光电效应，它能将光信号转换成电信号输出。它能测量光照强度，还能利用光线的透射、遮挡、反射、干涉等测量尺寸、位移、速度、温度等多种物理量。光电式传感器不与被测对象直接接触，精度高、反应快、可测参数多，但是价格较贵并且对测量的环境条件要求较高。

光电效应是光照射到某些物质上，使该物质的导电特性发生变化的一种物理现象，其中光电子发射发生在物体表面称为外光电效应，光电导效应和光生伏特效应发生在物体内部为内光电效应。

1) 外光电效应是在光线作用下物体内的电子逸出物体表面向外发射的现象。光子是以量子化"粒子"的形式对可见光波段内电磁波的描述，每个光子具有的能量为 $E = h\nu$，其中，h 表示普朗克常量，ν 表示入射光的频率。当光子能量等于或大于逸出功时才能产生外光电效应，因此每一种物体都有一个对应于光电效应的光频阈值，这一阈值称为红限频率。对于红限频率以上的入射光，外生光电流与光强成正比。基于外光效应，可以制作光电倍增管，只要受到微弱的光照就能产生很大的电流。

2) 内光电效应是在光线作用下物体的导电性能发生变化或产生光生电动势的效应，前者又称为光电导效应，后者又称为光生伏特效应。

① 光敏电阻是采用硫化镉制成的半导体材料，它是利用光电导效应工作的光电元件。在黑暗环境中，光敏电阻的阻值很大，当受到光照时，只要光子能量大于半导体材料禁带宽度，则价带中的电子吸收一个光子的能量后可跃迁到导带，并在价带中产生一个带正电荷的空穴，使其电阻变小，通常在几千欧姆。光敏电阻的结构如图 2-25 所示。

② 光敏管是利用光生伏特效应工作的光电元件，包括光敏二极管和光敏晶体管。光电二极管的结构与一般二极管相似，装在透明玻璃外壳中，其 PN 结装在管的顶部，可以直接受到光照射。光电二极管在电路中一般是处于反向工作状态，在没有光照射时，反向电阻很大，反向电流很小。当光照射在 PN 结上时，光子使 PN 结附近产生光生电子和光生空穴对，它们在 PN 结处的内电场作用下定向运动，形成光电流。因此光电二极管在不受光照时处于截止状态，受光照射时处于导通状态。

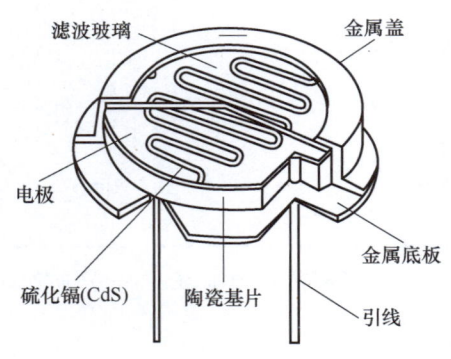

图 2-25　光敏电阻的结构

光电晶体管实质上是一种相当于在基极和集电极之间接有光电二极管的普通晶体管。光电晶体管与普通半导体晶体管一样，是采用半导体制作工艺制成的具有 NPN 或 PNP 结构的半导体管，它在结构上与半导体晶体管相似，它的引出电极通常只有两个，也有三个的。为适应光电转换的要求，它的基区面积做得较大，发射区面积做得较小，入射光主要被基区吸收。和光电二极管一样，光电晶体管的芯片被装在带有玻璃透镜的金属管壳内，当光照射时，光线通过透镜集中照射在芯片上。

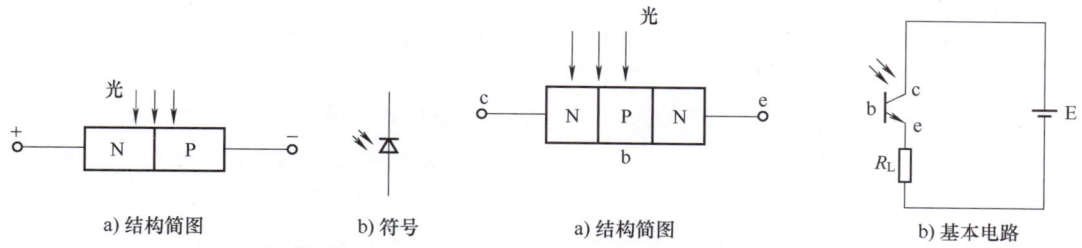

图 2-26　光电二极管结构简图和符号　　　图 2-27　光电晶体管结构简图和基本电路

二、光电式发动机转速与相位传感器

日产公司采用的光电式发动机转速传感器由信号发生器和带缝隙（光孔）的信号盘（图 2-28）组成。信号盘由凸轮轴驱动，它的外围均布有 360 条缝隙，这些缝隙即是光孔，每条缝隙产生 1°信号。对于六缸发动机，在信号盘外围稍靠内的圆上，每间隔 60°有 1 个光孔，各产生 120°曲轴转角信号（曲轴转 1 圈，凸轮轴转 2 圈），其中有一个较宽的光孔产生第 1 缸上止点对应的 120°信号。

信号发生器由两只发光二极管、两只光电二极管和电子电路组成。两只发光二极管分别正对着两只光电二极管，信号盘在发光二极管和光电二极管之间。发动机曲轴运转时，带动凸轮轴和信号盘转动，因为信号盘上有孔，所以产生透光和遮光的交替变化，使信号发生器输出表征曲轴位置和曲轴转角的脉冲信号。

当发光二极管的光束照射到光电二极管上时，光电二极管产生电压；当发光二极管的光束被遮挡时，光电二极管产生的电压为零。将光电二极管产生的脉冲电压输入电子电路，经放大整形后向 ECU 输入曲轴转角的 1°信号和 120°信号。由于信号发生器安装位置的关系，120°信号会在活塞上止点前 70°输出。发动机曲轴转 2 圈，凸轮轴转 1 圈，1°信号发生器输出 360 个脉冲，每个脉冲周期高电位对应 1°，低电位也对应 1°，共表征曲轴转角 720°。与此同时，120°信号发生器在各缸压缩行程上止点前 70°产生一个脉冲，6 个缸共产生 6 个脉冲信号。光电式信号发生器的工作原理如图 2-29 所示。

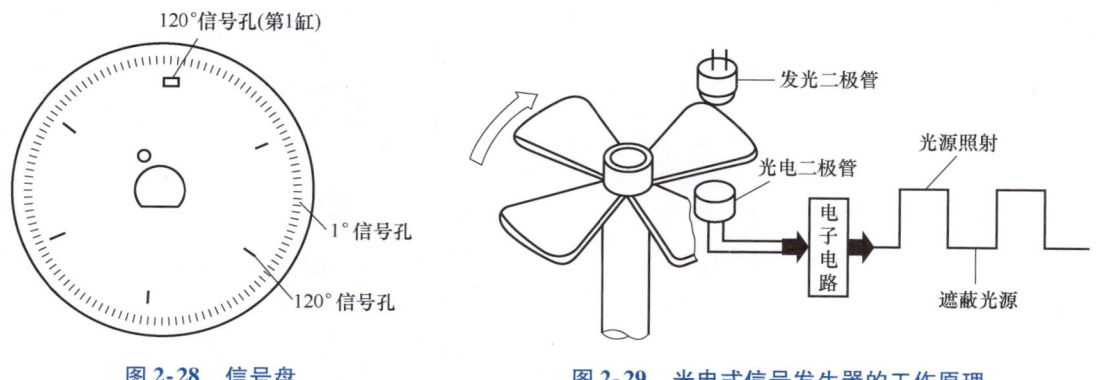

图 2-28　信号盘　　　　　图 2-29　光电式信号发生器的工作原理

三、光电式转角传感器

光电式转角传感器安装在转向轴上，它用于检测转向盘的中间位置、转动方向、转动角度和转动速度。在电子控制悬架中，电子控制装置根据车速传感器信号和转角传感器信号，判断汽车转向时侧向力的大小，以控制车身的侧倾。

转向盘转角传感器用于检测汽车转向轮的偏转角度及偏转方向。丰田轿车电子控制悬架系统（TEMS）上应用的转向盘光电式转角传感器的安装位置和结构如图2-30所示。

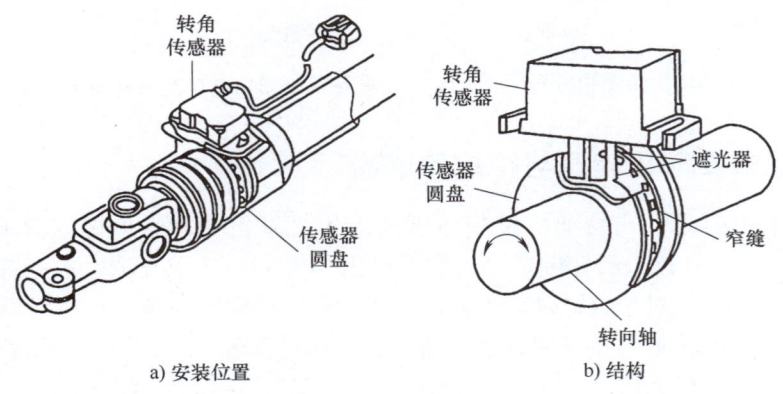

图2-30 转向盘光电式转角传感器的安装位置和结构

转向轴上压入了带窄缝的圆盘，传感器的遮光器以2个为1组，从上面套装在带窄缝圆盘之上。带窄缝圆盘上等距离均匀排列着窄缝，圆盘随转向轴转动时，2个遮光器的输出端即可进行ON、OFF变换。光电式转角传感器的工作原理如图2-31所示。

转动转向盘时，窄缝圆盘随之转动，使遮光器之间的光束通/断变化，遮光器的反复开关动作产生与转向轴转角成一定比例的一系列数字信号，系统控制装置可根据该信号的变化来判断转向盘的转角和转速，同时，传感器在结构上采用两组光电耦合元件，实现根据检测到的脉冲信号的相位差来判断转向盘的转动方向。图2-32所示为光电式转角传感器电路。

光电晶体管在遮光盘的作用下，或者导通，或者截止，根据晶体管的导通、截止速度，可以检测出转向器的速度。在设计时使两个光电耦合元件（晶体管VT_1和VT_2）之间导通与截止，相位差90°，根据先导通的脉冲信号（波形下降）可以检测出转向器的旋转方向。当汽车直线行驶时，输出信号A处于OFF状态（高电位）的中间位置（图2-33）。转向时，根据输出信号A下降沿处输出信号B的状态，即可判断出转向的方向：输出信号A由OFF状态变为ON状态（低电位）时，如果输出信号B为ON状态，则为左转向；如果输出信号B为OFF状态，则为右转向。

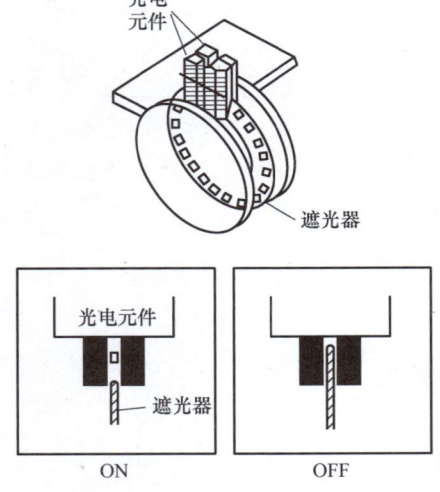

图2-31 光电式转角传感器的工作原理

项目 2　转速与相位传感器检测

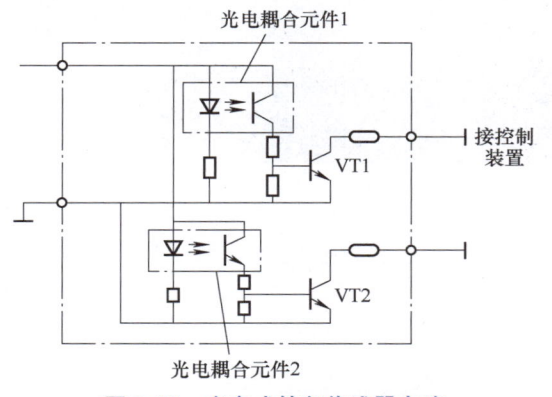

图 2-32　光电式转角传感器电路

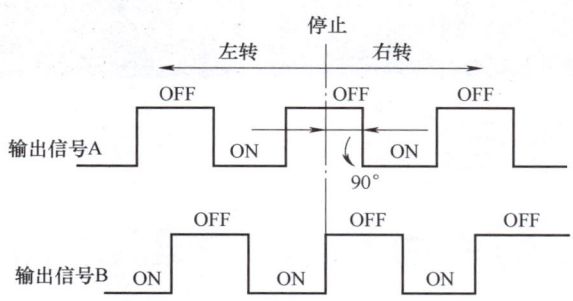

图 2-33　光电耦合元件输出端状态

大众 B8L 汽车转向角传感器 G85 安装在转向柱开关和转向盘之间的转向柱上，滑环式复位环（安全气囊用）和 G85 构成一个整体，并装在传感器的下方。G85 将转向盘转动的角度数据传递给 ABS/EDS/ESP/ASR 等系统共用，G85 可测得 ±720° 的转角范围（即转向盘转 4 圈），G85 和转向柱电控单元如图 2-34 所示。

如果更换了转角传感器 G85、转向器总成（含转向辅助控制单元 J500）、转向柱开关总成（含控制单元 J527）、进行过一次车轮定位调整、出现故障码 "00778" 或 "02546"，都必须进行转角传感器 G85 的标定。方法如下：

1. 零位置的标定程序

使前轮保持直线行驶状态，通过 VAS505X 输入地址码 44，将转向盘向左转动 4°~5°，然后回正；再将转向盘向右转动 4°~5°，然后回正，双手离开转向盘。通过 VAS505X 输入功能码 11，再输入编码 31857，按下返回键，输入 04-60，按下激活键，退出 VAS505X。关闭点火开关，6s 后即可完成标定。

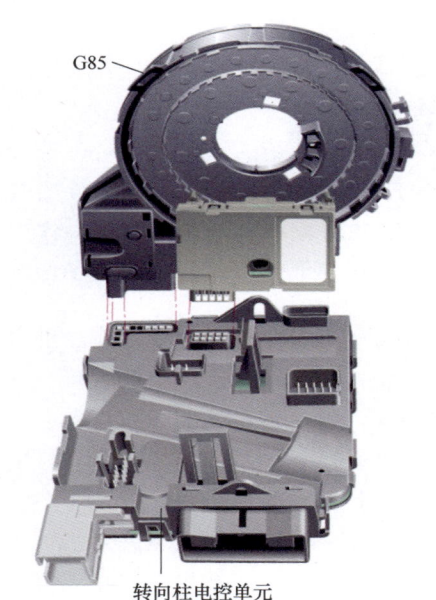

图 2-34　G85 和转向柱电控单元

注意：在转向零位设定时，发动机不能运转；在转向盘左右转动后再回正时，双手必须离开转向盘，使转向盘静止不动，以便让控制单元 J500 对零位进行确认。

2. 极限位置的标定程序

使前轮处于直线行驶状态，起动发动机，在怠速下运转。先将转向盘向左转动 10° 左右，停顿 1~2s，然后将转向盘向左打到底，停顿 1~2s，再向右打到底，停顿 1~2s，将转向盘再回正，关闭点火开关，6s 后生效。

在做完零位标定和极限位置标定后，必须用 VAS505X 进入 44-02 查询转向电控系统故障存储器，无故障时，标定工作才结束。

任务实施：请完成"任务工单 4　光电式转速与相位传感器检测"的相关工作任务。

项目 3
温度与气体传感器检测

> 【项目目标】
> 1. 理解温度传感器的工作原理与检测方法。
> 2. 理解空气流量传感器的工作原理与检测方法。
> 3. 理解氧传感器的工作原理与检测方法。

温度传感器是传统燃油汽车、纯电动汽车和智能汽车都广泛使用的传感器，典型的应用有各种油液温度传感器、进气温度传感器、废气再循环系统（EGR）温度传感器、空调温度传感器、动力蓄电池温度传感器、驱动电机温度传感器等。

气体传感器包括氧传感器和空气流量传感器，检测气体的氧含量和流量，它们都是燃油汽车所使用的典型传感器，其中空气流量传感器提供给发动机控制模块（PCM）进入发动机气缸的空气量信号，PCM 根据这个信号进行喷油量的控制，使混合气浓度符合发动机工况要求。氧传感器检测发动机排气管中废气的含氧量，反馈给 PCM 作为混合气空燃比的反馈信号，实现空燃比的闭环控制。

虽然电气化是汽车发展的趋势，但是技术成熟的燃油发动机会仍然存在数十年，包括增程式电动汽车，智能汽车等仍可以使用燃油发动机，所以仍然有必要学习空气流量传感器和氧传感器。

任务 1　温度传感器检测

一、几种温度传感器工作原理

温度传感器按工作原理分类，主要有热电偶、电阻温度检测器（RTD）、IC 温度传感器、热敏电阻等几种；按安装位置分类，有数十种，现代汽车每辆汽车上都使用了数十个温度传感器，用来监控发动机和变速器的油液温度、空调系统的进出风口温度、车内车外温度、蓄电池和电机的工作温度。

1. 热电偶式温度传感器

热电偶是一种感温元件，基于塞贝克效应（图3-1）工作，塞贝克效应是指将两种不同金属材料的均质导体（或半导体）组成闭合回路，当两端存在温度差时，两端之间就存在热电动势，回路中就会有电流通过。两种不同金属材料的均质导体为热电极，温度较高端为工作端，温度较低端为自由端，自由端为某恒定温度。根据热电动势与温度的函数关系，可制成热电偶分度表，此分度表是自由端温度在0℃的条件下得到的，不同的热电偶具有不同的分度表，这取决于金属材料A、B的赛贝克系数。

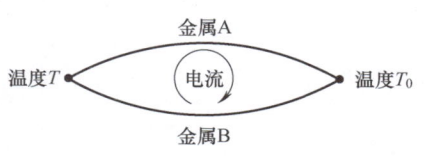

图3-1 塞贝克效应

塞贝克效应具有这样的规律：①由两相同导体组成的回路，即使两接触点温度不同，电动势也为零，即回路必须由两种不同材料组成；②电动势大小仅与导体材料的性质和两接点温度有关，与导体尺寸、形状及温度分布无关。

热电偶具有非常宽的温度测量范围（200~2000℃），但是具有低灵敏度、低稳定性、中等精度、响应速度慢、高温下易老化和漂移、非线性等缺点。

2. 电阻式温度传感器

电阻温度检测器（RTD）的测温原理是：纯金属或某些合金的电阻随温度升高而增大，随温度降低而减小。RTD通常用镍、铜或铂制成，镍、铜、铂的电阻-温度关系如图3-2所示，它们的温度系数较大，能够抵抗热疲劳，而且易于加工制造成为精密的线圈。

电阻温度检测器（RTD）的精确性和稳定性极高，线性度优于热电偶和热敏电阻，温度测量范围宽（-250~750℃），但是响应速度较慢，价格比较贵。

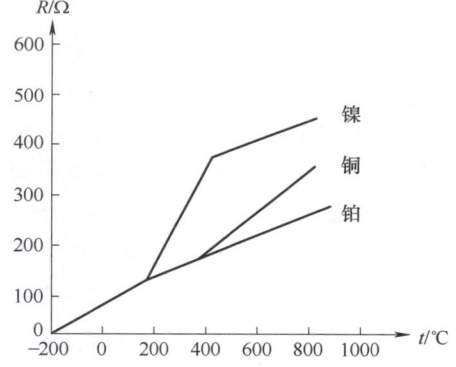

图3-2 镍、铜、铂的电阻-温度关系

3. IC温度传感器

IC温度传感器是在集成电路工艺基础上发展起来的。图3-3是二极管的伏安特性曲线与温度的关系，图中第一象限是正向特性，正向电压很小时正向电流为零，称为死区（硅管死区电压约0.5V，锗管死区电压约0.2V），当正向电压超过某一数值后正向电流迅速增大，二极管导通；第三象限是反向特性，在较大的反向电压范围内，反向电流很小且变化很小。二极管伏安特性曲线说明了二极管PN结的正向导通性，伏安特性曲线与温度的关系还表明在相同的电压下，温度越高电流越大。

IC温度传感器是利用二极管伏安特性曲线与温度的关系发展起来的，通常在-55~150℃的温度范围内工作，一般具有正温度系数的特性。IC温度传感器具有体积小、价格低、响应速度快、精确度高的优点，随着集成电路技术的进步，它可以集成信号感知、调节、转换、处理和控制等功能，是未来温度传感器的主要发展方向。

4. 热敏电阻式温度传感器

目前在汽车上使用最广泛的，是基于负温度系数（NTC）热敏电阻的温度传感器。热敏电阻根据温度系数分为三种，正温度系数（PTC）热敏电阻、负温度系数（NTC）热敏电阻和临界温度热敏电阻（CTR），不同热敏电阻温度与电阻的关系如图3-4所示。

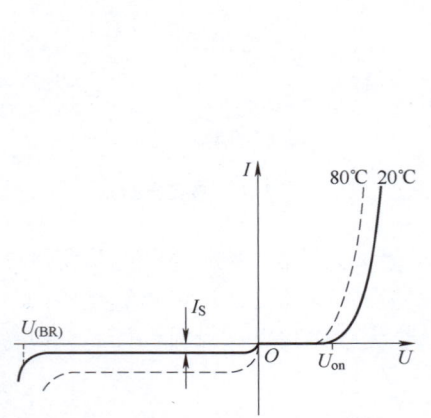

图 3-3 二极管的伏安特性曲线与温度的关系　　　　图 3-4 不同热敏电阻温度与电阻的关系

　　PTC热敏电阻超过一定的温度时，它的电阻值随着温度的升高呈阶跃性升高。PTC热敏电阻是在陶瓷材料中加入微量稀土元素（如镧、铌等）制成。

　　NTC热敏电阻是以锰、钴、镍、铜等的金属氧化物为主要材料，采用陶瓷工艺制造而成的。这些金属氧化物材料都具有半导体性质，因此在导电方式上完全类似锗、硅等半导体材料。温度低时，这些氧化物材料的载流子（电子和空穴）数目少，所以其电阻值较高；随着温度的升高，载流子数目增加，所以电阻值降低。

　　CTR是钒、钡、锶等元素的氧化物的混合烧结体，是半玻璃状的半导体，其特性是在临界温度附近，其电阻值随温度的增加而急剧下降。

　　这三种热敏电阻都可以制成温度传感器，但是由于PTC热敏电阻和CTR的温度系数较大，在某些温度范围内电阻有急剧变化，因此不适用于较宽温度范围内的温度测量，在汽车上，通常PTC热敏电阻被当作加热元件使用，例如纯电动汽车空调系统制热元件。

二、NTC热敏电阻温度传感器检测

　　以发动机冷却液温度传感器为例说明汽车用NTC热敏电阻温度传感器的结构、原理和检测方法。

　　汽车发动机是燃油汽车的"心脏"，冷却液温度能够准确反映发动机热负荷状态参数，因此为保证发动机正常运行，需要不断地检测冷却液的温度，目前常用的冷却液温度传感器是NTC热敏电阻温度传感器，此种传感器是利用陶瓷半导体材料的电阻随温度变化而变化的特性制成的。

　　冷却液温度传感器安装在发动机冷却液出水管上，其主要目的就是随时监测发动机冷却液的温度，并及时将监测的数据传递给电控单元，电控单元根据该信号修正喷油时间和点火时间，使发动机工况处于最佳运行状态。冷却液温度传感器信号是许多控制功能的修正信号，如喷油量修正、点火提前角修正、电控自动变速器系统修正、自动空调系统修正等。

图 3-5 为发动机冷却液温度传感器电路原理图。

冷却液温度传感器与 PCM 内部电阻 R 串联，PCM 通过电阻 R 向传感器热敏电阻提供 5V 工作电压，THW 端子为温度信号反馈端，E2 为车体搭铁端，通过 PCM 搭铁构成工作电路。其中，电阻 R 为定值电阻，冷却液温度传感器为 NTC 热敏电阻，随着温度的上升其电阻值下降，使得 THW 端信号反馈电压变化。

PCM 内部固定电阻 R 的作用很重要，固定电阻 R 与冷却液温度传感器串联，但是当温度变化范围较大时，冷却液温度传感器电阻的变化也较大，二者电阻相差较大时会影响测量精度，因此出现了改进的晶体管控制的发动机冷却液温度传感器，其电路原理如图 3-6 所示。

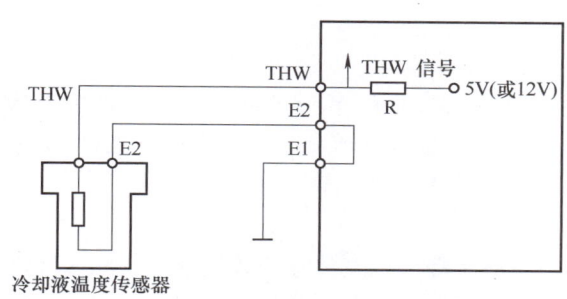

图 3-5 发动机冷却液温度传感器电路原理图

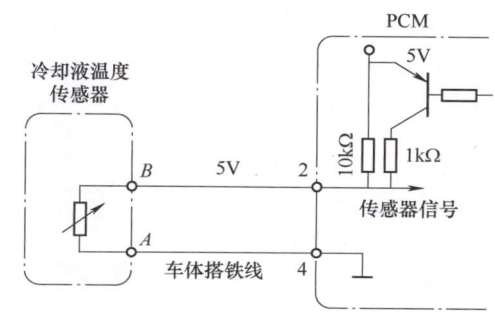

图 3-6 晶体管控制的发动机冷却液温度传感器电路原理

图 3-6 所示的电路是将图 3-5 的固定电阻 R 换成了电阻、晶体管，PCM 提供的 5V 的参考电压施加在冷却液温度传感器与定值电阻组成的串联电路中，其中定值电阻又由 10kΩ 电阻与 1kΩ 电阻、晶体管并联而成。

当冷却液温度比较低时，冷却液温度传感器的电阻值较大，此时 PCM 使晶体管截止，5V 的电压仅加在 10kΩ 电阻及传感器上。由于传感器电阻值与 10kΩ 电阻的阻值相差不大，因此传感器所测得的数值比较准确。

当冷却液温度达到设定值（51.6℃）时，冷却液温度传感器的阻值下降较大，阻值相对 10kΩ 已经较小，这样测得的数值就不再准确，此时 PCM 使晶体管导通，这样 5V 电压就加在 1kΩ 电阻和晶体管串联后再与 10kΩ 电阻并联、然后经过传感器搭铁的电路上。由于并联后的阻值与 1kΩ 相差不大（即与温度升高后的传感器阻值相差不大），这样即使温度升高后也能使测量值准确。

冷却液温度传感器性能好坏的测量方法有电阻检测、电压检测、电路检测、数据流检测以及波形检测。

1. 电阻检测

冷却液温度传感器的阻值可用万用表电阻档进行检测。检测时，断开点火开关，拔下温度传感器插头，拆下温度传感器，将传感器和温度表放入烧杯或加热容器中（图 3-7），在不同温度下，检测传感器两端子间的电阻值，应当与标准参数相符合。若阻值偏差过大、过小或为无穷大，则说明传感器失效，应予更换，可以就车测量冷却液温度传感器的电阻。丰田卡罗拉发动机冷却液温度传感器检测标准见表 3-1。

表 3-1　丰田卡罗拉发动机冷却液温度传感器检测标准

温度/℃	电阻值/Ω	温度/℃	电阻值/Ω	温度/℃	电阻值/Ω
50	740～900	70	390～480	90	210～270
60	540～650	80	290～360	100	160～200

2. 电压检测

电压检测时，用万用表就车检测传感器的电源电压和信号电压，拔下冷却液温度传感器插头，接通点火开关，检测传感器或 PCM 侧插头上两个端子之间的电压，应为 5V 左右；插上传感器插头，接通点火开关，检测传感器插头上两个端子间的信号电压，应为 0.5～3.0V（具体电压与温度有关）。在确认电路连接良好的情况下，若电压值不符合规定，则说明传感器失效，应予更换。

3. 电路检测

电路检测时，关闭点火开关，拆下蓄电池负极线，拆下 PCM 侧的线束插头，再拆下冷却液温度传感器的插头，用万用表检测冷却液温度传感器插头和 PCM 侧线束插头对应端子之间是否导通，如果不导通应检查并修复（一般电路阻值小于 1Ω）。

4. 数据流检测

数据流检测时，用解码器读取测量数据流，观测冷却液温度传感器数据信号，和实际冷却液温度信号进行比较，如果相差太远，说明冷却液温度传感器及其相关电路有故障。

5. 波形检测

波形检测时，用示波器连接冷却液温度传感器，观测冷却液温度传感器随温度升高电压变化的波形，与正常的波形比较，进一步判断传感器的好坏。

通常冷车时传感器的电压应在 3～5V，随着发动机运转，冷却液温度升高，信号电压减至正常冷却液温度时的 1V 左右。若传感器电路开路，则信号电压波形出现向上的尖峰（到参考电压值），若传感器电路短路，则信号电压出现向下的尖峰（到搭铁值）。冷却液温度传感器检测波形如图 3-8 所示。

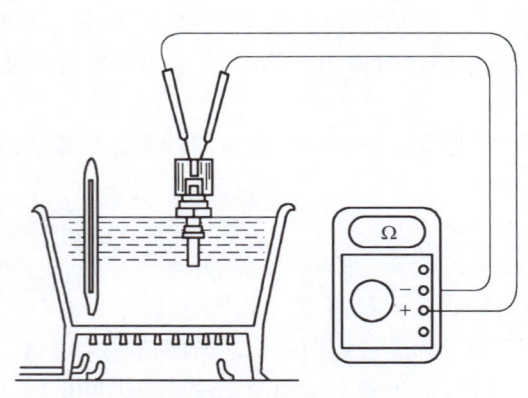

图 3-7　通过改变水温测量传感器的电阻

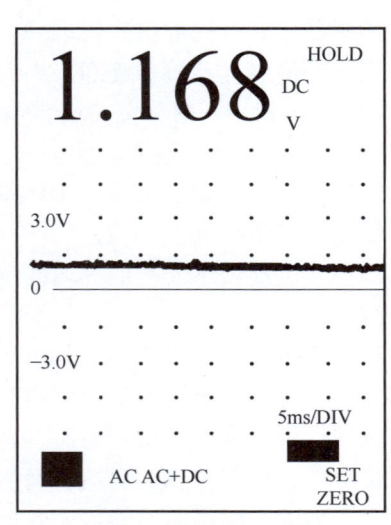

图 3-8　冷却液温度传感器检测波形

项目3 温度与气体传感器检测

任务实施：请完成"任务工单5 温度传感器检测"的相关工作任务。

温度传感器检测

任务2 空气流量传感器检测

空气流量传感器，也称空气流量计，是电喷发动机的重要传感器。电喷发动机为了在各种运转工况下都能获得最佳浓度的混合气，必须准确地测定每一瞬间吸入发动机的空气量，以此作为PCM计算（控制）喷油量的主要依据。

常见的空气流量传感器按其结构形式可分为叶片（翼板）式、量芯式、热线式、热膜式、卡门涡旋式等几种，根据测量方式又可以分成体积流量型和质量流量型，其中热线式和热膜式直接测量吸入的空气质量，具有更高的检测精度。

一、几种空气流量传感器工作原理

图3-9是叶片式空气流量传感器，又称翼板式或活门式空气流量传感器，它是利用力矩平衡原理和电位器原理研制的机械式传感器，主要由叶片、电位计和接线端子3部分组成。

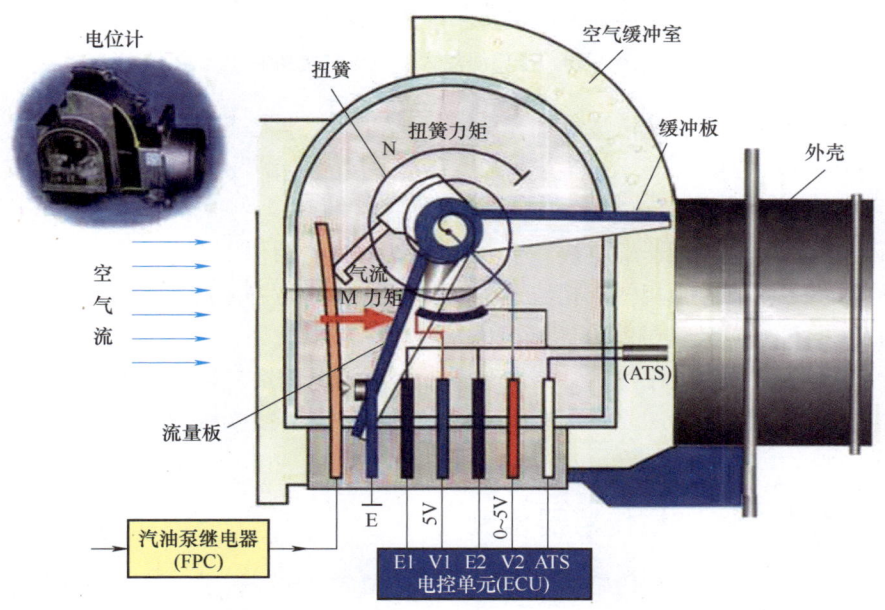

图3-9 叶片式空气流量传感器

传感器叶片部分包括流量板（测量叶片）和缓冲板叶片，电位计位于空气流量传感器壳体上方，与流量板、缓冲板组成的力臂同轴，内有平衡配重、滑臂、扭簧、调整齿圈和印制电路板等。当空气通过传感器的主通道时，叶片将受吸入空气流的压力和扭簧的弹力共同作用，节气门开度增大时，空气流量增大，气流压力将增大，此压力作用在叶片上使其偏转，令其转角逐渐增大，直到气流的压力和扭簧的弹力平衡。与此同时，电位计的滑臂与叶片转轴同轴旋转，电阻变化，使信号电压反馈端 V2 的电压变化。

叶片式空气流量传感器结构和工作原理简单，但是测量精度不高、响应特性较差，叶片还阻碍了空气流动，量芯式是对叶片式的改进，但提高不多。

卡门涡旋式空气流量传感器（图 3-10）是根据卡门涡流效应工作的，它在进气管中间设有一个三角形的涡流发生器，当空气流经涡流发生器时，在其后部的气流会不断产生不对称却规则的空气涡流，涡流紊乱地依次沿气流流动方向移动，移动速度与空气流速成正比（即在单位时间内通过涡流发生器后方某点的旋涡数量与空气流速成正比），因此通过测量单位时间涡流的数量就可以计算出空气流速和流量。

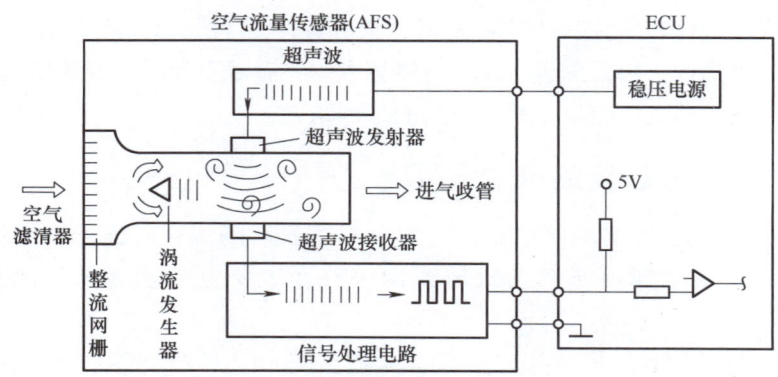

图 3-10　卡门涡旋式空气流量传感器

测量涡流数量的方式有超声波式和光电式。超声波发生器通过发射器不断向接收器发出一定频率（40kHz）的超声波，由于受到气流移动速度及旋涡数量变化的影响，接收器接收到的超声波信号的相位（时间间隔）以及相位差（时间间隔之差）就会发生变化，且进气量越大、旋涡数越多、移动速度越快，接收到的超声波的相位及相位差越大，反之则越小。控制电路根据超声波信号的相位或相位差的变化就可计算出涡流的频率并将其输入给 ECU，ECU 根据输入的进气涡流信号就可计算出进气量。

光电式卡门涡旋式空气流量传感器则设置了一对光偶和反光镜，反光镜活动能够反映涡旋的振动，它把发光管发出的光线不断折射到光敏元件上，使光敏元件产生光电流的频率与涡旋的频率一致。

二、热膜式空气流量传感器检测

热线式与热膜式空气流量传感器工作原理几乎完全一样，区别只是热膜式将发热体由热线改为热膜，但是由于热线式空气流量传感器成本远高于热膜式，目前在汽车上使用的空气流量传感器几乎都是热膜式的。

热膜式空气流量传感器主要由导流格栅、滤网、金属热膜、混合电路盒、壳体等组成。金属热膜和温度补偿电阻安装在进气管道中,混合电路盒连接插头。进气管连接侧的导流格栅与滤网用于防止回火和脏物进入空气流量传感器。热膜式空气流量传感器结构如图3-11所示。

热膜式空气流量传感器工作原理如图3-12所示。热膜电阻(发热体)R_H和进气温度计(又称温度补偿电阻)R_K、精密电阻R_A、电桥电阻R_B共同构成惠斯通电桥。集成电路A用于控制热膜电阻电流,使进气温度与热膜温度相差100℃。R_H和R_K均置于进气通道中的取气管内。发动机工作进气时,热膜电阻R_H通电产生热量被进气空气流吸收带走,因而热膜温度下降。空气流量越大,热膜损失的热量越多,要保持进气温度(R_K的温度)与热膜温度(R_H的温度)相差100℃,集成电路A就要根据进气温度和空气流量的大小,加大或减小通过热膜电阻R_H的电流,使两者温度差保持恒定。当热膜电阻的电流通过精密电阻R_A时,便在R_A上产生电压降,此电压降随着热膜电阻通过的电流(亦即空气量)的变化而变化,这样就可以根据其输出电压U,检测出空气流量。怠速工况时,空气流量较小,传感器输出电压较低;大负荷时,空气流量大,输出电压较高。空气流量传感器向PCM提供一个0.3~4.5V的电压信号。

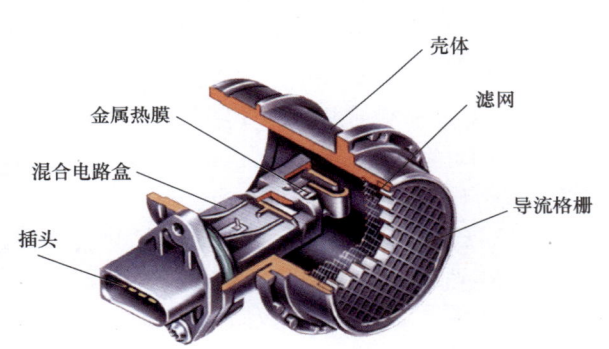

图3-11 热膜式空气流量传感器结构

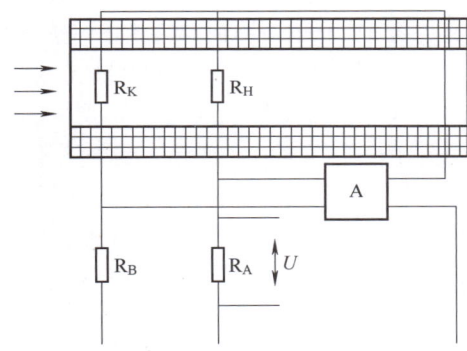

图3-12 热膜式空气流量传感器工作原理

大众AJR发动机热膜式空气流量传感器电路如图3-13所示。

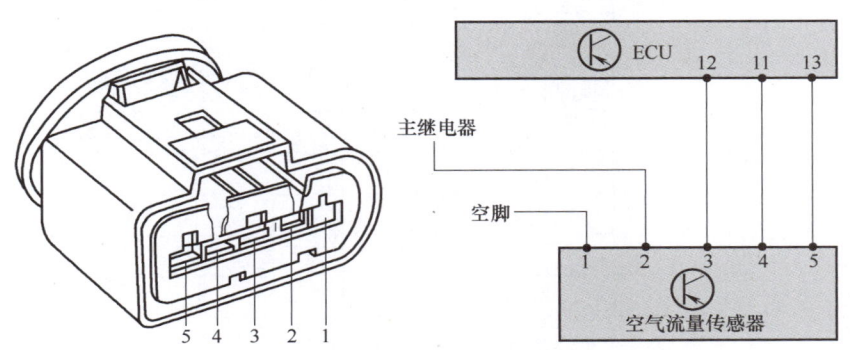

图3-13 大众AJR发动机热膜式空气流量传感器电路
1—进气温度 2—12V电源 3—搭铁 4—5V电源 5—信号反馈

当电控单元识别出故障码或数据流显示异常时，需要对空气流量传感器及其电路进行检测。

1. 电源电压测试

电源电压测试时，打开点火开关，将数字万用表调至直流20V档，若红色表针置于空气流量传感器针脚2，黑色表针置于发动机进气歧管壳体，起动发动机时，万用表应显示12V；若红色针表置于空气流量传感器针脚4，黑色表针置于发动机进气歧管壳体，万用表应显示5V。

2. 线束导通性测试

线束导通性测试时，将数字万用表设置在电阻200Ω档，找到空气流量传感器下面的针脚号与ECU信号测试端口针脚号，分别测试空气流量传感器3、4、5号针脚对应电控单元12、11、13号针脚的电阻，所有电阻的阻值都应低于1Ω。

3. 线束短路性测试

线束短路性测试时，用数字万用表分别测量各线束间的电阻，相连导线电阻值应当小于1Ω，不相连导线电阻值应为∞。

4. 信号电压测试

信号电压测试分单件测试和就车测试两部分。

1）单件测试：取一个空气流量传感器，将12V电压施加在空气流量传感器插座针脚2上，将5V电压施加在空气流量传感器插座针脚4上，将数字万用表调至直流20V档，测量空气流量传感器插座针脚3和针脚5，应有1.5V左右电压，用吹风机从空气流量传感器隔栅端向空气流量传感器吹入冷空气或热空气，测量空气流量传感器插座针脚3和针脚5，电压应瞬间上升至2.8V后回落。不能满足上述条件，可以判定空气流量传感器有故障。

2）就车测试：起动发动机至工作温度，将数字万用表调至直流20V档，测量空气流量传感器针脚5的反馈信号，红表针置于空气流量传感器针脚5，黑表针置于空气流量传感器针脚3，怠速时应显示电压1.5V左右；急加速时应显示2.8V左右。

5. 波形分析

热膜式空气流量传感器是一个模拟输出电压信号的传感器，当空气流量增大时，输出电压也随之升高，热膜式空气流量传感器信号波形如图3-14所示。

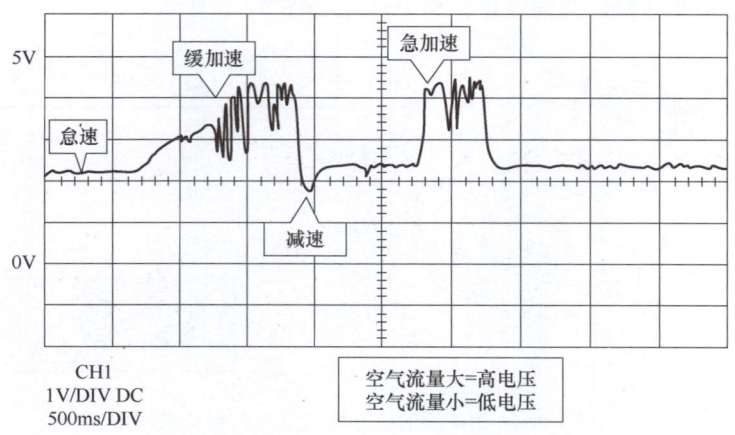

图3-14　热膜式空气流量传感器信号波形

项目 3　温度与气体传感器检测

> **任务实施**：请完成"任务工单 6　空气流量传感器检测"的相关工作任务。
>
>
>
> **空气流量传感器检测**

任务 3　氧传感器检测

氧传感器是电喷发动机中一个非常重要的部件。氧传感器检测的是混合气的浓度，但它并不直接检测混合气，而是通过检测混合气燃烧后的排气中的氧分子的含量，间接地得到混合气的浓度信号——空燃比。氧传感器信号是 PCM 对混合气空燃比进行闭环控制的必要依据，也是三元催化、二次空气喷射、燃油蒸气控制等系统的判断信号。

根据工作原理，氧传感器有氧化锆式和氧化钛式两种，其中氧化锆式氧传感器应用较多。氧传感器还拓展出了稀薄燃烧传感器和全范围空燃比传感器，它们的应用使发动机更清洁、更环保。

一、氧传感器工作原理

1. 氧化锆式氧传感器工作原理

氧化锆式氧传感器的基本元件是二氧化锆陶瓷管（固体电解质），简称锆管。锆管固定在带有安装螺纹的固定套中，内外表面均覆盖一层多孔性的铂膜，内表面与大气接触，外表面与发动机排气接触。氧传感器的接线端有一个金属护套，其上开有一个使锆管内腔与大气相通的孔，导线从锆管内表面铂极经绝缘套接线端引出，氧化锆式氧传感器结构如图 3-15 所示。

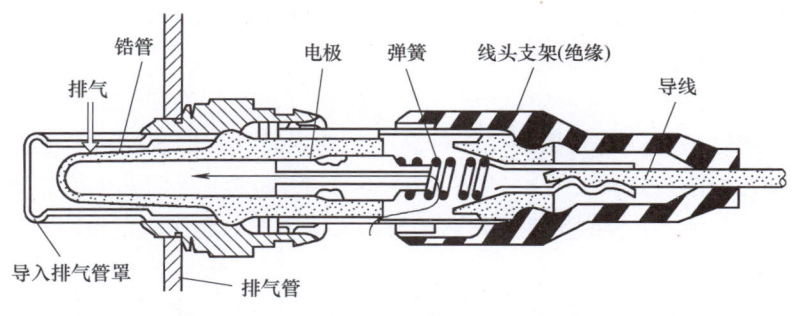

图 3-15　氧化锆式氧传感器结构

二氧化锆在温度超过 300℃ 以后才能正常工作。早期的氧传感器靠发动机排气加热，这种传感器必须在发动机起动运转数分钟后才能工作，只有 1 根或 2 根接线与 PCM 相连。目前大部分的氧传感器自带加热元件，可在发动机起动 20~30s 迅速将氧传感器加热至工作温度，这种氧传感器增加了加热元件的电源线，有 3 根或 4 根接线。

锆管的陶瓷体是多孔的，渗入其中的氧气在温度较高时发生电离。由于锆管内侧通大气、外侧通排气，存在氧离子浓度差，因而氧离子从大气侧向排气侧扩散，使锆管成为一个微电池，在两铂极间产生电压。氧化锆式氧传感器工作原理如图 3-16 所示。

当混合气的实际空燃比小于理论空燃比（或过量空气系数 >1），即发动机以较浓的混合气运转时，排气中氧含量少，但 CO、HC 等较多，这些气体在锆管外表的铂催化作用下与氧发生反应，将耗尽排气中残余的氧，使锆管外表面氧浓度趋向于零，使得锆管内、外侧氧浓度差加大，两电极间电压陡增。因此，氧化锆式氧传感器的信号电压在理论空燃比时会发生突变，稀混合气时信号电压趋向于零，浓混合气时信号电压趋向于 1V，它的电压输出特性如图 3-17 所示。

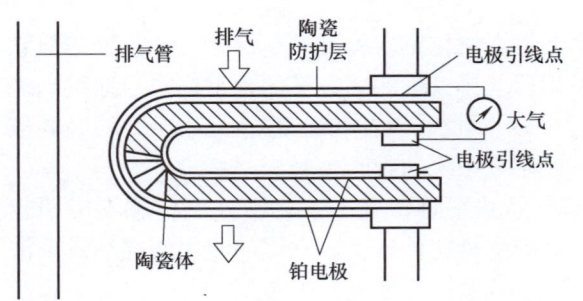

图 3-16　氧化锆式氧传感器工作原理

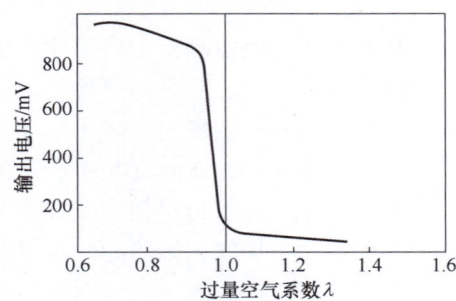

图 3-17　氧化锆式氧传感器的电压输出特征

要准确保持混合气浓度为理论空燃比是不可能的。实际上反馈控制只能使混合气在理论空燃比附近一个狭小的范围内波动，所以氧传感器的输出电压在 0.1~0.9V 之间不断变化（每 10s 内信号电压变化不少于 8 次）。如果氧传感器信号电压变化过缓或电压保持不变，则氧传感器有故障。

氧化锆式氧传感器是利用二氧化锆材料渗入氧气使其电离产生电压来工作的，这种传感器称为电压型氧传感器。而氧化钛式氧传感器是利用二氧化钛的电阻值随排气中氧含量的变化而变化的特性制成的，这种传感器称为电阻型氧传感器。

2. 氧化钛式氧传感器工作原理

氧化钛式氧传感器的外形与氧化锆式氧传感器相似，在传感器前端的护罩内有一个二氧化钛厚膜元件。纯二氧化钛在常温下是一种高电阻的半导体，但表面一旦缺氧，其晶格出现缺陷，电阻就随之减小。二氧化钛必须在 350℃ 以上的温度才能正常工作，所以氧化钛式氧传感器必须安装加热元件，以满足二氧化钛材料的工作条件。氧化钛式氧传感器结构如图 3-18 所示。

当发动机以较浓的混合气运转时，排气中氧含量少，CO、HC 等气体在三元催化剂作用下与氧发生反应，将进一步耗尽排气中残余的氧，使钛管内、外侧氧浓度差加大，二氧化钛晶格出现缺陷，电阻随之减小；当稀混合气偏稀时，电阻偏大，电阻值在理论空燃比或过量空气系数为 1 时发生跳变（图 3-19）。通常 PCM 给氧化钛式氧传感器施加恒定的 1V 电压，当混合气在理论空燃比附近变化时，二氧化钛材料的电阻值随之变化，同时反馈 0.1~0.9V 之间的信号电压。

项目 3　温度与气体传感器检测

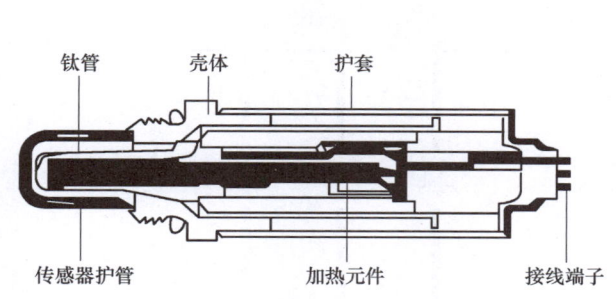

图 3-18　氧化钛式氧传感器结构

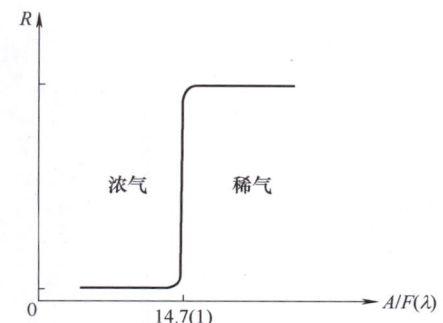

图 3-19　二氧化钛电阻变化特性

在同一台发动机上可以安装多个氧传感器，以对发动机的工作状态进行更深入的监测，例如在排气管的三元催化转化器前后端各安装一个氧传感器。排气在经过三元催化转化器时进行催化反应，可进一步降低排气中的含氧量，如果前氧传感器和后氧传感器产生一样的信号电压，则说明排气经过三元催化转化器没有进行催化反应，三元催化转化器失效了。

二、氧传感器检测

图 3-20 为大众 B8L 氧传感器电路原理图，其中，J623 为发动机控制模块（PCM），G39、G130 为分别安装在三元催化转化器前后的氧传感器，Z19、Z29 为氧传感器的加热元件，由 PCM 提供电压并通过车体搭铁点 23 构成工作回路。

氧传感器相当于一个混合气的浓度开关，若发动机有故障，则氧传感器的输出信号一定会出现异常反应，因此氧传感器也是发动机故障诊断的重要依据。但是，燃油压力过高、喷油器损坏、发动机 PCM 和传感器损坏以及操作不当等，都可能导致氧传感器信号异常而失效。氧传感器检测主要包括以下项目：

1. 氧传感器自身工作状况的检查

1）氧传感器线束与插接器的检查。检查 PCM 与氧传感器线束和插接器的情况，线束两端的电阻值应小于 1Ω。插接器两端子之间的电阻值如果小于 1Ω，则说明 PCM 端子与氧传感器线束和插接器端子之间短路；如果电阻值大于 1MΩ，则说明 PCM 端子与氧传感器线束和插接器端子之间开路。

2）氧传感器构件的检查。对加热式氧传感器，首先应检查加热元件的电压是否正常，打开点火开关或起动发动机后加热元件应有 12V 左右电压，有的车型加热元件的工作电压由 EFI 继电器提供。如果加热元件的供电电压正常，则检查加热元件的电阻，一般正常值为几欧姆，最后检查搭铁线，测量搭铁压降应小于 100mV。

2. 氧传感器信号检测

氧传感器信号检测，包括信号电压测量和信号波形测量。

1）信号电压测量。将氧传感器 G39 插头与插座连接，用探针或其他方式从端子 3、4 引出信号线，使用数字式万用表测量信号电压。当发动机正常工作时，信号电压应在 0.45～0.55V 不断变化；当供给发动机浓混合气时（节气门全开或拔下油压调节器真空管），信号电压应为 0.7～0.9V；当供给发动机稀混合气时（拔下空气流量传感器至发动机之间的真空

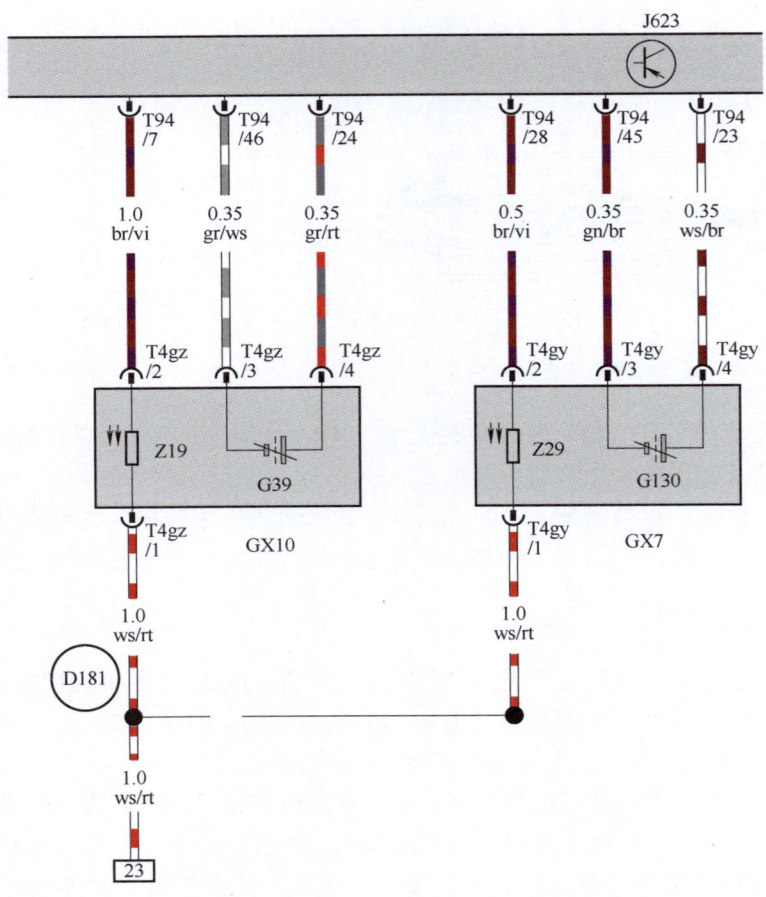

图 3-20 大众 B8L 氧传感器电路原理图
J623—PCM　G39—前氧传感器　G130—后氧传感器　Z19、Z29—加热元件

管或拔下 PCV 管），信号电压应为 0.1~0.3V。如果氧传感器在 10s 内信号电压的变化次数少于 8 次，则说明氧传感器或反馈控制系统工作不正常，可能是氧传感器表面积炭而使灵敏度降低。使发动机以 2500r/min 的速度运转 2min，以清除氧传感器表面积炭，然后再次检测信号电压，如果信号变化的频率依旧缓慢，则排除了氧传感器积炭的可能性。

2）信号波形测量。由于氧传感器信号电压处于动态的变化过程，用万用表检测电压不足以分析细节，应该用示波器分析氧传感器输出的信号波形，这样可以更直观地确定氧传感器的工作状态。图 3-21 所示为氧传感器信号波形，图 3-21a 为标准信号波形，信号变化的频率与发动机的转速成正比；当混合气偏稀时，信号电压在低位占比较多；当混合气偏浓时，信号电压在高位占比较多。

3）前、后氧传感器信号电压对比。前氧传感器和后氧传感器分别提供了表示三元催化转化器之前和之后的排气中氧含量的信号电压。其中，前氧传感器信号用作混合控制的反馈，后氧传感器信号用作三元催化转化器工作效率的反馈。由于排气经过三元催化转化器后氧含量进一步下降，所以前氧传感器和后氧传感器的信号电压并不仅是相位的区别，如图 3-22 所示。

项目 3　温度与气体传感器检测

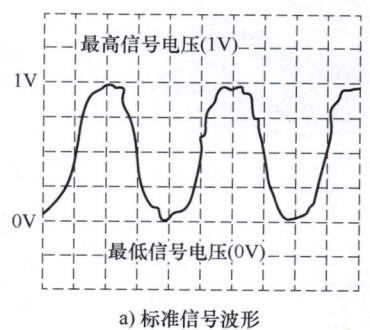
a) 标准信号波形

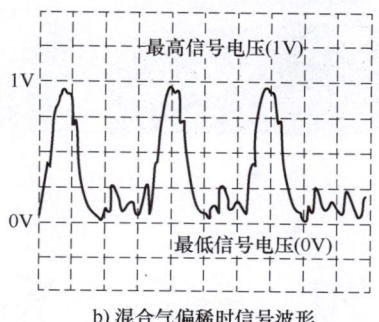
b) 混合气偏稀时信号波形

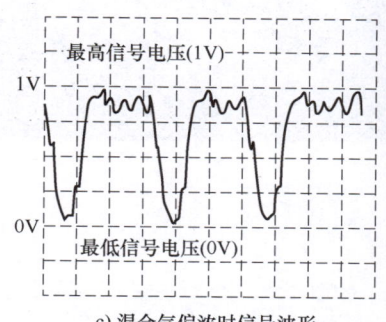
c) 混合气偏浓时信号波形

图 3-21　氧传感器信号波形

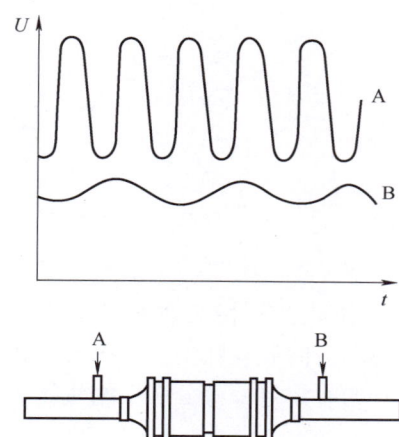
a) 三元催化转化器正常的氧传感器波形

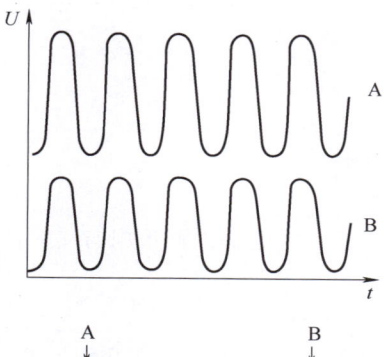
b) 三元催化转化器不正常的氧传感器波形

图 3-22　前、后氧传感器信号波形

A—前氧传感器　B—后氧传感器

任务实施：请完成"任务工单 7　氧传感器检测"的相关工作任务。

氧传感器检测

45

项目 4
超声波雷达认知、安装与标定

【项目目标】

理解超声波雷达的工作原理与安装、标定方法。

汽车测距技术有超声波测距、激光测距、毫米波测距和摄像头测距等,其中超声波测距、激光测距、毫米波测距的测距方式类似,都是将发射信号与回波信号进行比较,得到脉冲时间、相位或频率的差值,计算出发射与接收信号的时间差,再分别根据机械波在空气中的传播速度,计算与障碍物的距离和相对速度。

但是由于超声波、激光(包括红外线激光)、毫米波的特性差异,这几种测距技术也有差异。例如激光测距可以测量数公里以外的障碍物,但是对气候适应性差,雨、雪、雾天气都会对其造成影响,并且价格昂贵;毫米波测距能够检测数十米乃至数百米远的障碍物,环境适应性好,成本适中;超声波适用于 10m 之内的障碍物测距,环境适应性好,尤其是成本低,单颗超声波雷达头价格可以低至数元。摄像头测距是另一种测距技术,它通过图像算法识别符合预先建立模型的物体,通过多目摄像头根据同一个物体的数据差异性推算出距离。摄像头测距受外界干扰大,夜晚、雾天都会对其造成影响,且摄像头易污损,对算法和计算机处理能力要求高。

主要测距雷达性能比较见表 4-1。

表 4-1 主要测距雷达性能比较

	摄像头	超声波	毫米波	激光	红外线
探测距离	≥50m	≈10m	≥100m	≥200m	≈10m
响应时间	由处理时间决定	较快(≈15ms)	较快(≈15ms)	较快(≈10ms)	较慢(≈1000ms)
受污染、磨损等因素影响	很大	几乎没有	不大	很大	不大
成本	较高	很小	适中	高	很小
环境适应性	较差	好	好	差	差

综上，超声波雷达适用于近距离测距场景，例如泊车辅助、变道辅助、低速自动跟车等。

任务 1　超声波特性认知

超声波、毫米波、激光本质上都是机械波。声波由声源振动产生，声波传播的空间称为声场，人耳可以听到的声波的频率一般在 20Hz～20kHz 之间。频率小于 20Hz 的声波称为次声波，次声波的波长很长，因此能绕大型障碍物发生衍射，不易衰减、不易被水和空气吸收。

频率高于 20kHz 的声波就是超声波，通常以纵波的方式在弹性介质内传播，方向性好，穿透能力强，对色彩、光照、电磁场不敏感，在气体中较易衰减，而在液体、固体中衰减不大，广泛应用于测距、测速、清洗、焊接、碎石、杀菌消毒等各领域。

超声波的波长很短，只有几厘米甚至千分之几毫米，因此具有如下特性：

1）传播特性：超声波为直线式传播，绕射能力弱，反射能力强。这是因为超声波的波长很短，通常的障碍物的尺寸要比超声波的波长大好多倍，因此超声波的衍射本领很差，它在均匀介质中能够定向直线传播，具有绕射能力弱、反射能力强的特性。超声波的波长越短，该特性就越显著。

2）传播速度：超声波在空气中传播的速度比较慢。当在固体或者液体中传播时，超声波具有传播能量衰减比较小和穿透能力比较强的优点。介质的密度与弹性特性是影响超声波传播速度的主要因素。超声波在空气中的传播速度与温度、大气压力等因素有关，其中温度的影响更大，因此高精度的超声波测距系统会加装温度雷达，提供温度与超声波传播速度的修正。超声波传播速度与温度的关系见表 4-2。

表 4-2　超声波传播速度与温度的关系

温度/℃	-30	-20	-10	0	10	20	30	100
超声波传播速度/(m/s)	313	319	325	323	338	344	349	386

实验表明，空气中声波传播速度的近似式为

$$C = 331.5 + 0.61\theta \tag{4-1}$$

式中，C 为声波传播速度（m/s）；θ 为气温（℃）。

3）折射与反射：在同样的媒介中超声波将直线传播，但是，当超声波在两种不同的介质中传播时，在这两种介质的分界面上会产生两种不同的现象，一种是部分超声波被反射，另一种是其余的超声波会穿过该分界面继续传播而产生折射（图 4-1）。这种现象受媒介的种类、形状的影响，在大气中，即使是遇到人体也会出现明显的反射现象。

利用超声波检测时要注意多重反射的干扰，在可检测物体上反射一次后回归的反射波会反射到雷达探头或附近的物体、天花板面等，并再次反射到可检测物体进行二次

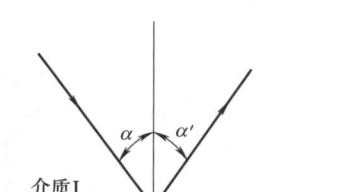

图 4-1　超声波的反射与折射

或二次以上反射。例如二次反射的情况下，超声波开关会收到恰好与一次反射相同的，经过 2 倍一次反射距离的反射波（图 4-2）。

4）功率特性：当声音在空气中传播时，会推动空气中的微粒往复振动而对微粒做功，功率与声波的频率成正比。由于超声波频率很高，所以超声波与一般声波相比，它的功率很大。当超声波频率变大时，其波束也会随着变窄，于是该声波的定向传播和反射能力就会变强，它所携带的传播能量也会远远大于具有相同振幅的其他类型的声波。

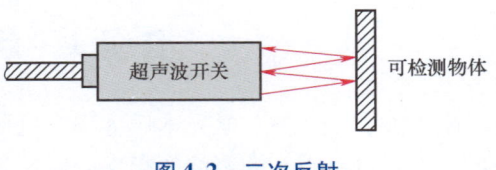

图 4-2　二次反射

5）超声波的干涉特性：当两列超声波在某种介质中传播并相遇时，该介质中的某些质点的振动会相互加强，而另外有一些质点的振动会相互减弱甚至有些质点的振动会完全抵消掉，这种现象称为超声波的干涉现象，超声波的干涉示意如图 4-3 所示。由于超声波干涉现象的存在，在两列超声波辐射区的周围会形成一个包含有最强和最弱振动的扬声场。

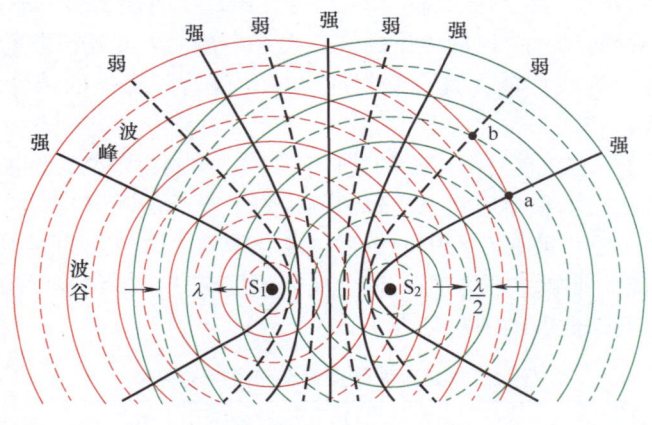

图 4-3　超声波的干涉示意

6）衰减特性：超声波在传播的过程当中其所携带的声能量会有所减少，这种特性称为超声波衰减特性。产生衰减的原因主要有以下 3 点：

① 由声束的扩散而引起的衰减。这种衰减只与波形和距离有关，而与介质无关。

② 由散射而引起的衰减。当超声波在不同的介质中传播时，会产生散乱反射现象而使声能衰减。

③ 由吸收而引起的衰减。当超声波想要传播时，质点需要振动，而克服质点与质点之间的黏滞力做功会使声能衰减。

7）空化作用：超声波作用于液体时可产生大量小气泡，其原因一是液体内局部出现了拉应力而形成负压，压强的降低使原来溶于液体的气体过饱和，而从液体逸出，成为小气泡；二是强大的拉应力把液体"撕开"成一空洞，这一过程称为空化。空洞内为液体蒸气或溶于液体的另一种气体，甚至可能是真空。因空化作用形成的小气泡会随周围介质的振动而不断运动、长大或突然破灭。破灭时周围液体会突然冲入气泡而产生高温、高压，同时产生激波。与空化作用相伴随的内摩擦可形成电荷，并在气泡内因放电而产生发光现象。在液体中进行超声处理的技术大多与空化作用有关。

超声波雷达作为测距传感器，在汽车倒车辅助系统中的作用是检测障碍物的距离与方位，在汽车上已经使用数十年之久，技术极为成熟，并且成本低廉。由于超声波的特性，超声波雷达虽然与其他测距传感器相比测距距离较小，但是受外界环境干扰小，可以全天候工作。在汽车上可以前后左右设置多颗超声波雷达，能全方位、无死角地识别近距离的障碍物，具有较高的应用价值。

任务 2　超声波测距原理认知

超声波定位是蝙蝠等一些无目视能力生物作为防御天敌及捕获猎物的生存手段，它们根据猎物或障碍物反射回波的时间间隔，判断猎物或障碍物的位置。超声波测距模仿了蝙蝠的超声波定位，利用超声波发射后遇到障碍物反射的原理来工作。但是蝙蝠的超声波定位是生物的本能，而在现实中超声波测距根据算法有相位检测、幅值检测和脉冲回波检测 3 种方法。

1. 超声波相位检测法

超声波相位检测法首先检测出雷达发射出的超声波和机械回波之间的相位差，然后根据相位差计算出障碍物与超声波雷达之间的距离。

以正弦超声波为例，假定发射信号为

$$u_T(t) = u_T \sin(\omega t + \varphi_0) \tag{4-2}$$

式中，φ_0 为所发射信号的初始相位角。

机械回波信号为

$$u_R(t) = u_R v \sin\left(\omega t + \varphi_0 - \omega \frac{2S}{c} + \varphi_c\right) \tag{4-3}$$

式中，S 为雷达与障碍物的距离；c 为超声波在空气中传播的速度；$\frac{2S}{c}$ 为超声波往返的时间；φ_c 为信号经过电路引起的相位差。

于是发射信号与机械回波之间的相位差为

$$\Delta\varphi = \omega \frac{2S}{c} - \varphi_c \tag{4-4}$$

通过移相电路可将 φ_c 抵消，可求得障碍物与雷达之间的距离

$$S = \frac{C}{2\omega}\Delta\varphi = \frac{C}{4\pi f}\Delta\varphi = \frac{C}{4\pi f}(N2\pi + \varphi_i) \tag{4-5}$$

式中，N 为延迟的相位中所包含的完整周期的个数，由计数器测得；φ_i 为不完整周期的相位值，由相位比较器测得。

采用相位检测法测距的精度较高，但是为了确定机械回波信号的相位，需要设置结构比较复杂的鉴别相位的电路来进行回波信号处理，成本较高。此外，该方法在实际应用中测量距离较小，仅为 15~70cm。

2. 超声波幅值检测法

将回收到的机械回波信号进行处理，并将其转化为包络曲线，利用对该曲线的峰值分析来确定机械回波前沿最远所能到达的距离。对有相同距离的不同障碍物，机械回波的包络曲

线大致相同，但其幅值不同；对于同一个障碍物，即使距离不同，其回波信号所产生的包络曲线仍然大致相似，但是每一个曲线的幅值不同。也就是说，机械回波的前沿到达时间 t_0 与回波的幅值时间 t 之间的时间差基本是固定不变的，只要通过回波信号包络图的幅值确定回波幅值时间 t，再减去固有的时间差（$\Delta t = t - t_0$），就可以确定障碍物距超声波雷达的距离。

但是，这种方法仅通过回波幅值来判断距离，易受反射波的影响。

3. 超声波脉冲回波检测法

超声波脉冲回波检测法测距原理如图 4-4 所示，首先超声波发射端 TX 发射具有一定频率的短促的超声波信号，同时启动时钟计数器，直到接收端 RX 收到障碍物反射的机械回波信号，并转换为相应的电信号。此时放大接收电路会将电信号放大，控制器会识别该信号，同时时钟计数器停止计数，读出计数器数值即可得到回波时间，从而计算出障碍物到雷达的距离。

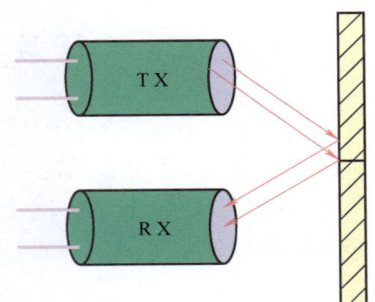

图 4-4 超声波脉冲回波检测法测距原理

超声波脉冲回波检测法的输入、输出信号如图 4-5 所示，雷达的发射端 TX 输入的是一定频率的矩形波脉冲串，而接收端 RX 输出的是毫伏级的交流信号。

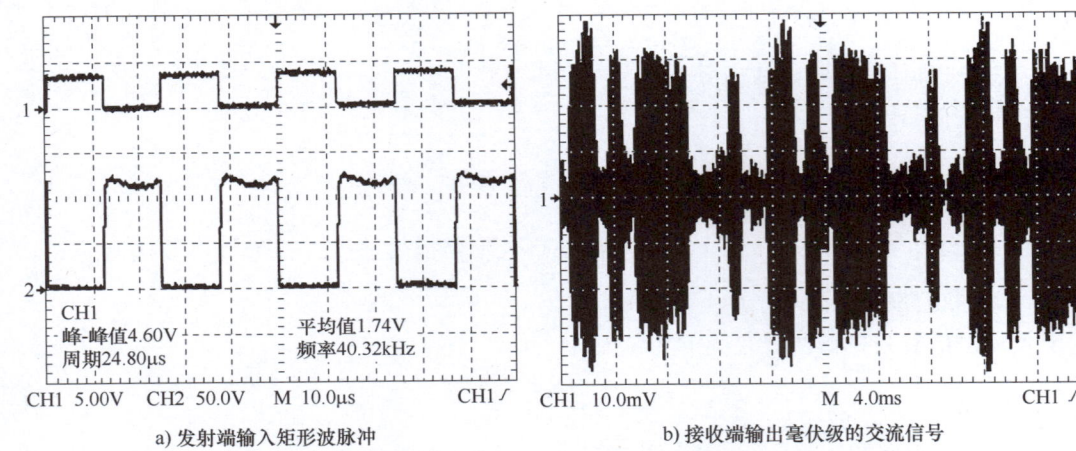

a) 发射端输入矩形波脉冲　　　　　　　b) 接收端输出毫伏级的交流信号

图 4-5 超声波脉冲回波检测法的输入、输出信号

接收时间与发射时间之差即超声波在空气中的回波时间，因此障碍物与雷达之间的距离为

$$L = \frac{CT}{2} \tag{4-6}$$

式中，C 为超声波在空气中传播的速度（在常温下约为 344m/s）；T 表示发射端与接收端的回波时间差。

如果考虑温度对超声波传播速度的影响则要对式（4-6）进行温度系数修正。这种算法比较简单，非高精度的测距场景使用较多。

项目4 超声波雷达认知、安装与标定

任务3　超声波雷达的结构与原理认知

超声波雷达通过送波器（发射端）将超声波向对象物发送，通过收波器（接收端）接收反射波，来检测对象物的有无，以及通过计算从超声波发射到接收所需要的时间和声速的关系，来计算雷达和对象物之间的距离。

1. 超声波雷达的分类

按照安装方式分类，超声波雷达可以分为直射式和反射式，反射式又可以分为发射头与接收头分体和收发一体两种形式。

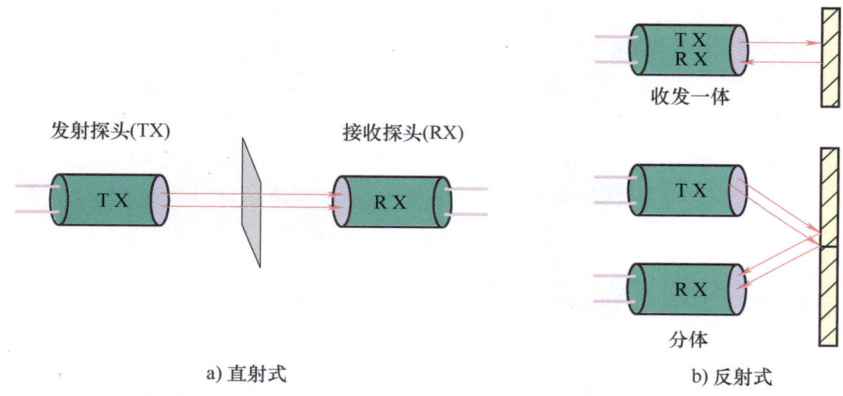

图4-6　直射式和反射式超声波雷达

按照结构分类，超声波雷达可分为直探头、斜探头、表面波探头、双探头、聚焦探头、水浸探头以及其他专用探头。

按照实现超声波换能器工作的物理效应的不同分类，超声波雷达可分为电动式、电磁式、磁致伸缩式、压电式等，其中以压电式最为常用。

按照工作频率分类，超声波雷达有40kHz、48kHz、58kHz三种。一般来说，频率越高，灵敏度越高，但水平与垂直方向的探测角度也越小，汽车测距超声波雷达主要使用40kHz。

按使用场景分类，汽车超声波雷达有超声波泊车辅助（Ultrasonic Parking Assistant，UPA）和全自动泊车辅助（Automatic Parking Assistant，APA）两种。UPA探测距离在15～250cm之间，安装在汽车前后保险杠上，用于汽车前后障碍物的测距；APA探测距离在30～500cm之间，安装在汽车侧面，用于汽车侧面障碍物的测距。通常，一套汽车倒车辅助系统需要在车后安装4个UPA，而自动泊车系统需要在倒车辅助系统的基础上，再增加车前4个UPA和车侧4个APA。

2. 超声波雷达的结构与原理

超声波雷达常用的材料是压电晶体和压电陶瓷，都是通过材料的压电效应来工作。下面以压电式超声波雷达说明其结构与工作原理。

超声波雷达能通过压电效应将电能和超声波相互转化，即在发射超声波的时候，将电能转换为超声波，而在收到回波的时候，则将超声波转换为电信号。超声波的发射和接收，需要一种电能-机械能之间的能量转换装置，这种装置即为换能器。超声波换能器的特点是能够完成超声波与电信号之间的相互转换，其核心是压电晶体，它是利用压电效应原理工作的。超声波换能器的内部结构如图4-7所示，它由压电晶片、锥形共振盘、引脚、外壳和防护网等部分组成。

压电晶体具有这样的可逆特性：对压电材料施加机械力，在电极间会随着力产生电动势；若在电极间施加电压，则压电材料会产生机械位移。压电晶体特性如图4-8所示。

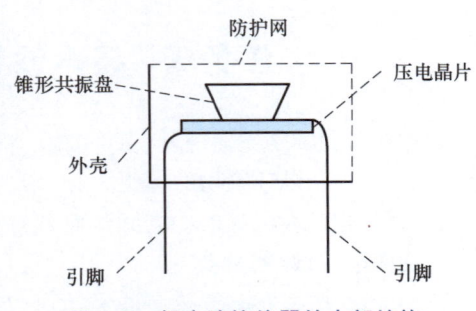

图4-7 超声波换能器的内部结构

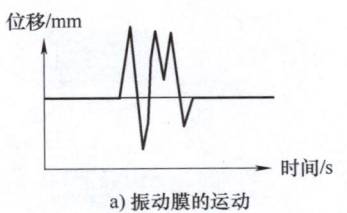
a) 振动膜的运动

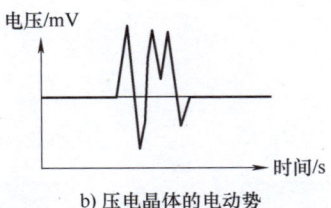
b) 压电晶体的电动势

图4-8 压电晶体特性

超声波雷达直探头结构如图4-9图所示，它由压电晶片、吸收块（阻尼块）、保护膜、接线片等组成。

压电晶片多为圆板形。超声波频率与压电晶片厚度成反比。压电晶片的两面镀有银，作为导电的极板。吸收块（阻尼块）的作用是降低晶片的机械品质，吸收声能量。如果没有吸收块（阻尼块），当激励的电脉冲信号停止时，晶片将会继续振荡，加长超声波的脉冲宽度，使分辨率变差。

在发射端，对压电晶片施加40kHz的激励脉冲电压，晶片会根据所加的高频电压极性伸长或缩短并产生高频振动，发射频率是40kHz的超声波。

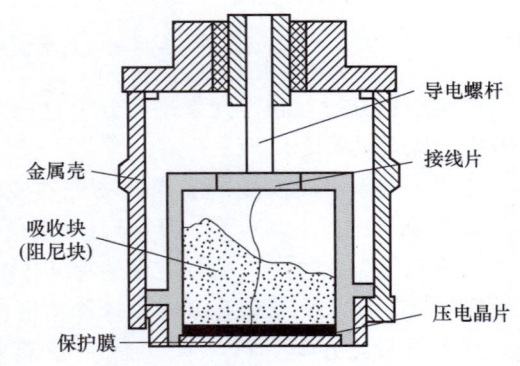

图4-9 超声波雷达直探头结构

超声波被障碍物反射后会被接收器接收，接收器再利用压电材料的压电效应，将超声波转换成电荷，发射端和接收端分体的超声波雷达探头如图4-10所示。

3. 超声波的发射与接收电路示例

图4-11所示为一种超声波发射电路。

振荡电路：该电路是用555定时器构成的多谐振荡电路，图中电容C1、电阻R1和R2作为振荡电路的定时元件，决定着输出矩形波正、负脉冲的宽度。定时器的触发输入端（引脚2）和阈值输入端（引脚6）与电容连接，集电极开路输出端（引脚7）接R1、R2相连处，用以控制电容C1充、放电，外界控制输入端（引脚5）通过电容C2搭铁。驱动电路：两个反相器并联，输出电流加倍。

项目4 超声波雷达认知、安装与标定

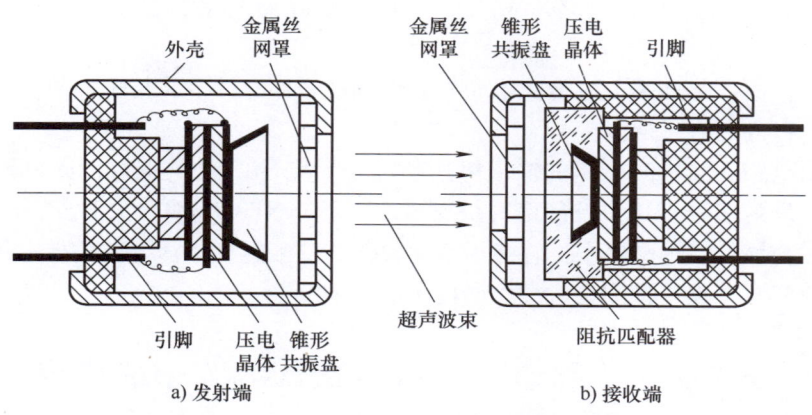

图 4-10 发射端和接收端分体的超声波雷达探头

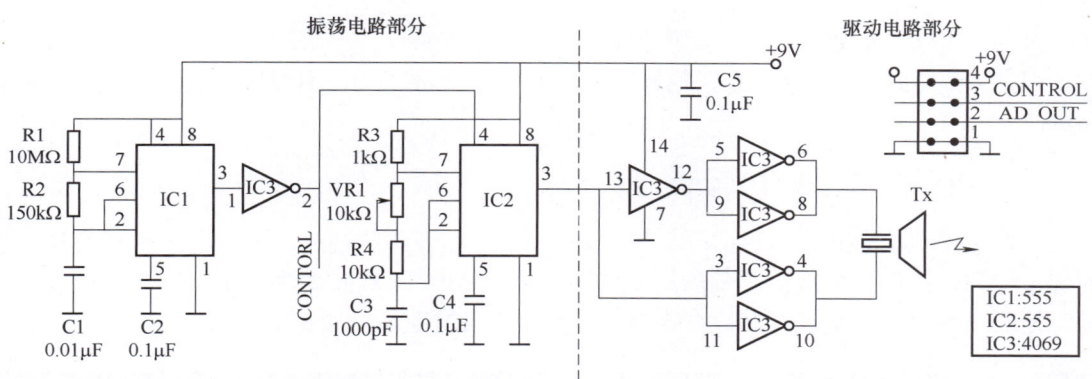

图 4-11 超声波发射电路

图 4-12 所示为一种超声波接收电路。

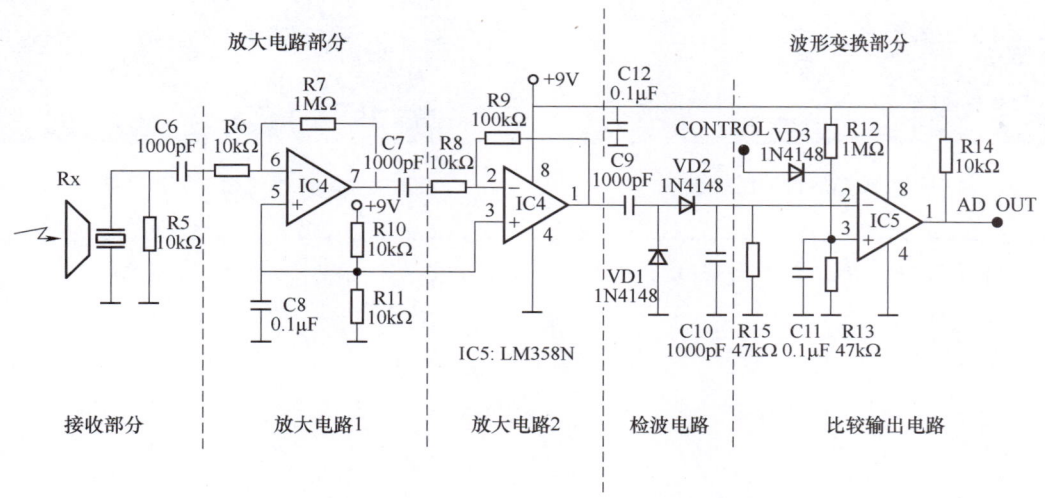

图 4-12 超声波接收电路

放大电路：信号经放大电路 1 放大 100 倍，经放大电路 2 放大 10 倍，经两级放大 1000 倍。

检波电路：该电路利用二极管的单向导通性和电容的充放电，检出经放大后的脉冲信号的直流电压，以判断有无回波信号。

比较输出电路：当检波电路的输出电压值高于设定的门限电压时，比较器将输出低电平，表示收到反射信号。其中控制信号（图 4-12 的 CONTROL 端）来自超声波发射板，在超声波发射时，该信号为高电平，它能提高比较器的门限转换电压，并保持一段时间，可防止发出的超声波直接进入检测头，发生误检测。

任务 4　了解超声波雷达在 ADAS 中的应用

一、应用在泊车库位检测

自动泊车功能需要经历识别库位和倒车入库 2 个阶段。

识别库位功能依赖安装在车辆侧方的 4 个 APA 超声波雷达，泊车库位检测场景如图 4-13 所示。

二、应用在高速横向辅助

特斯拉 Model S 在 AutoPilot 1.0 版本就实现了高速公路的巡航功能。为了增加高速巡航的安全性和舒适性，特斯拉在车辆侧面安装了 4 个 APA 超声波雷达，使车辆在高速巡航工况时能监控侧向车道是否有其他车辆接近。高速横向辅助场景如图 4-14 所示。

图 4-13　泊车库位检测场景

图 4-14　高速横向辅助场景

任务实施：请完成"任务工单 8　超声波雷达安装与标定"的相关工作任务。

超声波雷达安装与标定

项目 5
毫米波雷达认知、安装与标定

【项目目标】
1. 理解毫米波雷达的工作原理与安装、标定方法。
2. 学会对毫米波雷达的数据及信号显示结果进行分析。

毫米波是指波长介于 1~10mm 的电磁波,其波长短、频段宽,易实现窄波束,分辨率高,不易受干扰。毫米波在智能驾驶方面主要用于采集车辆前方、后方和侧向运动目标的位置和运动速度,以及毫米波易于识别的静态目标。

任务 1　毫米波特性认知

频段在 1GHz 以下的属于普通频段,频段在 1~30GHz 属于微波,频段在 30~300GHz (波长 1~10mm) 属于毫米波。毫米波位于微波与远红外波相交叠的波长范围,因而兼有两种波谱的特点,其理论和技术方向分别是微波向高频的延伸和光波向低频的发展。波长频段应用如图 5-1 所示。

1. 毫米波的频段特性

频带宽、波长短和大气传播衰减大,是毫米波的三大特性。

1) 频带宽。通常认为毫米波频率范围为 26.5~300GHz,带宽高达 273.5GHz,超过从直流到微波带宽之和的 10 倍。即使考虑大气吸收,在大气中传播时仅使用四个主要窗口,这四个窗口的总带宽也可达 135GHz,是微波以下各频段带宽之和的 5 倍,可以容纳大量系统信号在该频段工作而不会产生相互干扰。5G 通信技术也使用了毫米波频段。

"大气窗口"是指 35GHz、45GHz、94GHz、140GHz 和 220GHz 等几个特殊频段,在这些频段附近,毫米波传播时的衰减较小,主要被应用于低空空地导弹、地基雷达和点对点通信。

2) 波长短。毫米波的频率介于红外波和厘米波之间,所以其综合了二者的一些优点:

智能汽车传感器技术

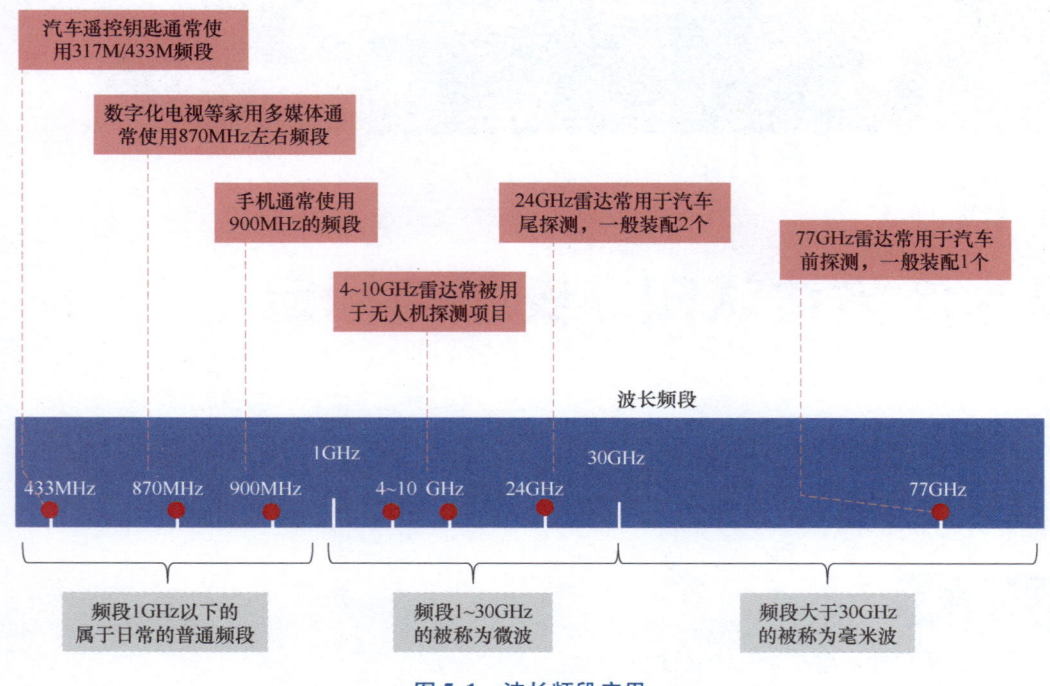

图 5-1 波长频段应用

能像厘米波一样在全天候环境下使用，抗干扰能力强，不受物体表面形状、颜色的干扰；又具有红外波一样的高分辨率，可以分辨相距更近的小目标并能更为清晰地观察目标的细节，易于利用多普勒效应对动态目标进行识别；还具有波束窄、天线口径小、更容易小型化的优点。

3）大气传播衰减大。毫米波在非"大气窗口"频率传播时，大气对毫米波具有较强的衰减作用，尤其在 60GHz、120GHz、180GHz 等 3 个频段附近，其衰减出现极大值，即出现"衰减峰"。但是即使如此，毫米波相对于激光和红外线，对水滴、尘埃和烟雾的穿透能力更强，在目前智能汽车上使用的环境感知雷达中，毫米波雷达几乎是唯一可以全天候工作的。车载毫米波雷达的探测距离一般为 150~200m，有些能够达到 300m，能够满足高速行驶环境下对较大距离范围的环境监测需要。

2. 车载毫米波雷达频段

车载毫米波雷达的研究始于 20 世纪 60 年代，研究主要在德国、美国、日本等发达国家内展开。由于激光雷达的成本居高不下和数字信号处理（DSP）技术发展，毫米波雷达的研究一直得到重视。20 世纪 90 年代，美国、日本、德国的研究先后取得突破，德国 ADC 公司最先研究出 76.5GHz 的 ASR100 雷达，采用机械扫描天线；日本以丰田为首的三家公司联合研制了世界公认的第一款相控阵雷达，能够对 7~150m 范围内的物体进行测试。

目前世界各国对车载毫米波雷达分配频段各有不同，主要有 24GHz、60GHz、77GHz、79GHz 几个频段。实际上按频段分，24GHz 不属于毫米波，但是其传播特性与毫米波极为相似。

2015 年，日内瓦世界无线电通信大会将 77.5~78.0GHz 频段划分给无线电定位业务，以支持短距离高分辨率车载雷达的发展,因此77GHz逐渐成为主流。77GHz毫米波带宽更大、分辨率更高、抗干扰能力更强,并且对行人的反射波识别能力较弱,能加强对物体的识别能力。车载毫米波雷达几种频段的特性见表5-1。

表5-1 车载毫米波雷达几种频段的特性

	24GHz	77GHz	79GHz
带宽	100MHz	500MHz	2GHz
距离	中近距	中长距	中长距
距离分辨率	1.5m	0.3m	0.075m
角度分辨率	较差	7°~14°	7°~14°
点云	不适用	较差	较好
国内频段	已批准	已批准	未开放

现阶段各国对毫米波在智能汽车上的应用以24GHz近距离雷达(Short Range Radar,SRR)系统+77GHz远距离雷达(Longe Range Radar,LRR)系统的形式出现,24GHz近距离毫米波雷达主要负责近距离探测,探测距离是30m,探测角度是水平±80°,主要可以应用于盲点检测系统和后碰撞预警系统等。77GHz长距离毫米波雷达主要负责中长距离探测,中距离毫米波雷达的探测距离是80m,探测角度是水平±40°,主要可以应用于侧向交通辅助系统和变道辅助系统等;长距离毫米波雷达的探测距离是200m,探测角度是水平±18°,主要可以应用于自适应巡航系统、自动紧急制动系统和前碰撞预警系统等。在我国,原信息产业部于2005年将76~77GHz的频段、工业和信息化部于2012年将24~26GHz的频段划给车载毫米波雷达使用。

德国博世公司和德国大陆公司在汽车毫米波雷达市场占有率接近50%,博世公司的核心毫米波雷达产品是长距离的,主要用在自主巡航系统,大陆公司的产品则较为全面。

目前车载毫米波雷达采集数据项包括:车辆前向、后向和侧向障碍物体的位置和速度等信息,常用前向毫米波雷达和角向毫米波雷达性能指标见表5-2。

表5-2 常用前向毫米波雷达和角向毫米波雷达性能指标

序号	指标	前向毫米波雷达	角向毫米波雷达
1	方位角范围	25°±5°	110°±10°
2	俯仰角范围	4.5°±0.5°	4.5°±1.5°
3	相对速度范围	-120~250km/h	-120~250km/h
4	探测距离范围	0.5~190m(RCS=10m²) 0.5~100m(RCS=3m²)	0.5~70m(RCS=10m²) 0.5~30m(RCS=3m²)
5	距离分辨率	0.5m	0.5m
6	方位角分辨率	0.2°	0.2°
7	俯仰角分辨率	1°	—
8	相对速度分辨率	1m/s	1m/s
9	距离精度	±0.5m	±0.5m
10	方位角精度	±0.1°	±0.1°

（续）

序号	指标	前向毫米波雷达	角向毫米波雷达
11	俯仰角精度	±0.5°	—
12	相对速度精度	±0.5m/s	±0.5m/s
13	工作频率	20Hz	20Hz
14	工作温度	-40~85℃	-40~85℃

注：RCS 为雷达散射截面积。

任务 2　多普勒效应测距、测速、测角度原理认知

毫米波雷达和激光雷达都属于雷达（Radio Detection and Ranging，RADAR），它们是利用无线电的反射发现目标并测定它们的空间位置。雷达测距原理很简单，就是把无线电波发出去，然后接收回波，根据收发的时间差测得目标的位置数据和相对距离。毫米波雷达和激光雷达都基于多普勒效应（Doppler Effect）工作，但是毫米波雷达发射的是窄波束，激光雷达发射的是光线。

毫米波雷达发射波的调制方式有调频连续波（FMCW）式、脉冲波式（脉冲多普勒雷达）和 ESR 式。脉冲波雷达系统在测量近距离目标时，发射和接收脉冲之间的时间差极小，通常达到纳秒级，要求处理器的运行频率很高，所以实际工程中较少采用。调频连续波雷达系统利用多普勒频移原理来测距测速，对处理器要求较低，因此，大部分应用场合均采用调频连续波雷达。

多普勒效应，是指当声音、光和无线电波等振动源与观测者以相对速度 v 运动时，观测者所收到的振动频率与振动源所发出的频率不同的现象。当目标向雷达天线靠近时，反射信号频率将高于发射信号频率；反之，当目标远离天线时，反射信号频率将低于发射信号频率。

1. 多普勒测距原理

多普勒测距原理如图 5-2 所示：雷达的振荡器产生一个频率随时间逐渐增加的电磁波，这个电磁波遇到障碍物后会反射并被接收，障碍物越远，回波收到的时间就越晚，即时延 t_d 就越大。由于 $t_d = \dfrac{2R}{c}$，其中 R 是振荡器与障碍物的距离，c 是电磁波传播速度（在真空传播时等于光速）。通过时延 t_d 就可以计算出雷达与障碍物的距离 R。

雷达分辨率是指雷达可以区分的两个物体的最近的距离，用光速/（雷达带宽×2）来计算。

2. 多普勒测速原理

多普勒频移原理：多普勒效应所造成的频率变化称为多普勒频移 f_b，它与相对速度 v 成正比，与振动的频率成反比。通过检测这个频率差 f_b，可以测得目标相对于雷达的移动速度。

假设毫米波雷达发射连续电磁波信号

$$s(t) = A\cos(\omega_0 t + \varphi_0) \tag{5-1}$$

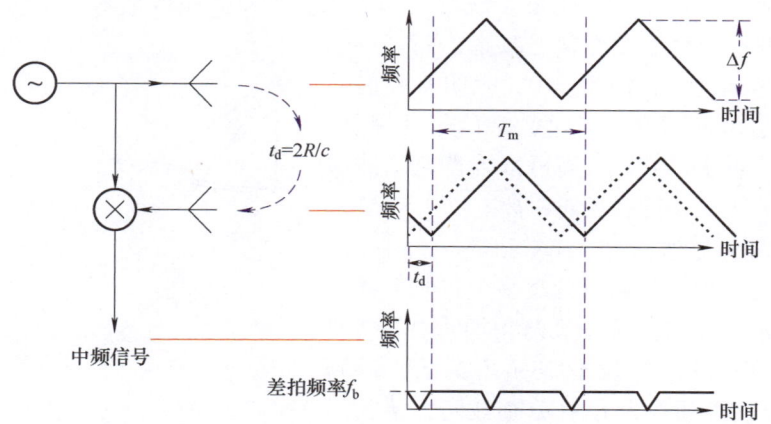

图 5-2 多普勒测距原理

式中，ω_0 为发射角频率；φ_0 为初相；A 为振幅。

雷达接收到由目标反射的回波信号

$$s_r(t) = ks(t-t_r) = kA\cos[\omega_0(t-t_r) + \varphi_0] \tag{5-2}$$

式中，t_r 为回波滞后于发射信号的时间（$t_r = 2R/c$，其中 R 为目标和毫米波雷达之间的距离，c 为电磁波传播速度，在真空传播时它等于光速）；k 为回波的衰减系数。

如果车辆前方目标相对静止（即相对速度为零），则目标与雷达的距离 R 为常数。此时回波与发射信号之间有固定相位差 $\omega_0 t_r = 2\pi f_0 \cdot \dfrac{2R}{c} = \left(\dfrac{2\pi}{\lambda}\right)2R$，它是电磁波往返于雷达与目标之间所产生的相位滞后。当目标与毫米波雷达之间有相对运动时，则两者之间的距离 R 是与时间成正比的。

设目标相对毫米波雷达运动的速度为一定值 v_r，在 t 时刻，目标与毫米波雷达之间的距离

$$R(t) = R_0 - v_r t \tag{5-3}$$

式中，R_0 为目标与毫米波雷达在零点时刻的距离。

由式（5-2）可知，在 t 时刻接收到的波形 $s_r(t)$ 上的某点，对应于 $(t-t_r)$ 时刻发射的波形上某点。

在实际的工作状态中，毫米波雷达和目标间的相对运动速度 v_r 远小于光速，所以时延 t_r 可近似表示为

$$t_r = \dfrac{2R(t)}{c} = \dfrac{2}{c}(R_0 - v_r t) \tag{5-4}$$

与发射信号相比，两者之间的相位差为

$$\varphi = -\omega_0 t_r = -2\pi \dfrac{2}{\lambda}(R_0 - v_r t) \tag{5-5}$$

相位差随时间线性变化，如果 v_r 为常数，则频率差可以表示为

$$f_b = \dfrac{1}{2\pi} \dfrac{d\varphi}{dt} = \dfrac{2}{\lambda} v_r \tag{5-6}$$

式（5-6）中，f_b 即为多普勒频移，它与目标和毫米波雷达之间的相对运动速度成正比

例关系，与毫米波雷达的工作波长 λ 成反比例关系。当目标靠近毫米波雷达时，f_b 大于 0，表明接收信号频率要大于发射信号频率，而当目标背离毫米波雷达运动时，f_b 小于 0，表明接收信号频率要小于发射信号频率。通过数字信号处理器，运用傅里叶变换可求得 f_b，从而可以求得毫米波雷达与目标之间的相对速度和相对距离。

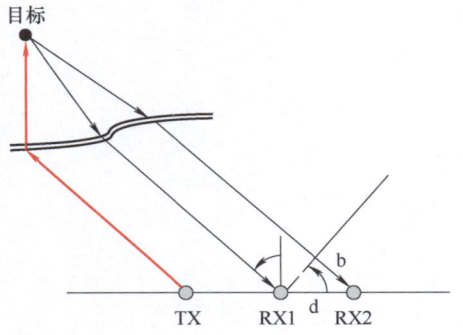

图 5-3 多普勒测角原理

3. 多普勒测角原理

测量障碍物的角度是通过处理多个接收天线收到的信号时延来实现的。多普勒测角原理如图 5-3 所示，振荡器 TX 发出的发射波频率为 f_o，遇到"目标"返回，回波频移为 f_b 并分别被两个接收天线 RX1、RX2 收到。由于回波的路径不同，RX1、RX2 的回波信号有时间差，根据时间差可计算出角度。

任务 3　毫米波雷达工作原理认知

毫米波雷达的组成（图 5-4）包括外壳、天线、信号处理器、发射机、接收机等。

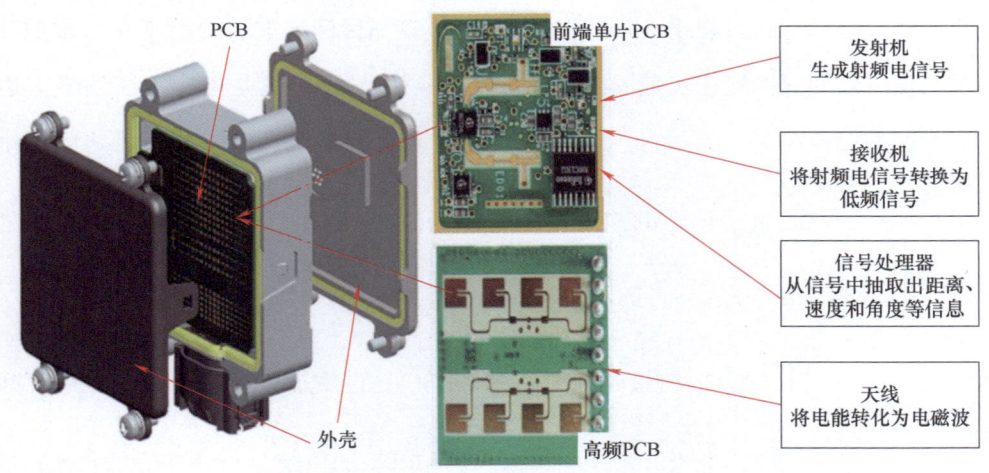

图 5-4 毫米波雷达的组成

雷达天线的作用是将电能与电磁波之间进行转换，包括发射天线和接收天线，分别发射和接收毫米波。目前毫米波雷达天线的主流方案是微带阵列，将天线集成在高频 PCB 板上，需要在较小的集成空间中保持天线足够的信号强度。

由于毫米波的波长很短，而天线尺寸与波长相当，所以毫米波雷达的天线可以很小，用微带贴片天线技术将多根天线贴在 PCB 板上的 Ground 层上，实现多根天线构成阵列天线，达到窄波束的目的。随着收发天线个数的增多，这个波束可以很窄。

前端单片 PCB，又称前端微波集成电路（MMIC），由发射机、接收机、信号处理器等组成，具有电路损耗小、噪声低、频带宽、动态范围大、功率大、附加效率高、抗电磁辐射能力强等特点。其中，发射机用于生成高频射频信号，接收机用于将高频射频电信号转化为低频信号，信号处理器用于在信号中抽取距离、速度、角度等信息。

车载雷达中比较常见的是平面天线阵列雷达（图 5-5），平面雷达没有旋转机械部件，从而能保证更小的体积和更低的成本。

毫米波雷达发射波的调制方式大多采用调频连续波式，图 5-6 给出了静止目标下三角波调制的调频连续波，它的频率在时间上按照三角形规律变化。电磁波传播过程中遇到目标会发生反射，接收天线接收到回波信号时，在这段时间内发射机的频率相较回波频率已经发生变化，将发射机直接耦合的信号与接收天线收到的目标回波通过接收机的混频器，输出差频信号，通过对差频信号的测量可以计算出目标的距离。

图 5-5　平面天线阵列雷达

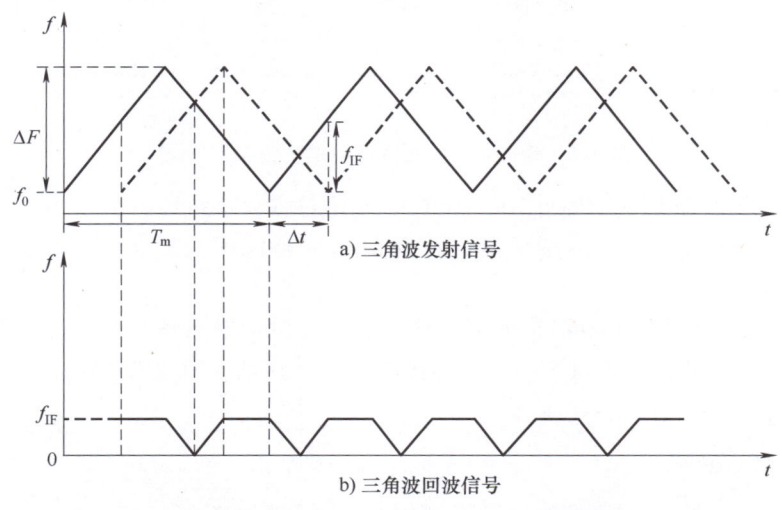

图 5-6　静止目标下三角波调制的调频连续波

目标距离 R 与中频信号频率 f_{IF} 的关系为

$$R = \frac{cT_m}{4\Delta F} f_{IF} \tag{5-7}$$

任务 4　毫米波雷达安装与标定

1. 测试环境要求

RCS 雷达截面积（Radar Cross Section）是目标在雷达接收方向上反射雷达信号能力的度量，取决于目标结构（形状和材料）、雷达工作频率、雷达极化方式和雷达观测角。

ADAS 领域的雷达作用距离一般覆盖在雷达的近场工作范围，目标的体效应对 RCS 反射特性有很大影响，但车载毫米波雷达的距离分辨率和角度分辨率较低，由于毫米波具有多径效应和目标体效应，故需要对毫米波雷达的测试环境做出一定场地设计要求，测试环境包括静态测试环境和路测环境两种。

（1）静态测试环境 是指定毫米波雷达固定在指定位置，在测试台架上完成测试的测试环境，主要完成目标特性及雷达基本功能的检测任务，分为非干扰测试环境和干扰测试环境。

1）非干扰测试环境要求目标背景干净，应选择在空旷环境或微波暗室内进行，具体要求如下：

① 根据毫米波雷达短距模式视场角（FOV）±60°，最远作用距离 70m，长距模式视场角（FOV）±9°，最远作用距离 250m 的技术指标要求，静态非干扰测试环境的场地布置方案如图 5-7 所示。

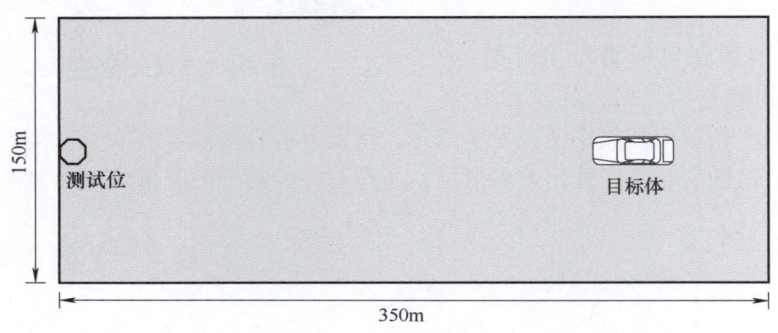

图 5-7　静态非干扰测试环境的场地布置方案

② 被测目标背景环境应尽量干净，避免金属反射体、建筑体、行人等噪点进入测试环境。安装台上雷达的地面绝对高度应控制在 0.8～1m 范围内。地面应平整，无坡度，以砂石、水泥或低矮草地为主。

2）干扰测试环境是为了模拟车体运动状态下真实单帧反射特征和停车状态下目标的前景和背景信息所采用的一种测试手段，如图 5-8 所示。干扰测试环境的场地可依据实际情况

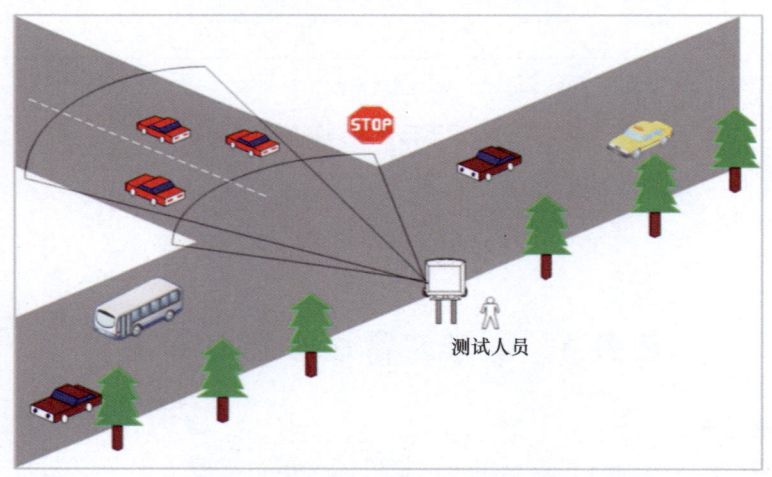

图 5-8　静态干扰测试环境示意

选择，但需记录所选场地基本的布局信息。安装台上雷达的地面绝对高度应控制在 0.8~1m 范围内。

(2) 路测环境　模拟了汽车在真实路况的行驶环境，如图 5-9 所示，包括模拟动态测试和随机测试，以及进行车体运动状态下的雷达回波信息及算法鲁棒性和功能完善性的测试。在路测时，要求从用户实际使用的角度出发，通过实车路试的方式，在充分考虑各种测试场景的基础上完成检测任务，记录测试信息。

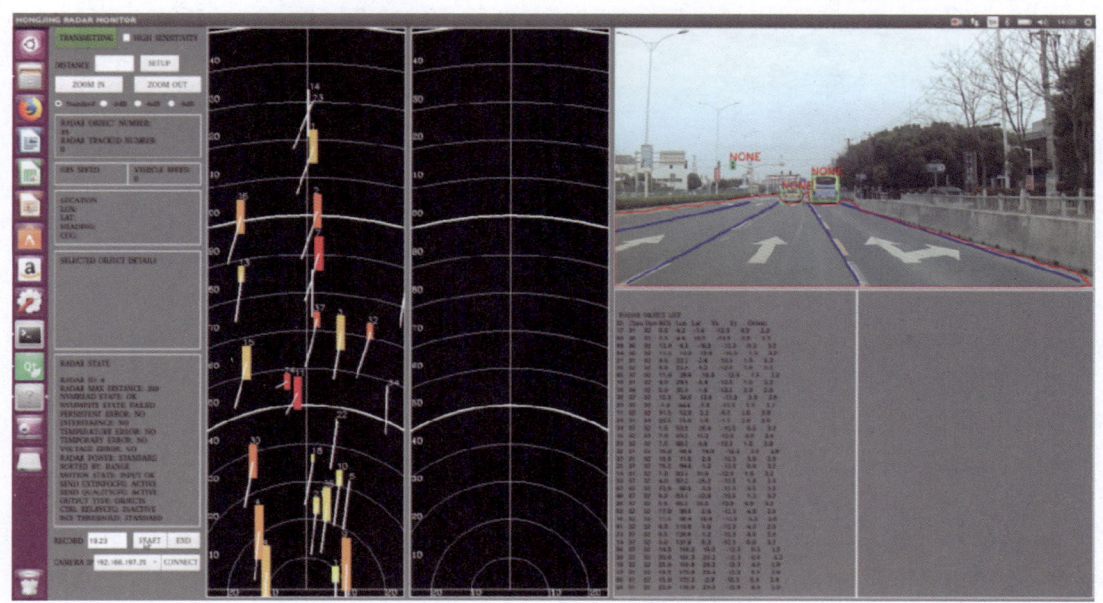

图 5-9　路测环境测试示意

2. 安装校准

安装校准时首先需要找到雷达安装载体（三脚架或车辆，后同）纵向对称平面，毫米波雷达安装角度示意图如图 5-10 所示。

毫米波雷达在安装时需要确保其水平角度，横摆度和俯仰角度均应小于 0.5°，其中水平角度和俯仰角度可以通过角度尺和重锤等工具进行测量，并通过调整雷达安装机构来满足雷达安装的角度要求，毫米波雷达校准如图 5-11 所示。

毫米波雷达的横摆角可以通过在安装载体正前方放置小横截面积的金属障碍物（如图 5-10 所示的角锥）并观察毫米波雷达的横向距离，使其尽可能小。前置毫米波雷达校准如图 5-12 所示。

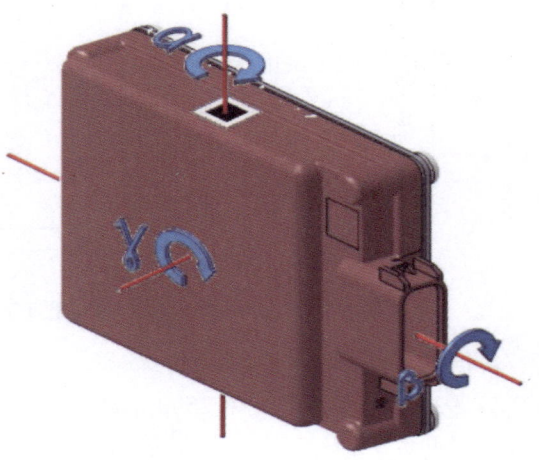

图 5-10　毫米波雷达安装角度示意图
α—横摆角　β—俯仰角　γ—水平角

图 5-11 毫米波雷达校准

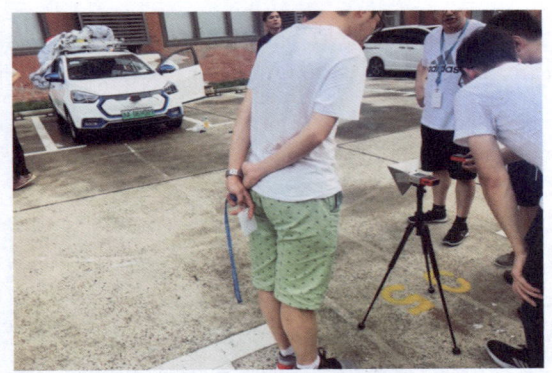
图 5-12 前置毫米波雷达校准

3. 参数校准

在进行毫米波雷达测试之前,应首先确保雷达配置信息正确,符合测试要求。

4. 雷达性能测试

雷达测试方案复杂,包括雷达性能测试、目标散射特性测试和雷达数据质量测试等,对测试环境有较高要求。下文以德国 continental ARS408 毫米波雷达为例讲解雷达性能测试。

(1)测试一:正向最远探测距离(D_Max)

1)测试环境 1:静态非干扰环境。

静态非干扰测试环境下,雷达与目标障碍物都定点摆放。可用角散射体(RCS:1~30dB)模拟目标障碍物,按照图 5-13 最远距离测试点位布置进行测试。

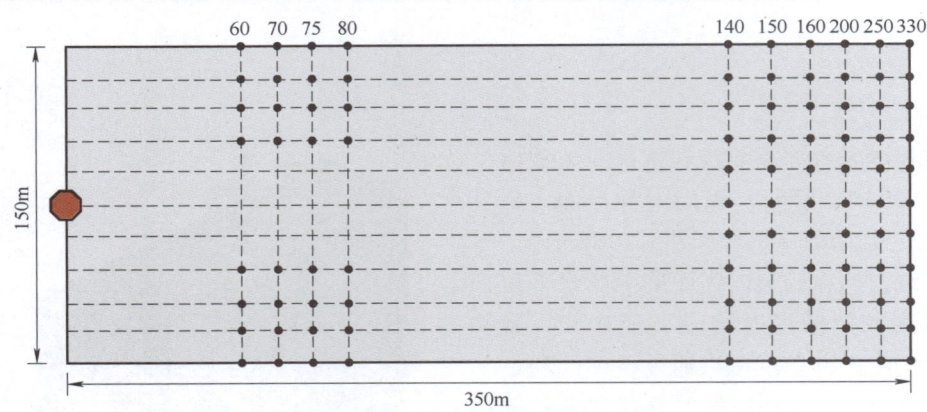

图 5-13 最远距离测试点位布置

根据毫米波雷达短距模式视场角(FOV)±60°,最远作用距离 70m,长距模式视场角(FOV)±9°,最远作用距离 250m 的技术指标要求,确定图 5-13 黑色点位为测试目标点,测试数据见表 5-3。

2)测试环境 2:静态干扰环境。

静态干扰环境是将雷达定点摆放,测试不同类型的车辆进入雷达可视范围的极限位置,如图 5-8 所示。

表 5-3　静态非干扰环境下的正最远探测距离样表

序号	设计点坐标 X/m	设计点坐标 Y/m	实测点 X/m	实测点 Y/m	实测 RCS /m²	X 向偏移量 /m	Y 向偏移量 /m	可见度
1								
2								
3								

注：可见度：当 RCS 大于 10dB 时，可见度为 1；小于 10dB 时，可见度为 0。

要求测试车辆类型包括货车、轿车、公共汽车等具有特征的车辆，每种类型车辆测试数据为 15 组，如果测试数据不稳定可扩展到 30 组。测试数据见表 5-4。

表 5-4　静态干扰环境下的正最远探测距离样表

序　号	目　标　类　型	实测点 X/m	实测点 Y/m	实测 RCS/m²	速度/(m/s)
1					
2					
3					

（2）测试二：距离精度测试

1）测试环境：只进行静态非干扰环境。

2）被测目标：角散射体（RCS 为 10dB，77GHz）。

3）测试步骤：非干扰测试环境下，可用角散射体（RCS：1～30dB）模拟目标障碍物，按照图 5-14 距离精度测试点位布置进行测试。主要测得目标中心点位置信息。

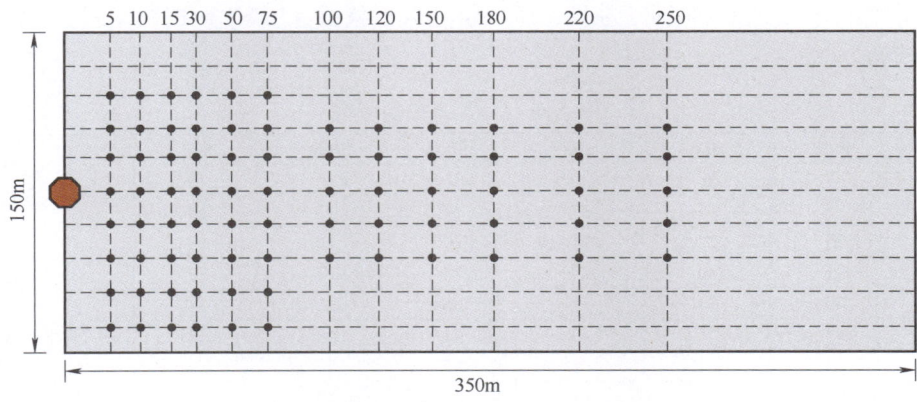

图 5-14　距离精度测试点位布置

测试数据见表 5-5。

表 5-5　静态非干扰环境下的距离精度测试样表

序号	坐标 X/m	坐标 Y/m	实测点 X/m	实测点 Y/m	X 向偏差量 /m	Y 向偏差量 /m	雷达测量体长/m	雷达测量体宽/m	实测 RCS /m²
1									
2									
3									

5. 毫米波雷达输出数据分析

以美国 Delphi ESR 毫米波雷达为例,通过 Delphi 提供的毫米波雷达专用软件可以输出数据,Delphi ESR 软件输出数据如图 5-15 所示。

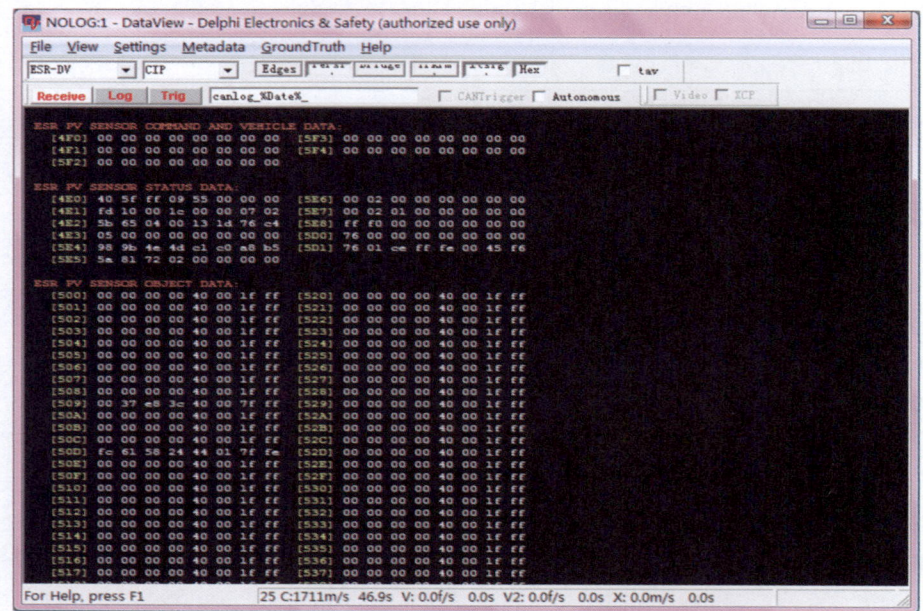

图 5-15　Delphi ESR 软件输出数据

由于信息传输通过 CAN 网络进行,所以雷达数据格式是 CAN 数据帧格式,CAN 数据帧结构见表 5-6。

表 5-6　CAN 数据帧结构

	Bit7	Bit6	Bit5	Bit4	Bit3	Bit2	Bit1	Bit0
Byte0	7	6	5	4	3	2	1	0
Byte1	15	14	13	12	11	10	9	8
Byte2	23	22	21	20	19	18	17	16
Byte3	31	30	29	28	27	26	25	24
Byte4	39	38	37	36	35	34	33	32
Byte5	47	46	45	44	43	42	41	40
Byte6	55	54	53	52	51	50	49	48
Byte7	63	62	61	60	59	58	57	56

CAN 数据帧发送顺序见表 5-7。

表 5-7　CAN 数据帧发送顺序

Byte0								Byte1								…	Byte7							
7	6	5	4	3	2	1	0	15	14	13	12	11	10	9	8	…	63	62	61	60	59	58	57	56

雷达输出数据的默认值是 00 00 00 00 00 00 1F FF,地址是 500-53F,共 64 个目标。工程量数据转换示例:1FFF(H) = 8191(D),8191 * 0.01(Scaling) = 81.91m/s。

以 0 位号雷达为例,图 5-16 给出了 Delphi ESR 毫米波雷达目标数据格式。

项目5 毫米波雷达认知、安装与标定

CAN ID	Message	LSB Pos	Length	Range	Units	Scaling	offset	default	Cycle time	source
0x500-0x53F	CAN_TX_TRACK_RANGE 径向距离	0	15	0~327.67	m	0.01	0	0	50ms	RADAR
0x500-0x53F	CAN_TX_TRACK_RESERVED_1 保留	15	1	/					50ms	
0x500-0x53F	CAN_TX_TRACK_RANGE_RATE 径向速度	16	14	−81.92~81.91 (+)=away from sensor	m/s	0.01	0	0	50ms	RADAR
0x500-0x53F	CAN_TX_TRACK_RESERVED_2 保留	30	2	/				0	50ms	
0x500-0x53F	CAN_TX_TRACK_RANGE_ACCEL 径向加速度	32	10	−25.6~25.55 (+)=away from sensor	m/s/s	0.05	0	0	50ms	RADAR
0x500-0x53F	CAN_TX_TRACK_ANGLE 方位角	42	11	−102.4~102.3 (+)=clockwise	degree	0.1	0	0	50ms	RADAR
0x500-0x53F	CAN_TX_TRACK_POWER 功率	53	10	−91.2~11.1	dBm	0.1	−40	0	50ms	RADAR
0x500-0x53F	CAN_TX_TRACK_RESERVED_3 保留	63	1	/				0	50ms	

图 5-16 Delphi ESR 毫米波雷达目标数据格式

由于采用多普勒测速原理,默认的速度值会有一个很小的波动值,属于正常现象。

CAN 协议下的 Delphi ESR 毫米波雷达数据解析例程如下:

```
bool ProcessMessage( void * param, UINT ID, BYTE datalen, BYTE * Data)    //根据 ESR 的
                                                                          CAN 协议进
                                                                          行解析
    {
    unsigned short a;
    unsigned short b;
    short d;
    short e;
        if( datalen > 8)
            datalen = 8;
            if( ID <= 0x053F&&ID > = 0x0500)          //判断报文头范围,总共 64 个 ID 范围
            {
                ID = ID-0x0500;
                e = Data[1]&0x1F;                     //00011111 取后五位,左移,算作高 5 位
                e = e <<5;
                d = Data[2]&0xF8;                     //11111000  取前五位,右移,算作低 5 位
                d = d >>3;
    a = Data[1]&0x10;                                 //00010000
                a = a >>4;
    if( a = = 1)//负的补码
                e = e|0xFC00;//1111 1100 0000 0000
                e = e + d;
    m_ReceInfo[ID]. m_Angle = e * 0.1;
                a = Data[2]&0x07;                     //00000111
                b = Data[3];
                a = a <<8;
                m_ReceInfo[ID]. m_Range = (a + b) * 0.1;
                 e = Data[6]&0x3F;                    //00111111
                e = e <<8;
                d = Data[7];
                a = Data[6]&0x20;                     //00100000
                a = a >>5;
                 if( a = = 1)
                 e = e|0xC000;                        //1100 0000 0000 0000
                e = e + d;
                m_ReceInfo[ID]. m_Rate = e * 0.01;
```

```
        }
        return true;
    }
```

Delphi ESR 毫米波雷达线缆插口有 18 个针脚，目前定义使用了其中 7 个，Delphi ESR 毫米波雷达线缆插口针脚定义见表 5-8。

表 5-8 Delphi ESR 毫米波雷达线缆插口针脚定义

针脚数	针脚名称
1	电源（BATT）
4	接地（GND）
7	车辆（VCAN-L）
8	车辆（VCAN-H）
9	专用 CAN 接口（PCAN-L）
10	点火（Ignition）
18	专用 CAN 接口（PCAN-L）

Delphi ESR 毫米波雷达有两路 CAN 接口，分别为专用 CAN 接口和车辆 CAN 接口，简称 PCAN 和 VCAN。其中，VCAN 用来从车身获取车速、转向盘转角、横摆速率等报文，目前 VCAN 只接收报文，不发送报文。实际使用中，PCAN 接口更多的是用来与雷达交换信息，通过 PCAN 可以设置雷达的工作参数、安装参数，获取雷达检测到的目标参数，获取雷达工作状态，对雷达的固件进行升级。

任务实施：请完成"任务工单 9 毫米波雷达安装与标定"的相关工作任务。

毫米波雷达安装与标定

项目 6
激光雷达认知、安装与标定

【项目目标】

1. 理解激光雷达的工作原理与安装、标定方法。
2. 学会对激光雷达的数据及信号显示结果进行分析。

近年无人驾驶汽车发展迅速,谷歌、百度、Uber 等无人驾驶汽车研发团队都使用激光雷达作为传感器之一,它与图像识别等技术搭配使用,能使汽车实现对路况的判断。传统的汽车厂商也纷纷开始研发无人驾驶汽车,包括大众、日产、丰田等汽车公司都在研发和测试无人驾驶汽车技术,他们也都采用了激光雷达。

任务 1　激光特性认知

激光雷达(Light Detection And Ranging,LiDAR),即基于光的探测测距。将激光雷达、全球定位系统(GPS)和惯性测量装置(Inertial Measurement Unit,IMU)三种技术集成于一体,可以获得数据并生成精确的数字高程模型(DEM)。这三种技术的结合,可以高度准确地定位激光束打在物体上的光斑,测距精度可达厘米级。激光雷达最大的优势就是"精准"和"快速、高效作业",它是一种用于精确获得三维位置信息的传感器,其在机器中的作用相当于人类的眼睛,能够确定物体的位置、大小、外部形貌甚至材质。

激光雷达实际上是一种工作在光学波段(特殊波段)的雷达,以激光作为载波,以光电探测器为接收器件,以光学望远镜为天线。激光雷达通过发射激光束,然后分析遇到障碍物的回波信号时间来工作,因此激光的特性决定了激光雷达的工作特性。激光具有如下特性:

1. 单色性

光的颜色是由光的波长(或频率)决定的,频率宽度越小,光的单色性越强。普通光源发射的光波频率宽度较大,而激光频率宽度仅为 10^{-9} 米,仅是氪灯的五分之一。它极高的单色性,保证了光束能精确地聚集到焦点上,得到很高的功率密度,可以探测很远的距离。

2. 高亮度

固体激光器的亮度可高达 $1011W/sr·cm^2$,不仅如此,具有高亮度的激光束经透镜聚焦后,能在焦点附近产生数千度乃至上万度的高温。

3. 高方向性

激光的高方向性使其能在有效地传递较长的距离的同时,还能保证聚焦时得到极高的功率密度。

4. 偏振性

激光是一种偏振光,偏振光在前进时周围带有电磁场力,能够重新排列液晶分子。但是它的振动只发生在一个平面内(共振),且方向固定,所以激光遇水不发生折射。

5. 相干性

光波由无数个光量子组成,由激光器发射出来的光量子由于共振原理,其波长、频率、偏振方向都是一致的,因此具有非常强的干涉力。

由于激光的特性,激光雷达非常适合远距离、高精度的测距要求,但是容易受到大气条件以及工作环境烟尘的影响,要实现全天候工作非常困难。

任务 2　激光雷达测距原理认知

1. 激光雷达测距原理

激光雷达的测距原理主要有脉冲测距和相位测距两种。激光脉冲测距的简化结构如图 6-1 所示。

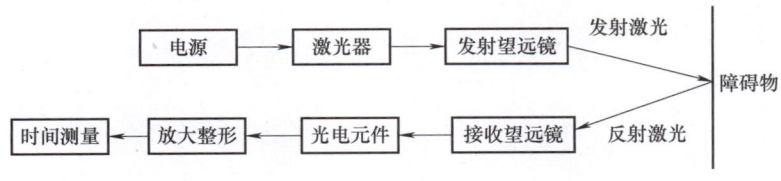

图 6-1　激光脉冲测距的简化结构

激光脉冲测距:测距仪发出光脉冲,经被测目标反射,光脉冲回到测距仪接收系统。测量其发射和接收光脉冲的时间间隔(即光脉冲在待测距离上的往返传播时间),然后根据光速计算出距离。脉冲测距精度不高,并且需要"巨脉冲",测距时用的光脉冲功率很大,一般峰值功率在一兆瓦以上,脉冲宽度在几十毫秒以下。

激光相位测距:通过对发射的激光强度进行连续的调制,测定调制光往返过程中所经过的相位变化,从而间接测量出传播时间,传播距离。激光相位测距原理如图 6-2 所示。

图 6-3 所示的发射处与反射处(提升容器)的距离为 x,激光的速度为 c,激光往返它们之间的时间为 t,则有

$$t = \frac{2x}{c} \tag{6-1}$$

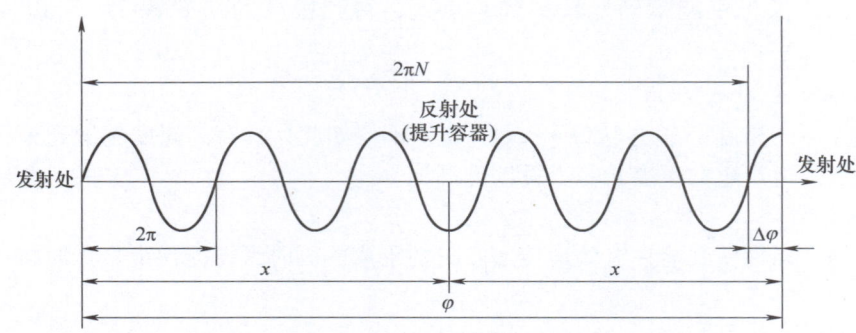

图 6-2 激光相位式测距原理

调制波频率为 f，从发射到接收间的相位差为 φ，则有

$$\varphi = 2\pi ft = \frac{4\pi fx}{c} = 2\pi N + \Delta\varphi \tag{6-2}$$

式中，N 为完整周期波的个数；$\Delta\varphi$ 为不足周期波的余相位。

因此，可求得

$$x = \frac{\varphi c}{4\pi f} = \frac{c}{2f}\left(\frac{2\pi N + \Delta\varphi}{2\pi}\right) = \frac{c}{2f}(N + \Delta N) \tag{6-3}$$

激光脉冲测距的调制方式是产生巨脉冲，激光相位测距的调制方式是产生强度成余弦变化的连续波。相位测距的精度高于脉冲测距，且负载小，使用较多。

2. 激光雷达的点云数据

点云是在单位采样时间内，在同一空间参考系下表达目标空间分布和目标表面光谱特性的海量位置点集合，是激光雷达扫描数据的通用表现形式。激光雷达采样位置点如图 6-3 所示。

若将激光束按照某种轨迹进行扫描，边扫描边记录反射的激光点信息，则能够得到大量的激光点，形成激光点云。高频激光可在一秒内获取大量（$10^6 \sim 10^7$ 数量级）的点云，根据这些信息可进行三维建模。除了获得位置信息外，通过激光信号的反射率还能初步区分不同材质，图 6-4 是速腾聚创 RS-LIDAR-32 激光雷达的点云效果图。

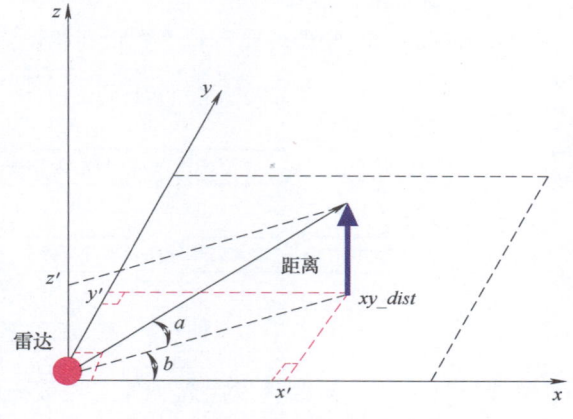

图 6-3 激光雷达采样位置点

距离激光雷达的远近不同，点云的疏密程度也不相同，这是由于数据保真度会随着距离增加而下降，较近的点云具有较高的分辨率。

与使用二维图像相比，点云能够更容易地被计算机使用，用于构建物理环境的三维形象——二维图像是人脑最容易理解的数据，而对于计算机来说，点云是最容易理解的。

在无人驾驶汽车行驶的过程中，激光雷达可同时以一定的角速度匀速转动，在这个过程中，激光雷达不断地发出激光并收集反射点的信息，以便得到全方位的环境信息，激光雷达项目 6　激光雷达认知、安装与标定

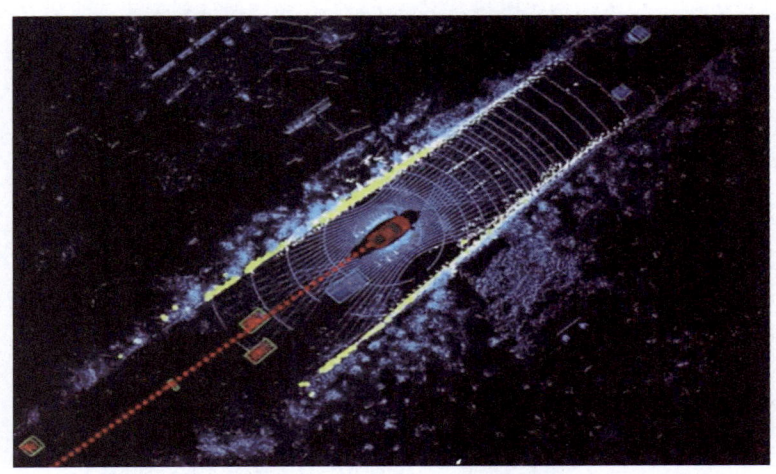

图 6-4　速腾聚创 RS-LIDAR-32 激光雷达的点云效果图

扫描示意如图 6-5 所示。激光雷达在收集反射点距离的过程中也会同时记录下该点反射的时间和水平角度，并且每个激光发射器都有编号和固定的垂直角度，根据这些数据就可以计算出所有反射点的坐标。激光雷达每旋转一周收集到的所有反射点坐标的集合就形成了点云。

由于雷达封装的数据包仅为水平旋转角度和距离参量，为了呈现三维点云图的效果，可将极坐标下的角度和距离信息转化为了笛卡儿坐标系下的 XYZ 坐标，雷达极坐标与 XYZ 坐标映射如图 6-6 所示，他们的转换关系为

$$\begin{cases} x = r\cos\omega\sin\alpha \\ y = r\cos\omega\cos\alpha \\ z = r\sin\omega \end{cases} \tag{6-4}$$

式中，r 为实测距离；ω 为激光的垂直角度；α 为激光的水平旋转角度；x、y、z 为极坐标投影到 X、Y、Z 轴上的坐标。

图 6-5　激光雷达扫描示意

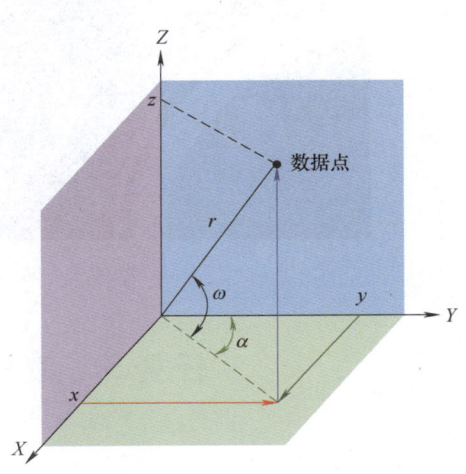

图 6-6　雷达极坐标与 XYZ 坐标映射

73

速腾聚创科技的 RS-LiDAR-16 机械激光雷达在扫描平面墙体时，呈现出类似双曲线分布轮廓的点云，其 *XZ* 平面上的轮廓线点云如图 6-8 所示。因为多线激光雷达在圆形环境中扫描一周的路径为若干个向上或向下的圆锥面，所以其形成的点云图为圆形，当扫描的环境不为圆形时，其点云图为所有圆锥面与扫描环境的交线，因此，当激光雷达扫描平面墙体时，矩形面与圆锥面的交线为一系列的双曲线（图 6-7）。

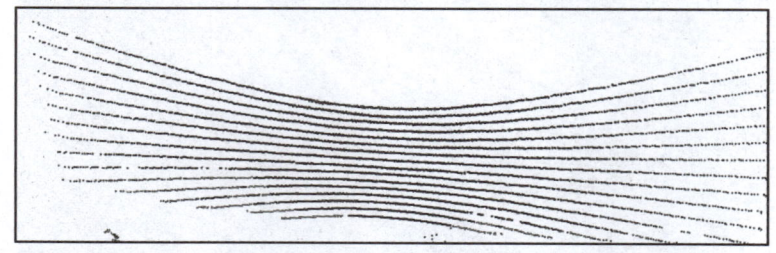

图 6-7　*XZ* 平面上的轮廓线点云

实际应用时，激光雷达供应商会提供配套的软件开发套件（Software Development Kit，SDK），这些软件开发套件能很方便地让使用者得到精准的点云数据，而且为了方便无人驾驶技术的开发，它甚至会直接输出已经处理好的障碍物结果。

图 6-8 所示为德国 IBEO 公司的激光雷达 SDK，它不但能输出原始扫描数据，还能输出每个测量对象的数据（位置、尺寸、纵向速度、横向速度），图中矩形框为障碍物相对于车的位置，矩形框的前端有个小三角，表示障碍物的运动方向。

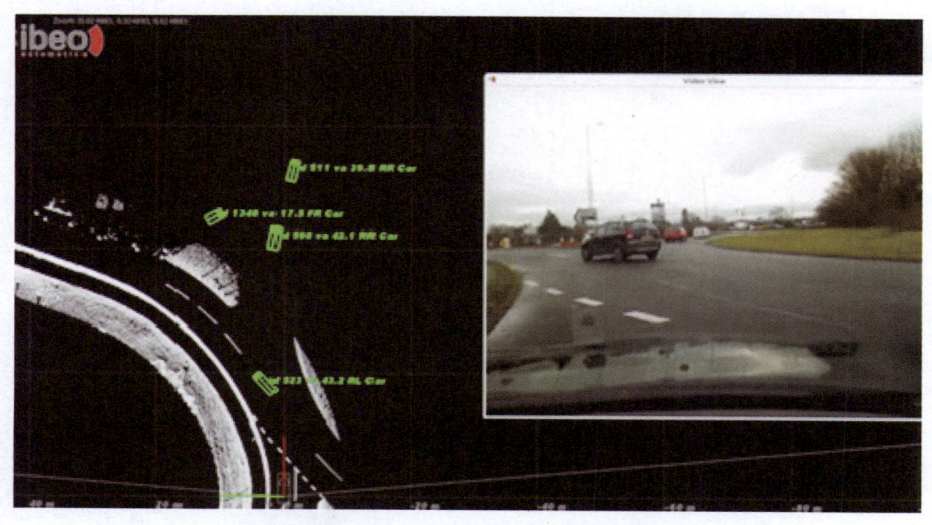

图 6-8　德国 IBEO 公司的激光雷达 SDK

任务 3　激光雷达分类与结构认知

一、激光雷达的发展

激光雷达是激光技术与雷达技术相结合的产物，最早应用于航天领域，随着技术进步，陆续出现了激光多普勒雷达、激光测风雷达、激光成像雷达、激光差分吸收雷达、拉曼散射激光雷达、微脉冲激光雷达、激光合成孔径雷达、激光相控阵雷达等。激光雷达已经广泛应用到诸多领域,如交通、测绘、安防、航天等。

激光雷达广泛应用于无人驾驶车辆源于2004年,当时美国国防高级研究计划局(DARPA)举办了名为"DARPA Grand Challenge"的无人驾驶汽车挑战赛,目标是让汽车在没有人为控制的情况下自动行驶240km,奖金高达200万美元。DARPA无人驾驶汽车挑战赛的主要难题是复杂的路况,这需要汽车实时对环境进行准确感知,各个队伍拿出了非常多的环境感知方案:双目甚至多目视觉、多个激光测距雷达等,但由于实时性差、成本高,前两届比赛竟然无一辆汽车完赛。

工程师David Hall提出,车身周围安装的众多传感器可用一个代替,即使用一个旋转球,实现激光雷达旋转测距,这种雷达不仅能够得到周围360°的实时距离信息,同时还能够大大节约成本,这种雷达就是现在无人驾驶汽车上使用的多线激光雷达。

无人驾驶汽车使用激光雷达的主要目的是进行障碍物检测与分割、高精度电子地图制图与定位,激光雷达应用如图6-9所示。

a) 车道线检测与路沿检测

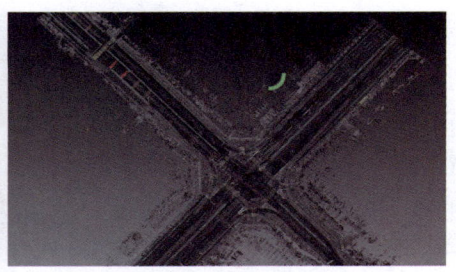
b) 高精电子地图

图6-9 激光雷达应用

目前国内外著名的激光雷达生产商,美国有Velodyne、Quanergy、TriLumina,加拿大有LeddarTech,以色列有Innoiz,德国有IBEO,中国有深圳速腾聚创、深圳镭神智能等。

由于激光频率高,激光雷达的最大优点是分辨率高,可以在较远的距离同时跟踪多个细小的目标。激光雷达的缺点是激光受环境影响大,大雨、浓烟、浓雾会造成急剧衰减;另外价格昂贵,阻碍了应用。2016年Velodyne公司64线激光雷达售价高达10万美元/台,用于低速无人驾驶车使用的16线激光雷达售价0.8万美元/台,但是随着固态激光雷达技术的发展其价格迅速降低。2020年全球CES展上,深圳大疆公司推出Livox激光雷达,单价低至一千美元。

二、激光雷达的分类

1. 按激光波段分类
可分为紫外线激光雷达、可见光激光雷达和红外线激光雷达。

2. 按激光介质分类
可分为气体激光雷达、固体激光雷达、半导体激光雷达和二极管泵浦固体激光雷达。

3. 按激光发射波分类

可分为脉冲激光雷达、连续波激光雷达和混合型激光雷达。

4. 按有无机械旋转部件分类

可分为机械旋转激光雷达和固态激光雷达。机械旋转与固态激光雷达如图 6-6 所示，机械旋转激光雷达带有控制激光发射角度的旋转部件，而固态激光雷达则依靠电子部件来控制激光发射角度，不需要机械旋转部件。两种激光雷达各有优缺点，近年混合型激光雷达成为发展热点。

a) 机械旋转激光雷达   b) 固态激光雷达

图 6-10 机械旋转与固态激光雷达

由于内部结构有所差别，两种激光雷达的体积大小也不相同：机械旋转激光雷达体积较大、价格昂贵、测量精度相对较高，一般置于汽车外部；固态激光雷达尺寸较小、性价比较高、测量精度相对较低，但可隐藏于汽车车体内。

固态激光雷达通常是基于相控阵、Flash、MEMS 三种方式实现的。采用相控阵方式，是通过调节发射阵列中每个发射单元的相位差来改变激光出射角度的。采用 3D Flash 方式发射面阵光，是以 2 维或 3 维图像为重点输出的。采用 MEMS 方式是通过微振镜的方式改变单个发射器的发射角度进行扫描，由此形成一种面阵的扫描视野。但是固态激光雷达不能进行 360°旋转，只能探测前方，因此要实现全方位扫描须在不同方向布置多个固态激光雷达，例如前向激光雷达和角激光雷达。

5. 根据线束数量的多少分类

可分为单线束激光雷达与多线束激光雷达。

单线束激光雷达扫描一次只产生一条扫描线，其所获得的数据为 2D 数据，因此无法区别有关目标物体的 3D 信息。单线束激光雷达具有测量速度快、数据处理量少等特点，因此多被应用于安全防护、地形测绘等领域。

多线束激光雷达扫描一次可产生多条扫描线，目前市场上多线束激光雷达产品包括 4 线束、8 线束、16 线束、32 线束、64 线束等，其可细分为 2.5D 激光雷达及 3D 激光雷达。2.5D 激光雷达与 3D 激光雷达最大的区别在于激光雷达垂直视野的范围不同，前者垂直视野范围一般不超过 10°，而后者可达到 30°甚至 40°以上，这导致两者对于激光雷达在汽车上的安装位置要求有所不同。

评价激光雷达的性能一般从测量距离、测量精度、测量速率、角度分辨率等方面考虑。无人驾驶对激光雷达的探测距离是有要求的，它要求激光雷达能尽可能远、高准确率地检测车辆与障碍物。激光雷达按有无机械旋转部件分为机械式激光雷达和固态激光雷达，机械式激光雷达带有控制激光发射角度的旋转部件，体积大、测量精度高；固态激光雷达依靠电子部件控制激光发射角度，尺寸小，性价比高。这2种激光雷达的性能见表6-1。

表6-1 2种激光雷达的性能

序号	指标	机械式激光雷达	固态激光雷达
1	探测距离范围	0.5～200m	0.5～200m
2	测距精度	2cm	<5cm
3	回波强度	不低于8bits	不低于8bits
4	水平视场	360°	>100°
5	垂直视场	>30°	>30°
6	测量点频	>500kHz	>500kHz
7	测量帧频	10～20Hz	10～20Hz
8	距离分辨率	<5mm	<5mm
9	水平分辨率	<0.1°	<0.1°
10	扫描线束	不低于32线束	不低于8线束
11	通信接口	Ethernet，PPS	Ethernet，PPS
12	工作温度	-40～85℃	-40～85℃
13	相对湿度	0%～95%	0%～95%
14	防护等级	不低于IP65	不低于IP65
15	供电电源	9～32V（DC）	9～32V（DC）

二、激光雷达结构

机械旋转式激光雷达最早诞生，图6-11是机械旋转激光雷达的组成，主要包括：伺服电机、激光源、光学旋转编码器、接收器等。依靠伺服电机，将投射到反射镜的激光旋转投射出去，遇到障碍物反射回收，通过接收器接收回波信号。由于内部核心包含激光器、扫描器、光学组件、光电探测器、接收IC以及位置和导航器件等复杂且精密的部件，硬件成本居高不下。

美国Velodyne公司是著名的车载激光雷达提供商。Velodyne HDL-64E是一款64线束的激光雷达，图6-12给出了Velodyne HDL-64E的内部结构，它主要由上下两部分组成，每部分都发射32束激光束，各由两块16束的激光发射器组成，其背部包括信号处理器等。多线束机械激光雷达技术成熟、精度高，是目前应用的主流。固态激光雷达则成为研究的主流，可能在将来无人驾驶量产车上取代多线束机械激光雷达。例如深圳速腾聚创科技有限公

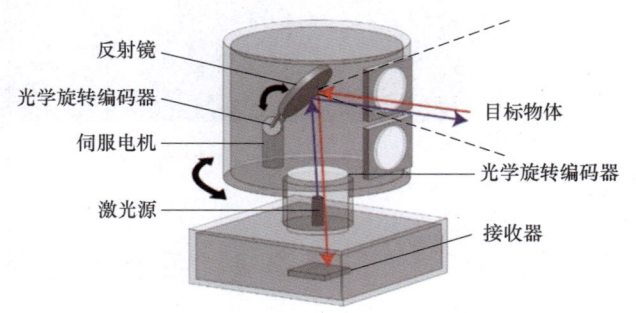

图6-11 机械旋转激光雷达的组成

司于 2019 年 4 月发布了固态激光雷达 RS-LiDAR-M1，2020 年 1 月深圳大疆公司发布了固态激光雷达 Livox。

相对于 MEMS 型和 FLASH 型，相控阵激光雷达是更纯粹的固态激光雷达，内部完全没有运动部件。如图 6-13 所示，Tx Metasurface 将激光束转化为面阵的形式发射，激光面阵受硅 APD 阵列控制，可以改变激光面阵中各激光束的发射时间、发射方向实现对不同方向的扫描，没有机械运动部件。Rx Metasurface 面阵接收激光回波，获得障碍物的位置、速度信息。

图 6-12　Velodyne HDL-64E 的内部结构

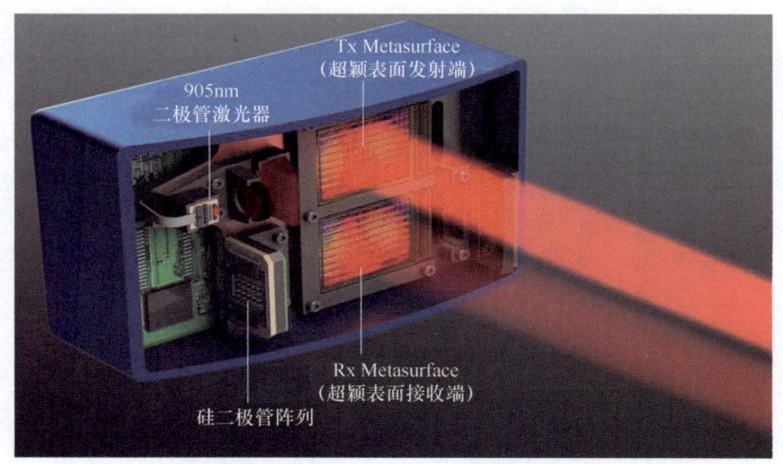

图 6-13　相控阵激光雷达内部结构

任务 4　激光雷达安装与标定

本节以我国深圳速腾聚创科技有限公司 RS-LiDAR-16 的 16 线束激光雷达为例介绍激光雷达的安装与标定。

RS-LiDAR-16 为混合固态激光雷达，它通过 16 个激光发射组件，快速旋转的同时发射高频率激光束,对外界环境进行持续性扫描,经过测距算法提供三维空间点云数据及物体反射率,可以让机器看到周围的世界,主要应用于无人驾驶汽车环境感知、机器人环境感知、无人机测绘等领域,其测量距离高达 150m,测量精度 ±2cm 以内,出点数高达 320 000 点/s,水平测角 360°,垂直测角 -15° ~ 15°。RS-LiDAR-16 激光雷达成像系统如图 6-14 所示。

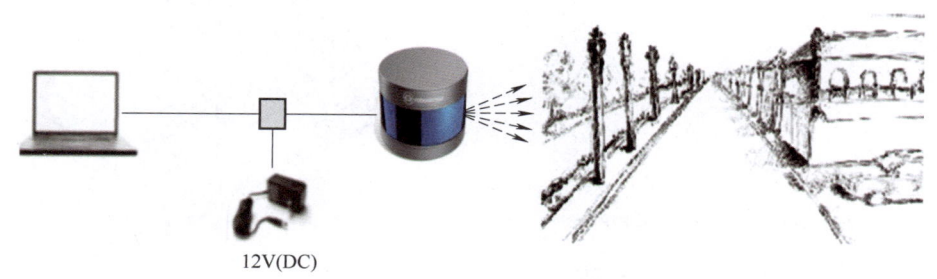

图 6-14　RS-LiDAR-16 激光雷达成像系统

一、激光雷达使用过程

1. 安装连接设备步骤

1) 连接 RS-LiDAR-16 设备。
2) 解析数据包获得旋转角、测距信息以及校准反射率。
3) 依据雷达的旋转角、测距信息以及垂直角度计算 XYZ 坐标值。
4) 根据需求存储数据。
5) 读取设备当前状态配置信息。
6) 根据需求重新配置以太网、时间、转速信息。

2. 安装连接设备注意事项

1) 用于固定激光雷达的安装底座应尽可能平整,不要出现凹凸不平的现象。
2) 安装底座上的定位柱应严格遵循激光雷达底部定位柱的深度要求,定位柱的高度不能高于 4mm。
3) 安装底座的材质应使用铝合金材质,这有助于激光雷达的散热。
4) 激光雷达固定安装的时候,倾斜角度不建议超过 90°,倾斜角度过大会对激光雷达的寿命造成影响。
5) 激光雷达安装走线时,不要将雷达上面的线拉得太紧绷,而需要保持线缆一定的松弛。

RS-LiDAR-16 激光雷达从主机下壳体侧面引出的缆线(电源/数据线)的另一端使用了标准的 SH1.25 接线端子,其接线端子针脚序号如图 6-15 所示。用户使用 RS-LiDAR-16 可将 SH1.25 端子插入 Interface BOX 中对应的位置。

RS-LiDAR-16 的附件 Interface BOX 具有电源指示灯及各类接口,可接驳电源输入线、网线及 GPS 输入线,其端口包含:设备电源输入(DC 5.5-2.1 母座)、RS-LiDAR-16 数据输出(RJ45 网口座)以及 GPS 设备输入(SH1.0-6P 母座)。Interface Box 接口定义如图 6-16 所示。

智能汽车传感器技术

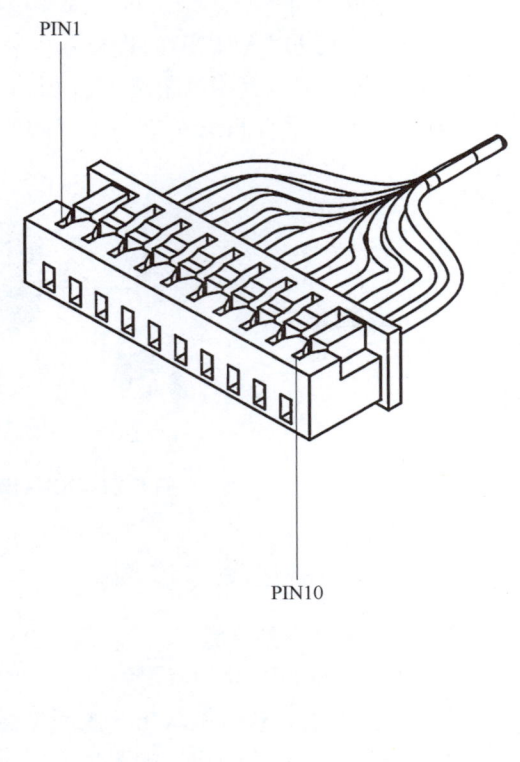

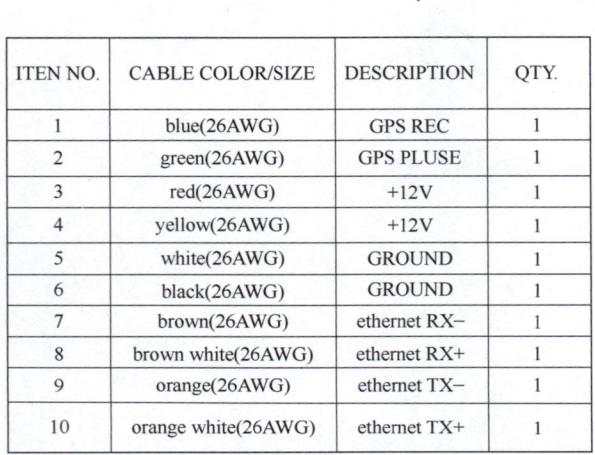

图 6-15　RS-LiDAR-16 接线端子针脚序号

注意：RS-LiDAR-16 的"地"与外部系统接连时，外部系统供电电源负极（"地"）与 GPS 系统的"地"必须为非隔离共地系统。电源正常输入时，红色电源输入指示灯亮起；电源正常输出时，绿色电源输出指示灯亮起。当输入指示灯点亮，输出指示灯暗灭时，Interface BOX 进入保护状态。若输入指示灯及输出指示灯同时暗或灭，则应检查电源输入是否正常，若电源输入正常，则 Interface BOX 可能已经损坏，应返厂维修。

GPS 接口定义：GPS REC 为 GPS UART 输入；GPS PULSE 为 GPS PPS 输入。

3. 激光雷达数据包解析

通过激光雷达电气电路的数据包解析，可以获得旋转角、测距信息以及校准反射率。

RS-LiDAR-16 与计算机之间的通信采用以太网介质，使用 UDP 协议，输出包有两种类型：MSOP 包和 DIFOP 包。本文中所有涉及 UDP 的协议包均为定长（1290Byte），其中 1248Byte 为有效载荷，其余 42Byte 为 UDP 封包开支。RS-LiDAR-16 网络参数可配置，出厂默认采用固定 IP 和端口号模式，出厂默认网络配置见表 6-2。

表 6-2　出厂默认网络配置

	IP 地址	MSOP 包端口号	DIFOP 包端口号
RS-LiDAR-16	192.168.1.200	6699	7788
计算机	192.168.1.102		

项目6 激光雷达认知、安装与标定

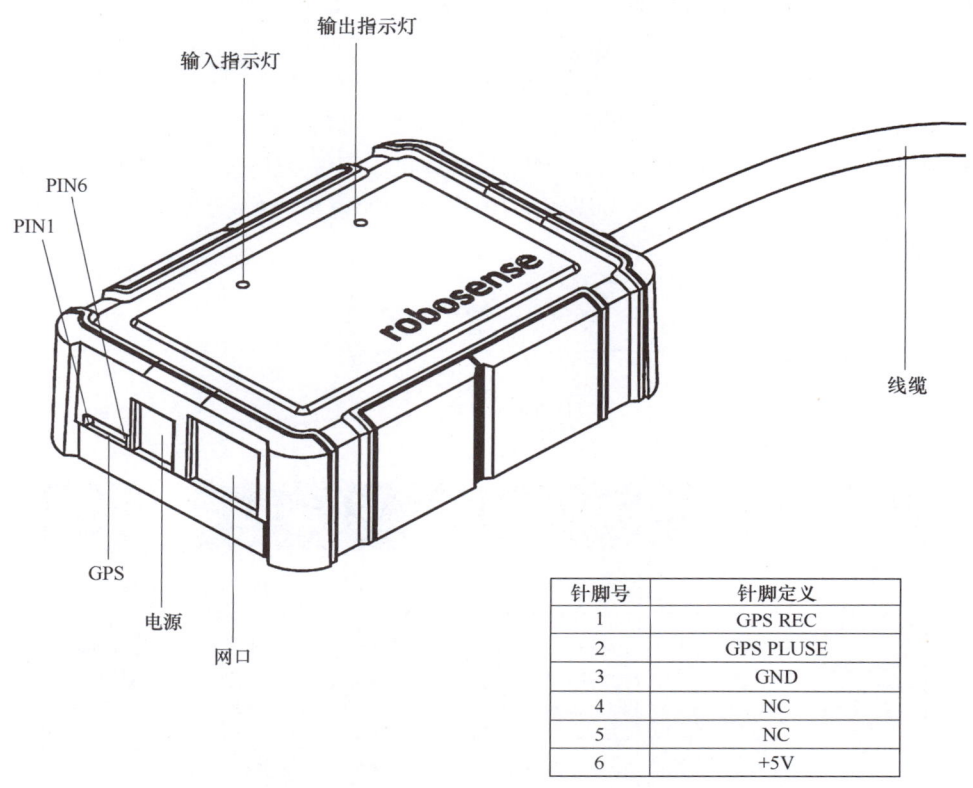

图 6-16 Interface Box 接口定义

设备默认 MAC 地址是在工厂初始设置的，但是设备 MAC 地址可根据需求改动。

使用设备的时候，需要把计算机的 IP 设置为与设备在同一网段上，例如 192.168.1.x，子网掩码为 255.255.255.0。若不知设备网络配置信息，请将主机子网掩码设置为 0.0.0.0 后连接设备并使用 Wireshark 抓取设备输出包进行分析。

RS-LiDAR-16 和计算机之间的通信协议主要分三类（表6-3）：

1) 主数据流输出协议（MSOP）。该协议将激光雷达扫描出来的距离、角度、反射率等信息封装成包输出给计算机。

2) 设备信息输出协议（DIFOP）。该协议将激光雷达当前状态的各种配置信息输出给计算机。

3) 用户权限写入协议（UCWP）。该协议下，用户可以根据自己需求，重新修改激光雷达的某些配置参数。

表 6-3 设备协议表

（协议/包）名称	简写	功能	类型	包大小	发送间隔
Main data Stream Output Protocol	MSOP	扫描数据输出	UDP	1248Byte	约 1.2ms
Device Information Output Protocol	DIFOP	设备信息输出	UDP	1248Byte	约 100ms
User Configuration Write Protocol	UCWP	配置设备参数输入	UDP	1248Byte	INF

以下以 MSOP 协议（主数据流输出协议）（Main data Stream Output Protocol，MSOP）为例解析数据信息。

I/O 类型：设备输出，计算机解析。其默认端口号为 6699。

MSOP 包完成三维测量相关数据输出，包括激光测距值、回波的反射率值、水平旋转角度值和时间戳。MSOP 包的有效载荷长度为 1248Byte，其中 42Byte 为同步帧头（Header），1200Byte 为数据块区间（共 12 个 100Byte 的数据块），6Byte 为帧尾（Tail）。MSOP 数据包（Packet）的基本结构如图 6-17 所示。

图 6-17　MSOP 数据包（Packet）的基本结构

① 帧头（Header）共 42Byte，用于识别数据的开始位置，其中有 8Byte 用于数据包帧头的检测，21~30Byte 存储时间戳，第 31Byte 用于表示激光雷达的型号，其余作预留处理。

② 数据块区间是 MSOP 包中传感器的测量值部分，共 1200Byte，它由 12 个数据块（Data block）组成，每个数据块长度为 100Byte，代表一组完整的测距数据。数据块中 100Byte 的空间包括：2Byte 的标志位，使用 0xffee 表示；2Byte 的方位角（Azimuth），表示水平旋转角度信息，每个角度信息对应着 32 个通道信息（channel data），包含 2 组完整的 16 通道信息。

项目6 激光雷达认知、安装与标定

③ 角度值定义：在每个数据块（Datablock）中，RS-LiDAR-16 输出的水平角度值是该数据块中第一个通道激光测距时的角度值。角度值来源于角度编码器，角度编码器的零位即角度的零点，水平旋转角度值的分辨率为 0.01°。每个数据块区域有 32 组的通道信息（channel data），对应两次 16 线测距信息，而每个数据块只有一个水平旋转角度值，因此每个数据块水平旋转角度值对应于该数据块中的第一次 16 线测距中的第一通道测量时的水平角度，第二次 16 线测距中的第一通道的水平角度对应需通过在点云解析过程中进行插值计算得到的新角度。

④ 通道信息（channel data）长度为 3Byte，高 2Byte 用于表示距离信息（Distance），单位为 cm，分辨率为 1cm，低 1Byte 用于表示反射率信息（Reflectivity）。通道信息（channel data）定义见表 6-4。

表 6-4 通道信息（channel data）定义

channel data n（3 Byte）	
2Byte Distance		1Byte Reflectivity
Distance1 [16:8]	Distance2 [7:0]	

图 6-18 给出了数据块（data block）区示范数据。

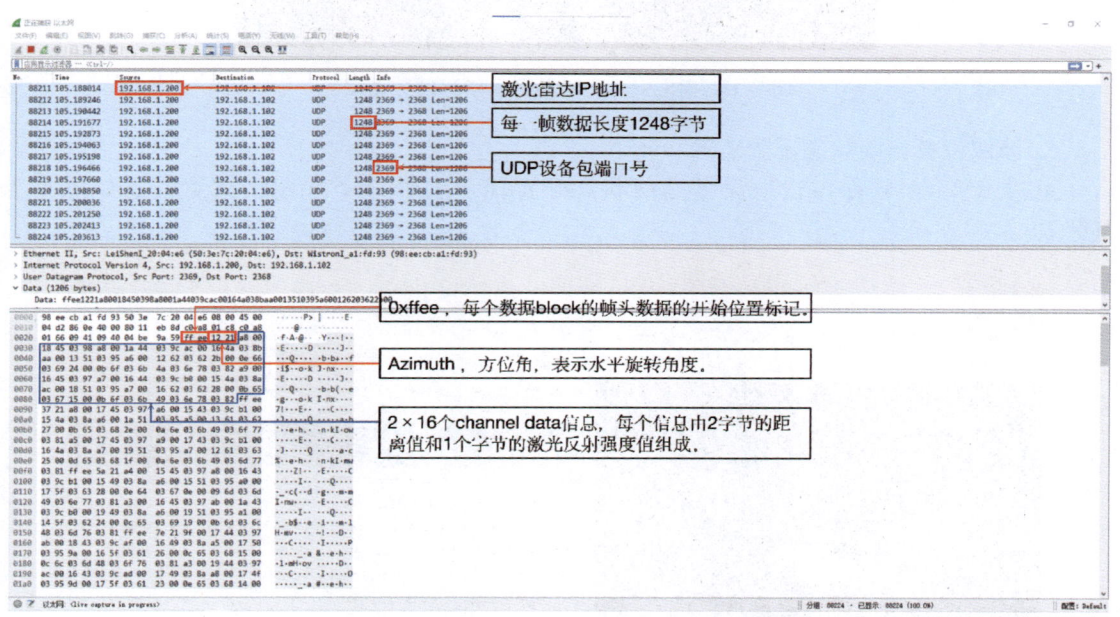

图 6-18 数据块（data block）区示范数据

4. 依据雷达的旋转角、测距信息以及垂直角度计算 XYZ 坐标值

由于雷达封装的数据包仅为水平旋转角度和距离参量，为了呈现三维点云的效果，应将

极坐标下的角度和距离信息转化为笛卡儿坐标系下的（x，y，z）坐标，见前文式（6-4）和图 6-7。

5. 根据需求存储数据

对于从 RS-LiDAR-16 得到的原始数据，速腾聚创公司提供了数据可视化软件 RSView，RSView 实时显示采集到的数据点云如图 6-19 所示，它能将数据回放保存为 pcap 格式文件。RSView 将测得的距离测量值显示为一个点，它支持多种自定义颜色来显示数据（例如反射率、时间、距离、水平角度和激光线束序号）。它所显示的数据能够导出保存为 CSV 格式文件，但是 RSView 目前不支持导出 LAS、XYZ 或者 PLY 格式文件。

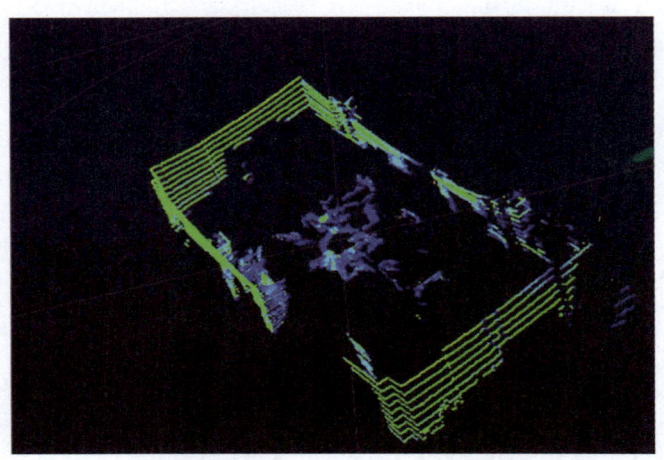

图 6-19　RSView 实时显示采集到的数据点云

6. 读取设备当前状态配置信息

通过 RSView 软件可读取设备当前状态配置信息。RSView 显示的配置信息如图 6-20 所示。

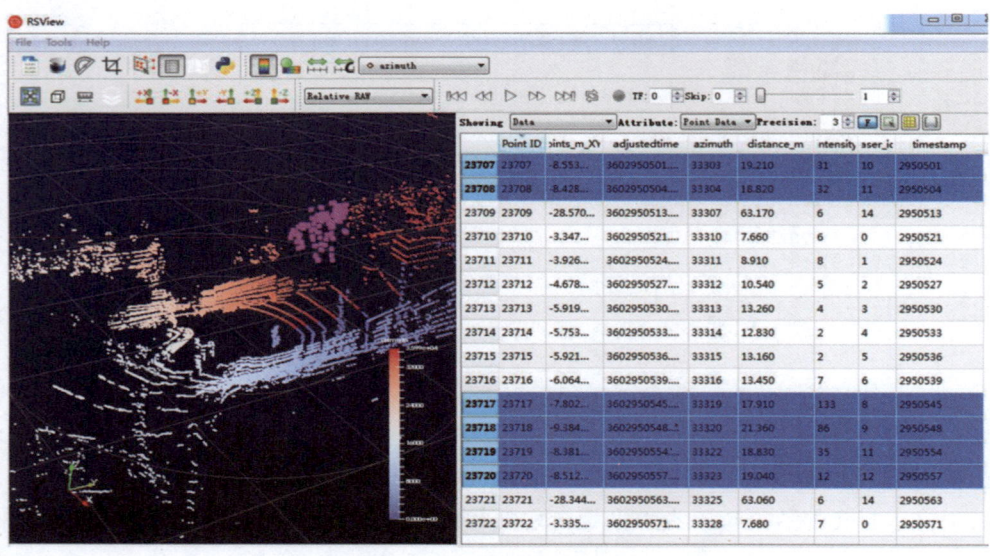

图 6-20　RSView 显示的配置信息

二、激光雷达标定

激光雷达与车体为刚性连接，两者间的相对姿态和位移是固定不变的，为了建立各个激光雷达之间的相对坐标关系，需要对激光雷达的安装进行简单的标定，并使激光雷达数据从激光雷达坐标统一转换至车体坐标上。

激光雷达标定的目的是求解激光雷达测量坐标系相对于其他测量坐标系的相对变换关系，以便获取障碍物相对本车的距离、速度、角度等信息。以单线激光雷达为例，选定车体坐标 X 轴为激光雷达扫描角度为零时车体的指向，Z 轴指向车体上方，XYZ 轴构成右手系，激光雷达所有的扫描点在同一个几何平面 S 上，将扫描点 P 投影到坐标面和坐标轴，得到的单线激光雷达模型如图 6-21 所示。

得到扫描点 P 在车体坐标系中的坐标为

$$\begin{bmatrix} x \\ y \\ z \end{bmatrix} = \begin{bmatrix} \rho\cos\theta\cos\alpha_0 \\ \rho\sin\theta \\ h_0 - \rho\cos\theta\sin\alpha_0 \end{bmatrix} \quad (6\text{-}5)$$

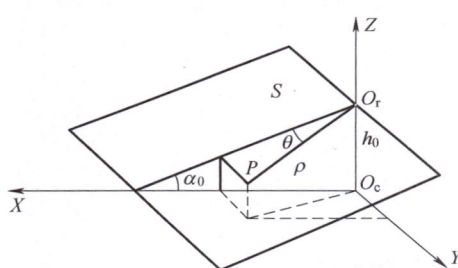

图 6-21　单线激光雷达模型

式中，ρ 为扫描点到激光雷达的距离；θ 为扫描角度；α_0 为安装俯角；h_0 为安装高度。

三、激光雷达测试

在车载激光雷达的评测中，需要针对测试指标构建车用激光雷达测试场景，建立标定场、控制点和检测点，通过设置标靶，结合已有的高精度、高置信度测试仪器进行激光雷达标定，通过控制点进行测评指标精度分析，结合检测点进行指标精度对比分析，最后形成指标参数精度的置信描述。

比较重要的激光雷达测评参数包括：最大测距（最初看到采样目标的距离）；检测距离（检测到有效目标时的距离）；分类距离（能够将车辆等目标与其他物体分离出来的距离）；最佳分类距离（能够将目标的形状识别出来的最佳距离）。

任务实施：请完成"任务工单10　激光雷达安装与标定"的相关工作任务。

激光雷达安装与标定

项目 7
视觉传感器认知、安装与标定

【项目目标】

理解视觉传感器的图像识别技术，理解视觉传感器的结构与工作原理，理解数字图像转换过程，了解图像边缘检测、车辆识别、行人识别、交通标志识别的过程。

随着机器视觉技术的发展，目前视觉传感器能提供无人驾驶汽车感知和定位两个功能。其中，感知功能主要有障碍物识别、交通标志识别、可通行空间识别、交通信号灯识别；定位功能是基于视觉同步定位与建图（Simultaneous Localization and Mapping，SLAM）技术，将提前建好的地图和实时的感知结果做匹配，获取当前汽车的位置。

视觉传感器工作状态受天气状态、光线明暗和拍摄物体形状的影响较大，MobilEYE 是著名的车用视觉系统公司，初创于以色列，于 2017 年被美国 INTEL 公司以 153 亿美元收购。美国 Tesla 汽车公司在其无人驾驶技术方案中，坚决排斥激光雷达，而采用了毫米波雷达+视觉传感器的方案。除了无人驾驶技术应用以外，视觉传感器还可以应用于倒车辅助、泊车辅助、驾驶人行为监测等。

任务 1 了解视觉传感器的分类与应用

视觉传感器又称摄像机，是将二维光强分布的光学图像转变成一维时序电信号的传感器。数字图像形成过程如图 7-1 所示。

视觉传感器按照芯片类型主要分为电荷耦合器件（Charge Coupled Device，CCD）和互补金属氧化物半导体（Complementary Metal Oxide Semiconductor，CMOS）两大类，按照镜头和布置方式的不同又分为单目视觉传感器、多目视觉传感器和环视视觉传感器。具有高级驾驶辅助系统（ADAS）的汽车的单目视觉传感器如图 7-2 所示。

图 7-2 所示的单目视觉传感器模组只包含一个摄像机和一个镜头。单目视觉传感器的算

项目 7　视觉传感器认知、安装与标定

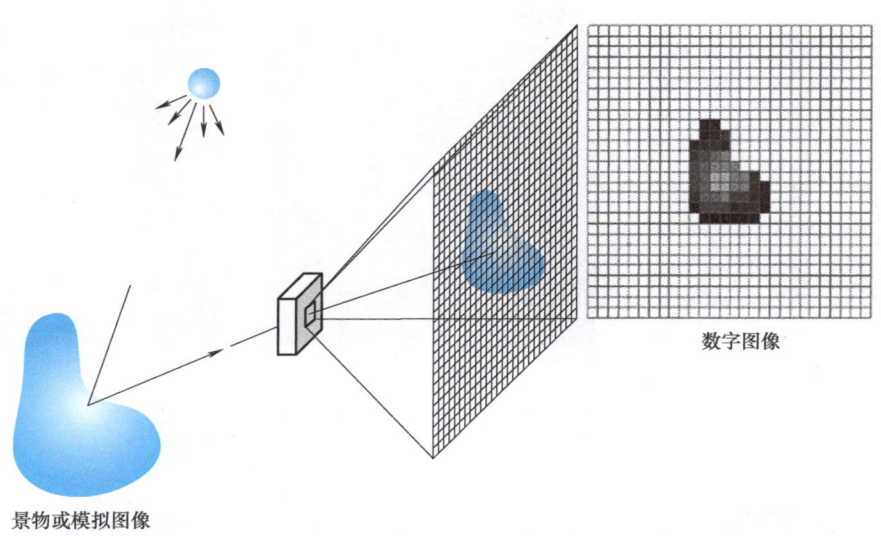

图 7-1　数字图像形成过程

法成熟度很高，但是有两个先天的缺陷：

1）视觉传感器的视野完全取决于镜头，焦距短的镜头视野广，但会缺失远处的信息，焦距长的镜头反之。单目视觉传感器由于只有一个镜头，局限严重，一般选用焦距适中的镜头。

2）单目测距的精度较低。视觉传感器的成像图是透视图，即越远的物体成像越小。同样大小的物体，在近处时需要用大量的像素点描述，在远处时可能只有几个像素点，因此对单目视觉传感器来说，物体越远，测距的精度越低。

图 7-2　具有高级驾驶辅助系统（ADAS）的汽车的单目视觉传感器

单目视觉传感器无法判断具有同样像素点数量物体的大小、远近关系，因此一般采用多目视觉传感器。基于图像判断距离的原理如图 7-3 所示，图 7-3a、图 7-3b 分别表示左、右眼图像，它们无法判断物体距离，图 7-3c 通过左、右眼图像的差异，能判断出头模与台灯的距离关系。

双目视觉传感器的两个视觉传感器拍摄物体时，会得到同一物体在视觉传感器的成像平面的像素偏移量。有了像素偏移量、相机焦距和两个视觉传感器的实际距离等信息，即可根据数学换算得到物体的距离。例如百度 APOLLO 2.0 无人驾驶汽车使用了 2 个同样规格的视觉传感器 LI-USB30-AR023ZWDR，但是其镜头的焦距分别是 6mm 和 25mm，可分别进行近处和远处的红绿灯识别，如图 7-4 所示。

双目视觉传感器虽然比单目视觉传感器提高了测距能力，但其镜头视野仍然完全依赖于

a)左眼图像　　　　　　　　b)右眼图像　　　　　　　　c)综合左右眼图像

图 7-3　基于图像判断距离的原理

图 7-4　百度 APOLLO 2.0 无人驾驶车双目视觉传感器

镜头，并且对两个镜头的安装位置要求较高，这给视觉传感器的标定带来了困难。

图 7-5 所示为特斯拉 AutoPilot 2.0 安装在前风窗玻璃下方的三目视觉传感器。它根据焦距不同，每个视觉传感器所感知的范围也不相同，分别为前视窄视野视觉传感器（最远感知 250m）、前视主视野视觉传感器（最远感知 150m）及前视宽视野视觉传感器（最远感知 60m）。通过增加不同焦距视觉传感器，可以增加视野与距离，提高测距精度。

有些车型提供 360°全景显示功能，这是通过环视视觉传感器实现的。环视视觉传感器采用鱼眼镜头，安装位置朝向地面，如

图 7-5　特斯拉 AutoPilot 2.0 安装在前风窗玻璃下方的三目视觉传感器

图 7-6 所示，其在汽车的前后左右安装了 4 个鱼眼镜头。为了扩大视野，鱼眼镜头图像的畸变较大，早期主要用于辅助，随着传感器融合技术的发展，鱼眼镜头也可以应用于 SLAM 定位。

项目 7 视觉传感器认知、安装与标定

图 7-6 环视视觉传感器

任务 2　视觉传感器工作原理认知

视觉传感器主要由镜头、影像传感器（主要是 CCD/CMOS 器件）、DSP 等组成。被摄物体经过镜头聚焦至电荷耦合器件（Charge Coupled Device，CCD），CCD 由多个 X-Y 纵横排列的像素点组成，每个像素都由一个光电二极管及相关电路组成，光电二极管将光线转变成电荷，收集到的电荷总量与光线强度成比例，所积累的电荷在相关电路的控制下，逐点移出，经滤波、放大，经过 DSP 处理后形成视频信号输出，再通过 I/O 接口传输到计算机进行处理后，通过显示屏就可以看到图像了。视觉传感器工作原理如图 7-7 所示。

视觉传感器按一定的分辨率，以隔行扫描的方式采集图像上的点，当扫描到某点时，就通过图像传感芯片将该点处图像的灰度转换成与灰度一一对应的电压值，然后将此电压值通过视频信号端输出。

若视觉传感器连续地扫描图像上的某一行，则输出就是一段连续的电压信号，电压信号的高低起伏反映了该行图像灰度的变化。当扫描完一行，

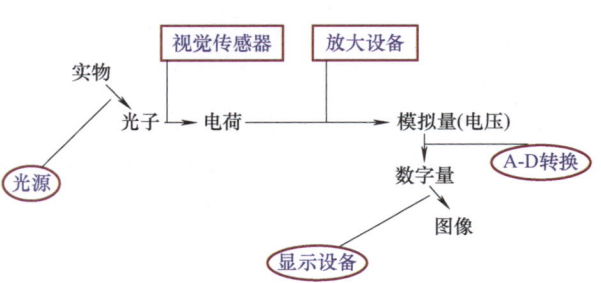

图 7-7 视觉传感器工作原理

视频信号端就输出一个低于最低视频信号电压的电平（如 0.3V），并保持一段时间，这相当于，紧接着每行图像信号之后会有一个电压"凹槽"，此"凹槽"称为行同步脉冲，它是扫

描换行的标志。视觉传感器跳过一行后（因为视觉传感器是隔行扫描的），开始扫描新的一行，如此下去，直到扫描完该场的视频信号，接着会出现一段场消隐区。该区中有若干个复合消隐脉冲，其中有个远宽于（即持续时间远长于）其他脉冲的消隐脉冲，称为场同步脉冲，它是扫描换场的标志。

场同步脉冲标志着新的一场的到来，场消隐区恰好跨在上一场的结尾和下一场的开始部分，需要等场消隐区过去，下一场的视频信号才真正到来。视觉传感器每秒扫描 25 幅图像，每幅又分奇、偶两场，先奇场后偶场，故每秒扫描 50 场图像。奇场时只扫描图像中的奇数行，偶场时则只扫描偶数行。视觉传感器扫描方式如图 7-8 所示。

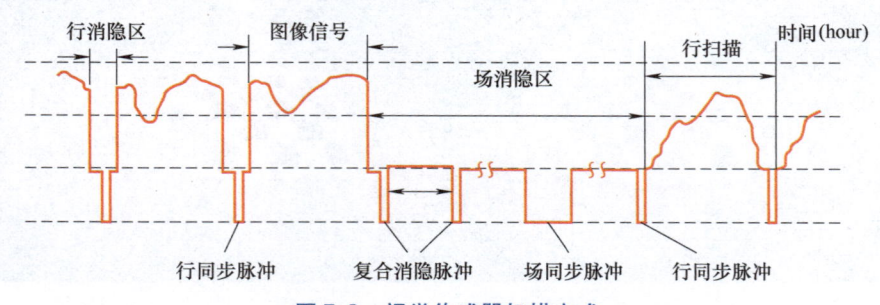

图 7-8　视觉传感器扫描方式

视觉传感器有两个重要的指标：分辨率和有效像素。分辨率实际上就是每场行同步脉冲数，这是因为行同步脉冲数越多，则对每场图像扫描的行数也越多。事实上，分辨率反映的是视觉传感器的纵向分辨能力。有效像素常写成两数相乘的形式，如"320×240"，其中前一个数值表示单行视频信号的精细程度，即行分辨能力；后一个数值为分辨率，因而有效像素＝行分辨能力×分辨率。

任务 3　数字图像处理认知

数字图像处理层次为图像处理、图像分析、图像理解，数字图像处理的三层次如图 7-9 所示。

1. 图像处理

图像处理指对图像进行各种加工以改善图像的视觉效果或突出有用信息，并为自动识别打基础，或通过编码以减少对其所需存储空间、传输时间或传输带宽的要求。特点：输入是图像，输出也是图像，即它是图像之间进行的变换。

（1）像素生成　像素的英文单词 pixel 是一个合成词，词源是 picture 和 element，表示图像元素。像素是构成数字图像的最小单位，是以一个明确的位置和单一色

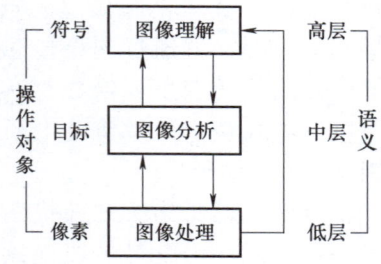

图 7-9　数字图像处理的三层次

彩数值组成的小方块，这些方块的组合构成了图像所呈现出来的样子。图像分辨率是单位英寸中所包含的像素点数，例如大多数网页制作常用图片的分辨率为 72，即每英寸像素为 72，1 英寸等于 2.54 厘米，那么通过换算可以得出每英寸像素为 72 即每厘米像素 28。不同像素

的图像如图 7-10 所示。

a) 像素为 320×240 的图像　　　　　　　b) 像素为 80×60 的图像

图 7-10　不同像素的图像

视觉传感器的像素生成取决于感光元件的个数，物理世界通过镜头投影到感光元件，每个像素都由一个光电二极管和相关电路组成。

（2）灰度处理　灰度是图像色彩亮度的深浅。图像所能够展现的灰度级越多，也就意味着图像可以表现更强的色彩层次。如果把黑-灰-白连续变化的灰度值量化为 2^8 个灰度级，则灰度值的范围为 0~255，它表示亮度从深到浅，对应图像中的颜色为从黑到白。通常以红绿蓝的 RGB 强度来表示彩色，一个像素所能达到的不同颜色取决于比特每像素（BPP）。8 BPP（2^8=256）称为原彩色，16 BPP 称为高彩色，24 BPP 称为真彩色。

（3）数字图像处理　数字图像处理就是将图像转换成一个数据矩阵存放在存储器中，然后再利用计算机或其他的大规模集成数字器件对数据矩阵信息进行数字处理，以达到所预期的效果。黑白图像、灰度图像和彩色图像的矩阵表示分别如图 7-11~图 7-13 所示。

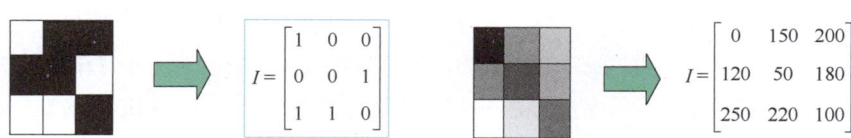

图 7-11　黑白图像的矩阵表示　　　　　图 7-12　灰度图像的矩阵表示

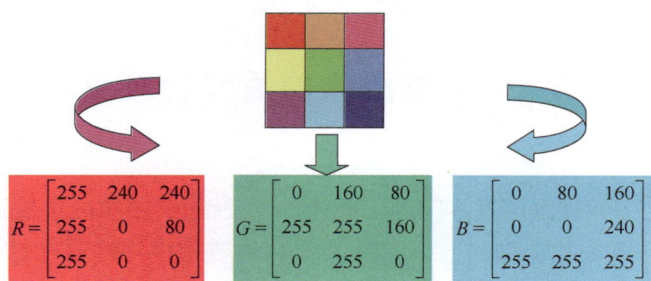

图 7-13　彩色图像的矩阵表示

具有一定联系的、具有时间先后关系的图像称为序列图像。我们所经常看到的电视剧或电影图像主要是由序列图像构成的。序列图像是数字多媒体的重要组成部分。序列图像是单幅数字图像在时间轴上的扩展,可以将视频的每一帧视为一幅静止的图像。数字图像的矩阵表示如图 7-14 所示。

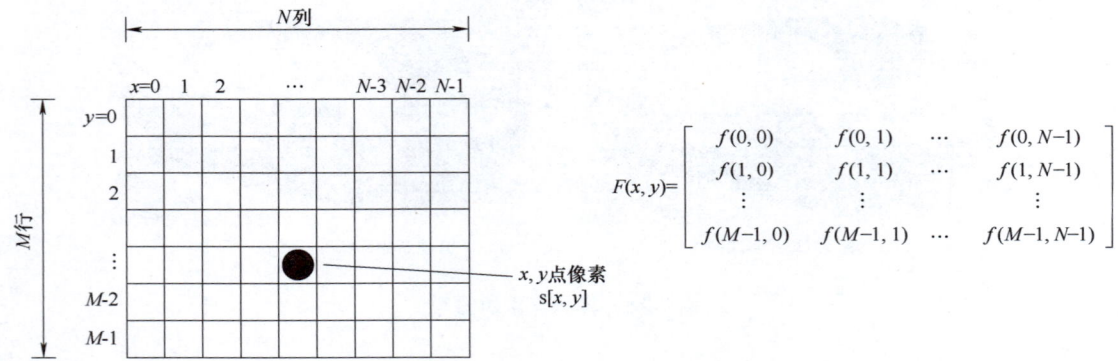

图 7-14　数字图像的矩阵表示

在 C 语言中,数字图像处理运算的核心部分如下:

```
for( j = 0, j < N; j + + )
    for( i = 0; i < M; i + + )
    {
        （对 IP(i, j)的具体运算）
    }
```

2. 图像分析

对图像中感兴趣的目标进行检测（或分割）和测量,以获得它们的客观信息,从而建立对图像中目标的描述,是一个从图像到数值或符号的过程。特点:输入是图像,输出是数据。

3. 图像理解

在图像分析的基础上,进一步研究图像中各目标的性质和它们之间相互的联系,并得出对图像内容含义的理解（对象识别）及对原来客观场景的解释（计算机视觉）,从而指导和规划行动。特点:以客观世界为中心,借助知识、经验等来把握整个客观世界。特点:输入是数据,输出是理解。

由于篇幅所限,本书主要介绍图像处理层的操作。

任务 4　了解图像的边缘检测原理

1. 图像边缘检测

图像边缘检测是图像处理的基本问题。如图 7-15 所示,图像的边缘组成了物体的轮廓,使得"人"一看就知道是什么物体。我们人类视觉通过物体边缘就能够做到识别物体。因此,物体边缘是图像中最基本也是最重要的特征,图像识别、理解的第一步就是边缘检测。

图像的边缘是指其周围像素灰度急剧变化的那些像素的集合,它是图像最基本的特征。边缘存在于目标、背景和区域之间,所以,它是图像分割所依赖的最重要的依据。由于边缘是位置的标志,对灰度的变化不敏感,因此,边缘也是图像匹配的重要特征。

边缘检测基本思想是先检测图像中的边缘点,再按照某种策略将边缘点连接成轮廓,从而构成分割区域。由于边缘是所要提取目标和背景的分界线，提取出边缘才能将目标和背景区分开，因此边缘检测对于数字图像处理十分重要。道路边缘检测示例如图7-16所示。

图7-15　图像边缘示意

边缘大致可以分为两种：一种是阶跃状边缘，边缘两边像素的灰度值明显不同；另一种为屋顶状边缘，边缘处于灰度值由小到大再到小变化的转折点处。图7-17所示图像边缘中，第1行是一些具有边缘的图像示例，第2行是沿图像水平方向的1个剖面图，第3行和第4行分别为剖面的一阶和二阶导数。第1列和第2列是阶梯状边缘，第3列是脉冲状边缘，第4列是屋顶状边缘。实现图像的边缘检测，就是要用离散化梯度逼近函数根据二维灰度矩阵梯度向量来寻找图像灰度矩阵的灰度跃变位置，然后在图像中将这些位置的点连起来，构成图像边缘（图像边缘在这里是一个统称，包括了二维图像上的边缘、角点、纹理等基元图）。

图7-16　道路边缘检测示例

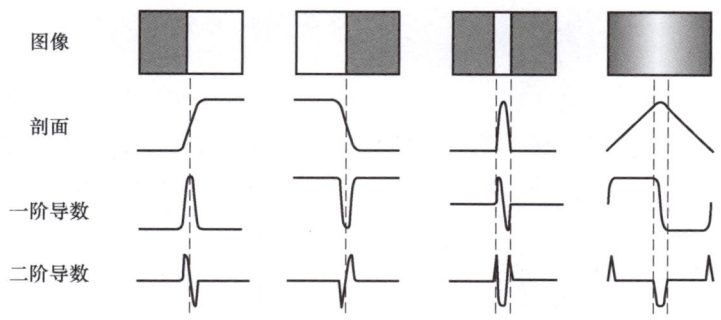

图7-17　图像边缘

常见边缘检测算子有 Roberts、Sobel、Prewitt、Laplacian、Log/Marr、Canny、Kirsch、Nevitia 等。其中，Roberts、Sobel、Prewitt 是一阶微分算子，Laplacian、Log/Marr 是二阶微分算子。除了微分算子，更常用的是 Canny 非微分边缘检测算子。由于篇幅所限，几种算法的具体内容不深入介绍，但可以通过以下 python 程序进行图像边缘检测来感受几个边缘算子的效果。

```
import cv2
lenna = cv2.imread("images\\lenna.png", 0)
sobel = cv2.Sobel(lenna, -1, 1, 1, ksize = 5)
laplacian = cv2.Laplacian(lenna, -1)
canny = cv2.Canny(lenna, 100, 200)
cv2.imshow("sobel", sobel)
cv2.imshow("laplacian", laplacian)
cv2.imshow("canny", canny)
cv2.waitKey()
```

2. Canny 图像边缘检测

Canny 图像边缘检测的主要步骤是：

1）彩色图像转换为灰度图像。
2）对图像进行高斯模糊。
3）计算图像梯度，根据梯度计算图像边缘幅值与角度。
4）非最大信号压制处理（边缘细化）。
5）双阈值边缘连接处理。
6）二值化图像输出结果。

（1）彩色图像转换为灰度图像　对原始图像进行灰度化：Canny 算法通常处理的图像为灰度图，因此如果摄像机获取的是彩色图像，那首先就得对其进行灰度化。对一幅彩色图进行灰度化，就是对图像各个通道的采样值进行加权平均。以 RGB 格式的彩图为例，通常灰度化采用的方法主要有：

方法 1：Gray = (R + G + B)/3。

方法 2：Gray = 0.299R + 0.587G + 0.114B。

（2）对图像进行高斯模糊　对图像进行高斯滤波：对待滤波的像素点及其邻域点的灰度值按照一定的参数规则进行加权平均，这样可以有效滤去理想图像中叠加的高频噪声。

用一阶偏导的有限差分来计算梯度的幅值和方向：图像灰度值的梯度可使用一阶有限差分来进行近似，这样就可以得到图像在 x 和 y 方向上偏导数的两个矩阵。常用的梯度算子有 Roberts 算子、Prewitt 算子、Canny 算子和 Sobel 算子，其中 Canny 算子公式如下：

$$S_x = \begin{bmatrix} -1 & 0 & 1 \\ -2 & 0 & 2 \\ -1 & 0 & 1 \end{bmatrix} \tag{7-1}$$

$$S_y = \begin{bmatrix} 1 & 2 & 1 \\ 0 & 0 & 0 \\ -1 & -2 & -1 \end{bmatrix} \tag{7-2}$$

$$K = \begin{bmatrix} a_0 & a_1 & a_2 \\ a_7 & [i,j] & a_3 \\ a_6 & a_5 & a_4 \end{bmatrix} \tag{7-3}$$

式 (7-1)、式 (7-2)、式 (7-3) 分别为该算子的 x 向卷积模板、y 向卷积模板以及待处理点的邻域点标记矩阵。

(3) 计算图像梯度　根据梯度计算，确定图像边缘幅值与角度，据此可用数学公式表达其每个点的梯度幅值为

$$G[i,j] = \sqrt{S_x^2 + S_y^2} \tag{7-4}$$
$$S_x = (a_2 + 2a_3 + a_4) - (a_0 + 2a_7 + a_6) \tag{7-5}$$
$$S_y = (a_0 + 2a_1 + a_2) - (a_6 + 2a_5 + a_4) \tag{7-6}$$

(4) 非最大信号压制处理（边缘细化）　对梯度幅值进行非极大值抑制：图像梯度幅值矩阵中的元素值越大，说明图像中该点的梯度值越大，但这不能说明该点就是边缘（这仅仅是属于图像增强的过程）。在 Canny 算法中，非极大值抑制是进行边缘检测的重要步骤，通俗意义上是指寻找像素点局部最大值，将非极大值点所对应的灰度值置为 0。

对梯度幅值进行非极大值抑制如图 7-18 所示。要进行非极大值抑制，就首先要确定像素点 C 的灰度值在其 8 个邻域内是否为最大。图 7-18 蓝色的线条方向为 C 点的梯度方向，这样就可以确定其局部的最大值肯定分布在这条线上，也即除了 C 点外，梯度方向的交点 dTmp1 和 dTmp2 这两个点的值也可能会是局部最大值。因此，判断 C 点灰度与这两个点灰度大小即可判断 C 点是否为其邻域内的局部最大灰度点。如果经过判断，C 点灰度值小于这两个点中的任意一个，就说明 C 点不是局部极大值，则可以排除 C 点为边缘。这就是非极大值抑制的工作原理。

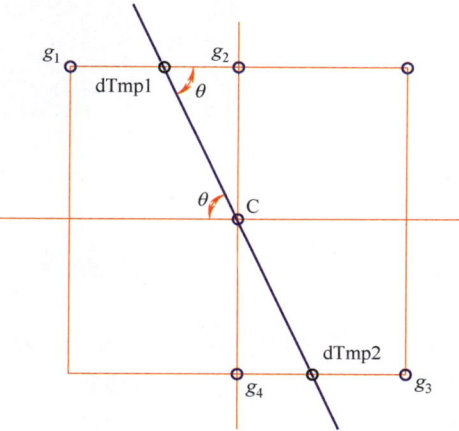

图 7-18　对梯度幅值进行非极大值抑制

但实际上，我们只能得到 C 点邻域的 8 个点的值，而 dTmp1 和 dTmp2 并不在其中，要得到这两个值就需要对该两个点两端的已知灰度进行线性插值，也即根据图 7-18 中的 g1 和 g2 对 dTmp1 进行插值，根据 g3 和 g4 对 dTmp2 进行插值，这要用到其梯度方向（dTmp1 = g1tan$^{-1}\theta$ + g2 (1 − tan$^{-1}\theta$)）。

完成非极大值抑制后，会得到一个二值图像，非边缘的点灰度值均为 0（黑），可能为边缘的局部灰度极大值点可设置其灰度为 128。但这样的检测结果还是包含了很多由噪声及其他原因造成的假边缘，因此还需要进一步处理。

(5) 双阈值边缘连接处理　用双阈值算法检测和连接边缘：Canny 算法中减少假边缘数量的方法是采用双阈值法。该算法选择两个阈值（高阈值选取全局灰度值分布的 70%，低阈值选取高阈值的一半），根据高阈值得到一个边缘图像，这样一个图像含有的假边缘很少，但是由于阈值较高，产生的图像边缘可能不闭合，为解决此问题该算法还采用了另外一个低阈值。该算法在高阈值图像中把边缘链接成轮廓，当到达轮廓的端点时，会在端点的 8 邻域点中寻找满足低阈值的点，再根据此点收集新的边缘，直到整个图像边缘闭合。

(6) 二值化图像输出结果　图像的二值化就是将图像上的像素点的灰度值设置为 0 或 255，这样将使整个图像呈现出明显的黑白效果。在数字图像处理中，二值图像占有非常重要的地位，图像的二值化使图像中数据量大为减少，从而能凸显出目标的轮廓。

OpenCV 是一个开源的跨平台计算机视觉库,可以运行在 Linux、Windows、Android 和 Mac OS 操作系统上,提供了 Python、Ruby、MATLAB 等语言的接口,实现了图像处理和计算机视觉方面的很多通用算法。图 7-19 是使用 OpenCV Canny 算法输出的二值化图像,通过调整阈值能够输出不同的二值化结果。

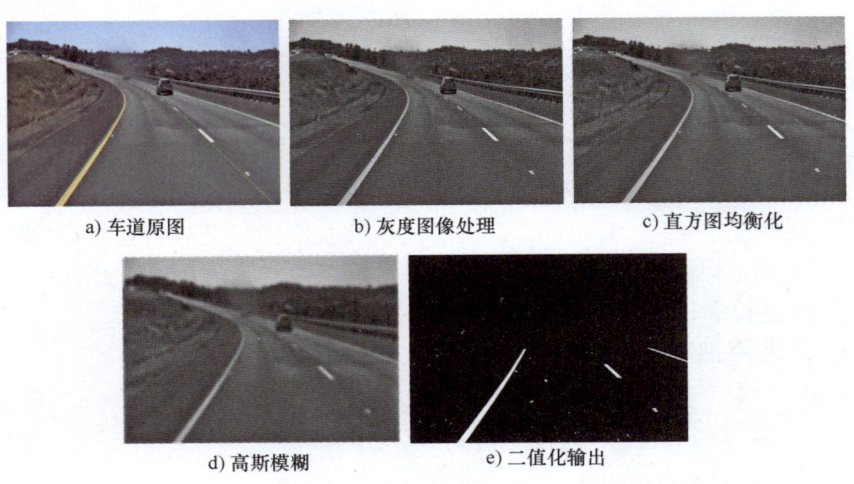

a) 车道原图　　　　b) 灰度图像处理　　　　c) 直方图均衡化

d) 高斯模糊　　　　e) 二值化输出

图 7-19　二值化图像输出

任务 5　视觉传感器标定

视觉传感器标定包括内参标定和外参标定,其中内参标定主要是像素、焦距、图像原点、畸变等参数的标定,内参通常在传感器生产过程中标定。一般指的视觉传感器标定通常是外参标定,主要包括物距、角度等外部参数的标定,即视觉传感器坐标系相对于世界坐标系的旋转矩阵 R 和平移向量 T 等参数的标定。

视觉传感器标定内容如图 7-20 所示。

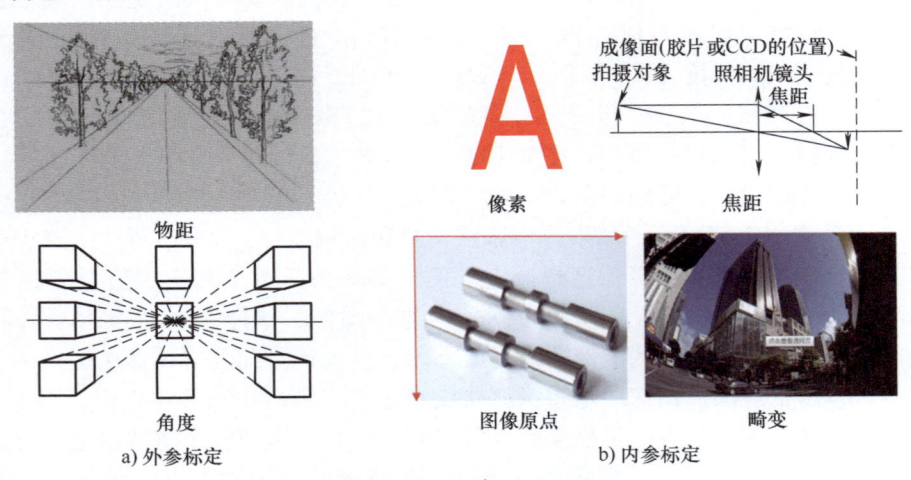

a) 外参标定　　　　　　　　　b) 内参标定

图 7-20　视觉传感器标定内容

在图像测量过程以及机器视觉应用中,为确定空间物体表面某点的三维几何位置与其在图像中对应点之间的相互关系,必须建立视觉传感器成像的几何模型,这些几何模型参数就是视觉传感器参数,求解过程就是视觉传感器标定。无论是在图像测量还是在机器视觉应用中,视觉传感器参数的标定都是非常关键的环节,其标定结果的精度及算法的稳定性直接影响视觉传感器工作结果的准确性。视觉传感器标定的坐标系转换如图 7-21 所示。

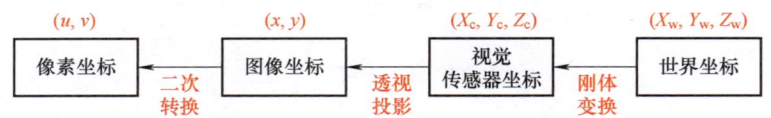

图 7-21 视觉传感器标定的坐标系转换

视觉传感器采集图像后以标准电视信号的形式输入计算机,在计算机中以 $M \times N$ 矩阵(M 行 N 列的图像中的每一个元素的数值被称为图像点的灰度)保存。在图像上定义图像像素直角坐标系 (O_t, u, v),每一个像素的坐标 (u, v) 分别表示该像素在数组中的列数与行数。由于像素直角坐标系中 (u, v) 只表示像素位于数组中的列数与行数,并没有物理单位表示出该像素在图像中的位置,因此需要建立以物理单位表示的图像物理坐标系 (O_1, x, y)。像素坐标系与物理坐标系的转换如图 7-22 所示。

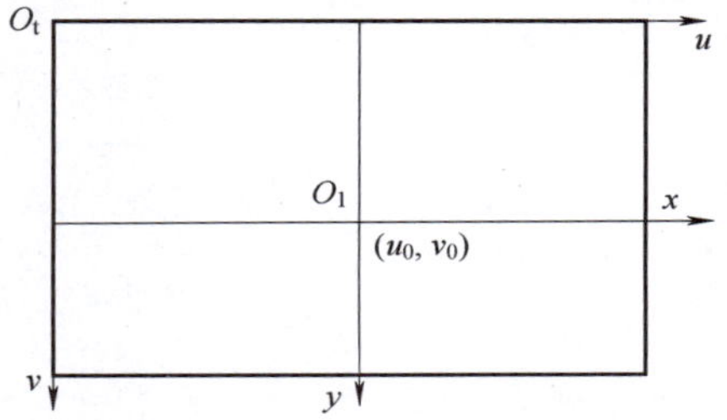

图 7-22 中,若 O_1 在 (u, v) 坐标系中的坐标为 (u_0, v_0),每一个像素在 x 轴与 y 轴方向上

图 7-22 像素坐标系与物理坐标系的转换

的物理尺寸分别为 $\mathrm{d}x$ 和 $\mathrm{d}y$,则图像中任意一个像素在两个坐标系下的坐标有如下关系:

$$\begin{bmatrix} u \\ v \\ 1 \end{bmatrix} = \begin{bmatrix} \dfrac{1}{\mathrm{d}x} & 0 & u_0 \\ 0 & \dfrac{1}{\mathrm{d}y} & v_0 \\ 0 & 0 & 1 \end{bmatrix} \begin{bmatrix} x \\ y \\ 1 \end{bmatrix} \tag{7-7}$$

视觉传感器坐标系是由点 O_c 与 X_c、Y_c 和 Z_c 轴组成的直角坐标系(O_c 点称为视觉传感器的光学中心,简称光心),X_c、Y_c 和 x 轴 y 轴平行,Z_c 轴为视觉传感器的光轴,它与图像平面垂直。光轴与图像平面的交点,即为图像坐标系的原点。O_cO_1 为视觉传感器焦距。

世界坐标系(O_w, X_w, Y_w, Z_w)是一个基准坐标系,用于描述视觉传感器放置在拍摄环境中的位置和被拍摄物体的位置。

图 7-23 所示的传感器坐标系与世界坐标系可表达为

$$Z_c \begin{bmatrix} x \\ y \\ 1 \end{bmatrix} = \begin{bmatrix} f & 0 & 0 & 0 \\ 0 & f & 0 & 0 \\ 0 & 0 & 1 & 0 \end{bmatrix} \begin{bmatrix} X_c \\ Y_c \\ Z_c \\ 1 \end{bmatrix} \tag{7-8}$$

视觉传感器坐标系向世界坐标系的变换,包括 X_c、Y_c、Z_c 轴的旋转以及坐标平移,坐标系变换矩阵为

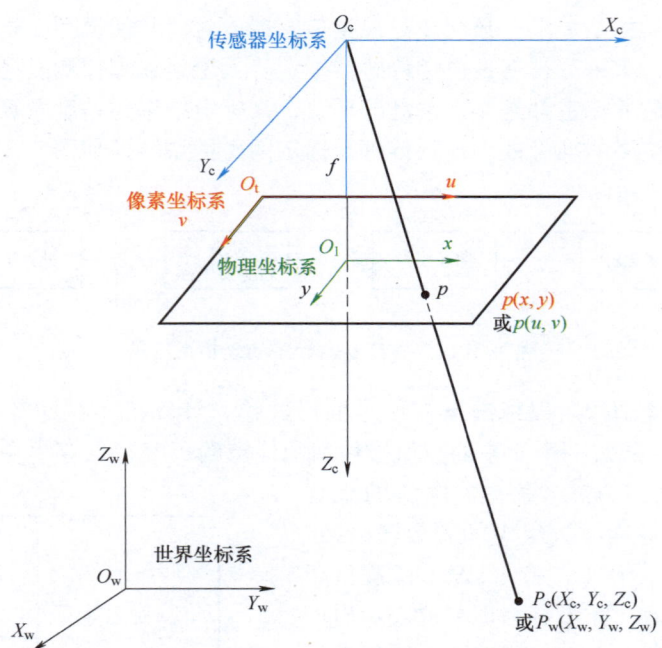

图 7-23 传感器坐标系与世界坐标系

$$\begin{bmatrix} X_c \\ Y_c \\ Z_c \\ 1 \end{bmatrix} = \begin{bmatrix} R & T \\ O^T & 1 \end{bmatrix} \begin{bmatrix} X_w \\ Y_w \\ Z_w \\ 1 \end{bmatrix} = M_1 \begin{bmatrix} X_w \\ Y_w \\ Z_w \\ 1 \end{bmatrix} \tag{7-9}$$

其中,$R = \begin{bmatrix} r_1 & r_2 & r_3 \\ r_4 & r_5 & r_6 \\ r_7 & r_8 & r_9 \end{bmatrix}$,$O = (0, 0, 0)^T$,$T = \begin{bmatrix} T_x \\ T_y \\ T_z \end{bmatrix}$,$R$ 中各个参数 r_1,…,r_9 可由旋转变换矩阵得到。

综上,单目视觉传感器的标定是求解传感器坐标系相对于世界坐标系的旋转矩阵 R 和平移向量 T 等参数。对于多目视觉传感器标定(例如双目视觉传感器),就要复杂得多。双目视觉传感器标定的第一步需要分别获取左右传感器的内外参数,通过立体标定对左右两幅图像进行立体校准和对齐,然后确定两个传感器的相对位置关系(即中心距),最后确保左右两个视觉传感器的成像定位到同一个点上。

任务实施:请完成"任务工单 11 视觉传感器安装与标定"的相关工作任务。

视觉传感器安装与标定

项目 8
定位与惯性导航传感器认知、安装与标定

【项目目标】

1. 了解 GPS、GNSS、MEMS 技术。
2. 理解汽车惯性导航传感器工作原理。

无人驾驶汽车必须"精确地知道我在哪儿",即进行准确定位,给出汽车所在位置的相对或绝对坐标。导航是根据汽车定位和地图信息,给汽车规划行驶方向和路径。

汽车是交通的工具,人们一直试图使汽车具有导航能力。在数十年的汽车导航技术发展过程中,主要有自主导航、GPS 导航和混合导航 3 个方案,他们用到了各自不同的定位传感器。

自主导航利用内置传感器确定车辆自身所处的相对位置和行驶方向,用数学分析的方法确定行车路径,并将该行车路径与内存电子地图上的道路进行比较,确定车辆在地图上所处的位置及到达目的地的方向和所余距离等。也有汽车使用罗盘传感器或陀螺仪传感器,其中罗盘传感器是用霍尔效应和地球磁场来判断汽车行驶方向,陀螺仪传感器是利用汽车行驶的惯性,这两种传感器的累积误差都比较大。

全球定位系统(Global Positioning System,GPS)是一种以空中卫星为基础的高精度无线电导航定位系统,它在全球任何地方以及近地空间都能够提供准确的地理位置、行车速度及精确的时间信息。但是隧道、涵洞、山区和城市大厦会遮挡 GPS 信号,造成某些汽车定位的盲区,所以不适合无人驾驶汽车。

无人驾驶汽车的定位与导航技术是混合导航,即它综合了 GPS 定位、惯性定位和高精地图等三大技术,在任何时间和区域都能精确定位汽车坐标,规划最优路径。

任务 1 卫星导航定位系统认知

全球导航定位系统(Global Navigation Satellite System,GNSS),是能够在地球表面或近

地空间的任何地点为用户提供全天候的三维坐标、速度以及时间信息的空基无线电导航定位系统。常见的有 GPS（美国）、GLONASS（俄罗斯）、Galileo（欧盟）和 BDS（中国北斗）四大卫星导航系统（图 8-1）。其中，GPS 最成熟，BDS 已经超过 GLONASS，而 Galileo 还未完成组网。以下主要以 GPS 为例进行介绍。

图 8-1　四大卫星导航系统

GPS 是美国第二代卫星导航系统，它是在子午仪卫星导航系统的基础上发展起来的，从 20 世纪 70 年代开始研制，于 1994 年全面建成。GPS 的空间部分使用 24 颗高度约 2.02 万 km 的卫星组成卫星星座，GPS 的卫星星座如图 8-2 所示。24 颗卫星分成 21 颗工作卫星和 3 颗备用卫星，分布在 6 个轨道面上（每轨道面 4 颗），轨道倾角为 55°，均为近圆形轨道，运行周期约为 11h 58min。卫星的分布使得在全球任何地方、任何时间都可观测到 4 颗以上的卫星，并能保持良好定位解算精度的几何图形，这就提供了在时间上连续的全球导航能力。

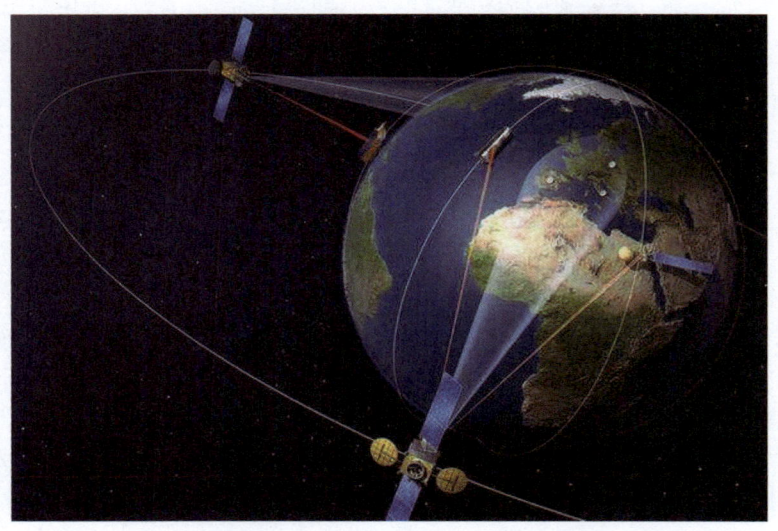

图 8-2　GPS 的卫星星座

而中国北斗系统（BDS）设计了 35 颗卫星，目前只发射了 16 颗北斗导航卫星，覆盖了全球的 2/3 的地区。

1. GPS 定位的优点

1）全球全天候定位。GPS 卫星的数目较多，且分布均匀，保证了地球上任何地方任何时间至少可以同时观测到 4 颗 GPS 卫星，确保实现全球全天候连续的导航定位服务（除打雷闪电不宜观测外)。

2) 定位精度高。受到卫星误差、传播路径和接收机误差等影响，GPS 绝对定位精度不高。但是通过差分技术可以很高的相对定位精度，例如基于 RTK（Real Time Kinematic）载波相位差分技术可以获得厘米级的定位精度。

3) 观测时间短。随着 GPS 的不断完善，20km 以内相对静态定位，仅需 15~20min；当每个流动站与基准站相距在 15km 以内时，流动站观测时间只需 1~2min；采取实时动态定位模式时，每站观测仅需几秒钟。

4) 测站间不需要通视。GPS 测量只要求测站上空开阔，不要求测站之间互相通视，因而不再需要建造觇标。

5) 仪器操作简便。随着 GPS 接收机的不断改进，GPS 测量的自动化程度越来越高，有的已趋于"傻瓜化"。

6) 可提供全球统一的三维地心坐标。GPS 水准可满足四等水准测量的精度，另外，GPS 定位是在全球统一的 WGS-84 坐标系中计算的，因此全球不同地点的测量成果是相互关联的。

2. GPS 定位的缺点

1) 系统确定位置受气候、电离层、对流层、空气、电磁波等因素的影响，会存在偏差。

2) GPS 高程测量能够达到一定的精度，但用 GPS 施测的市政工程测量控制点，应进一步用常规仪器进行水准联测。

3) GPS 测量更适用于视野开阔、障碍物较少的新建区，进行野外、勘探定位等。

4) GPS 测量成果与常规测量成果之间，不同型号测量成果之间存在的差异比较大。

5) 需要发射和维护数十颗 GPS 卫星，造价昂贵。

一、GPS 组成

GPS 主要有三大组成部分：空间部分、地面监控部分和用户设备部分。GPS 的组成如图 8-3 所示。

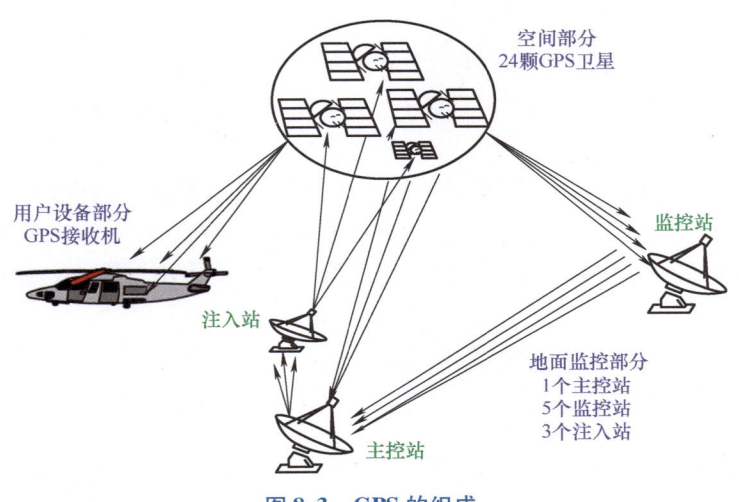

图 8-3 GPS 的组成

1. 空间部分

空间部分由 24 颗 GPS 卫星组成。GPS 卫星的主体呈圆柱形，两侧有太阳能帆板，能自动对日定向。太阳电池为卫星提供工作用电。每颗卫星都配备有多台原子钟，可为卫星提供高精度的时间标准。卫星上带有燃料和喷管，可在地面控制系统的控制下调整自己的运行轨道。

GPS 卫星的基本功能是：接收并存储来自地面控制系统的导航电文；在原子钟的控制下自动生成测距码和载波；将测距码和导航电文调制在载波上播发给用户；按照地面控制系统的命令调整轨道，调整卫星钟，修复故障或启用备用件以维护整个系统的正常工作。GPS 卫星如图 8-4 所示。

图 8-4　GPS 卫星

2. 地面监控部分

地面监控部分是由分布在世界各地的五个地面站组成的，按功能可分为监控站、主控站和注入站三种。

1）监控站内设有双频 GPS 接收机、高精度原子钟、气象参数测试仪和计算机等设备，主要任务是完成对 GPS 卫星信号的连续观测，并将搜集的数据和当地气象观测资料进行处理后传送到主控站。

2）主控站除了协调管理地面监控系统外，还负责将监控站的观测资料联合处理，推算卫星的星历、卫星钟差和大气修正参数，并将这些数据编制成导航电文送到注入站。另外，它还可以调整偏离轨道的卫星，使之沿预定轨道运行；调度备用卫星，以替代失效的卫星开展工作。

3）注入站的主要任务是将主控站编制的导航电文、计算出卫星星历和卫星钟差的改正数等，通过直径为 3.6m 的天线注入相应的卫星。

3. 用户设备部分

用户设备部分主要由 GPS 接收机、硬件和数据处理软件、微处理机及终端设备组成。GPS 接收机由主机、天线和电源组成，其主要任务是捕获、跟踪并锁定卫星信号；对接收的卫星信号进行处理，测量出 GPS 信号从卫星到接收机天线的传播时间；译出 GPS 卫星发射的导航电文，实时计算接收机天线的三维位置、速度和时间。

GPS 接收机相当于传感器，只是接收机有复杂的硬件、软件系统，已经超出了传感器定义的一般范畴。

二、GPS 定位原理

GPS 定位包括伪距单点定位、载波相位定位和实时差分定位。

GPS 卫星播发的每组信号包括 2 个不同频率的载波信号（L1 和 L2）、2 个不同的测距码信号（C/A 码调制在 L1 载波上，P 码或 Y 码同时调制在 L1 及 L2 载波上）以及卫星的轨道信息，GPS 卫星播发的信号组如图 8-5 所示。

其中 C/A 码（Coarse Acquisition Code）又称粗码、捕捉码，码长 1023bit，周期 1ms，数码率 1.023Mbit/s，码元宽 293.1m，供给民用。P 码（Precise Code）又称精码，码长 6.187×10^{12} bit，周期 7d，数码率 10.23Mbit/s，码元宽 29.3m，P 码的数码率比 C/A 码高 10 倍，精度更高，供军用。

卫星接收机根据不同的定位方式，将接收到的信号进行不同的处理，得到定位坐标。

1. 伪距测量及伪距单点定位

伪距测量就是测定卫星到接收机的距离。每个卫星以 1 次/ms 的频率播发伪随机测距码信号，若信号到达 GPS 接收机的传播时间为 d_T，d_T 乘以光速就能得距离，卫星信号发射与接收的时间差如图 8-6 所示。通过 4 颗以上 GPS 卫星的伪距，及从卫星导航电文中获得的卫星瞬时坐标，采用距离交会法就能求出接收机的三维坐标。

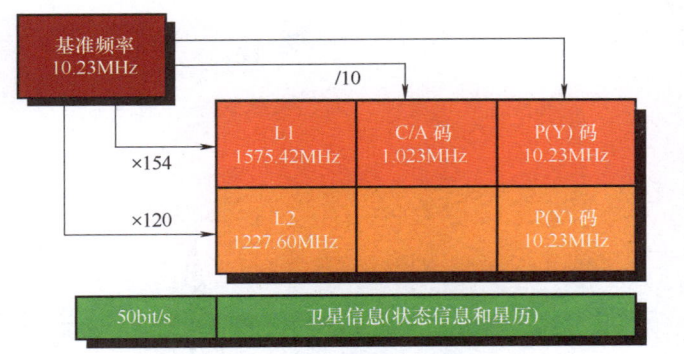

图 8-5　GPS 卫星播发的信号组

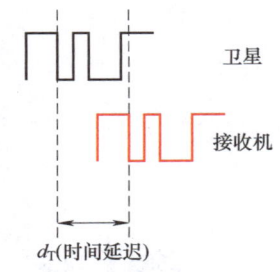

图 8-6　卫星信号发射与接收的时间差

伪随机码又称为伪噪声码，是一种可以预先确定并可以重复地产生和复制，又具有随机统计特性的二进制码序列。

2. 载波相位测量及载波相位定位

载波相位测量是测定 GPS 卫星载波信号到接收机天线之间的相位延迟。GPS 卫星载波上调制了测距码和导航电文，接收机接收到卫星信号后，先将载波上的测距码和卫星电文去掉，重新获得载波，这一过程称为重建载波。GPS 接收机将卫星重建载波与接收机内由振荡器产生的本振信号通过相位计比相，即可得到相位差。

图 8-7 所示为载波相位测距的卫星信号，其中 L1 载波波长为 19cm，L2 载波波长为 24cm，比 C/A 码波长（293m）短得多，因此载波相位定位比伪距定位精度高得多。

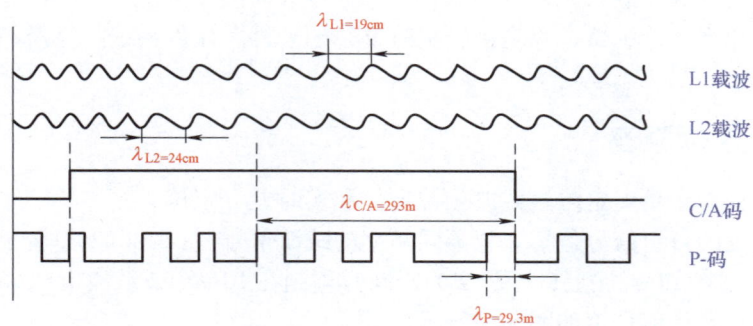

图 8-7 载波相位测距的卫星信号

3. 实时差分定位

GPS 实时差分定位的原理是在已有的精确地心坐标点上安放 GPS 接收机（称为基准站），利用已知的地心坐标和星历计算 GPS 观测值的校正值，并通过无线电通信设备（称为数据链）将校正值发送给运动中的 GPS 接收机（称为流动站），GPS 实时差分定位系统如图 8-8 所示。流动站利用校正值对自己的 GPS 观测值进行修正，以消除上述误差，从而提高实时定位精度。GPS 动态差分方法有多种，主要有位置差分、伪距差分（RTD）、载波相位实时差分（RTK）和广域差分等。

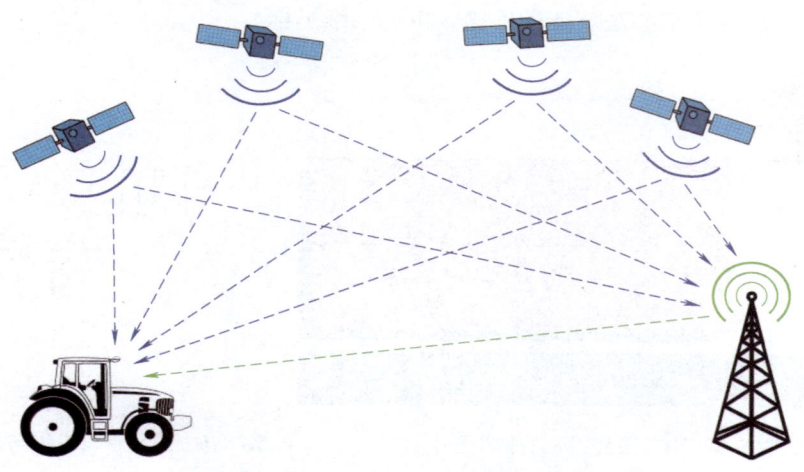

图 8-8 GPS 实时差分定位系统

GPS 属于被动式卫星导航系统，在被动式测距系统中，用户天线只需要接收来自这些卫星的导航定位信号，就可测得用户天线至卫星的距离或距离差，这种发送测距信号和接收测距信号分别位居两个不同地方的测距方式，称为被动测距。用它所测得的站星距离，并利用已知的卫星在轨位置，可推算出用户天线的三维位置，这种基于被动测距原理的定位，称为被动定位。

发送设备所发射的测距信号经过反射器的反射或转发，又返回到发送点，为其接收设备所接收，进而测得测距信号所经历的距离，这种发送和接收测距信号位于同一个地方的测距方式，称为主动测距。用它所测得的站星距离和已知的卫星在轨位置，也可推算出用户现时的三维位置，这种基于主动测距原理的定位，称为主动定位。

三、GPS 接收机

GPS 传感器称为 GPS 接收机。GPS 接收机的主要功能是接收 GPS 卫星信号并将信号进行放大、变频、锁相处理，测定 GPS 信号从卫星到接收机天线的传播时间，解释导航电文，实时计算 GPS 天线所在位置（三维坐标）及运行速度等。

GPS 接收机是一种被动式无线电定位设备，按不同用途分为测地型接收机、授时型接收机和导航型接收机；按接收机通道数不同可以分为多通道接收机、序贯通道接收机和多路复用通道接收机。不同形式的 GPS 接收机如图 8-9 所示。

a) 测地型接收机
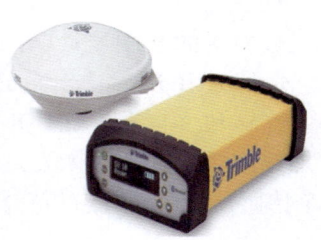
b) 授时型接收机

c) 导航型接收机

图 8-9 不同用途的接收机

GPS 接收机主要由 GPS 接收机天线、主机和电源三部分组成。

1. GPS 接收机天线

GPS 接收机天线由天线单元和前置放大器两部分组成。天线的作用是将 GPS 卫星信号的微弱电磁波能量转化为相应电流，并通过前置放大器将接收到的 GPS 信号放大。

当 GPS 卫星在用户视界升起时，接收机能够捕获到按一定卫星高度截止角所选择的待测卫星，并能够跟踪这些卫星的运行。

2. GPS 接收机主机

GPS 接收机主机由变频器、信号通道、微处理器、存储器和显示屏组成。

变频器的主要任务是使接收到的 L 频段射频信号变成低频信号。信号通道是软硬件结合的电路，是接收机的核心部分，其作用是搜索、牵引并跟踪卫星，并对广播电文信号进行解扩、解调成为广播电文，进行伪距测量、载波相位测量及多普勒频移测量。存储器用于存储一小时一次的卫星星历、卫星历书、接收机采集到的码相位伪距观测值、载波相位观测值及多普勒频移。

微处理器是 GPS 接收机主机工作的核心，GPS 接收机主机的工作都是在微处理器指令的统一协同下进行的。GPS 接收机主机都有液晶显示屏，它提供 GPS 接收机的工作信息，并配有一个控制键盘，以便用户控制接收机的工作。GPS 接收机主机不仅需要功能较强的机内软件，而且需要一个多功能的 GPS 数据测后处理软件包。接收机主机加处理软件包，才是完整的 GPS 用户设备。

3. GPS 接收机电源

GPS 接收机电源有两种，一种为内电源，一般采用锂蓄电池，主要对随机存取存储器（RAM）供电；另一种为外接电源，常用可充电的 12V 直流镍镉蓄电池组。

任务 2　惯性导航传感器认知

1. 惯性导航传感器的组成与分类

惯性导航系统（Inertial Navigation System，INS）的工作机理是建立在牛顿经典力学的基础上的：一个物体如果没有外力作用，将保持静止或匀速直线运动；如果能够测到加速度，通过加速度对时间的两次积分能够获得位移，以此实现位置定位；如果能够测量到角速度，通过积分可以获取位置信息，将它们结合在一起可以获得物体的实际状态。

（1）组成　惯性导航传感器包括加速度计（加速度传感器）和陀螺仪（角速度传感器）以及由它们单、双、三轴组合而成的惯性测量单元（Inertial Measurement Unit，IMU）、姿态和航向参考系统（Attitude Heading Reference System，AHRS），惯性导航传感器能够测量加速度、倾斜、冲击、振动、旋转和多自由度（DOF）运动。因此，一个惯性导航传感器通常集成多个陀螺仪和多个加速度计。随着技术发展，惯性导航传感器的发展趋势是与 GPS 定位传感器融合集成为一个传感器。惯性导航传感器如图 8-10 所示。

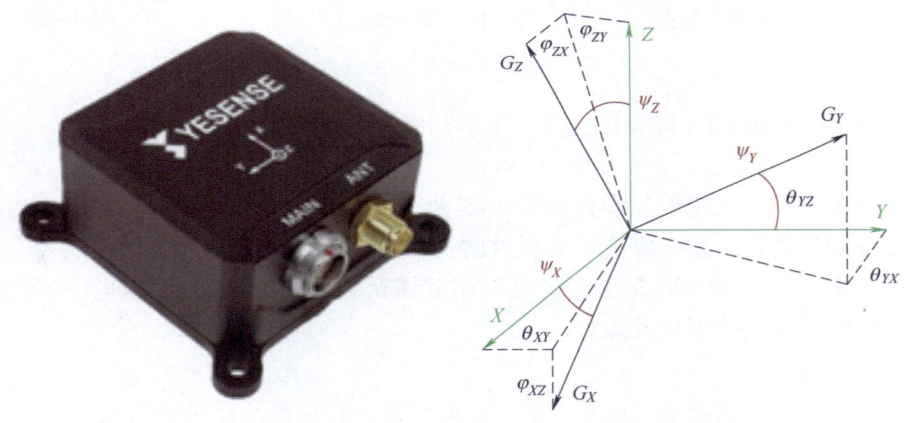

图 8-10　惯性导航传感器

（2）分类　惯性传感器分为两大类：测量角速度的陀螺仪和测量加速度的线加速度计。

1）陀螺仪又分为机械干式、液浮、半液浮、气浮角速度陀螺仪，挠性角速度陀螺仪，MEMS 硅、石英角速度陀螺仪（含半球谐振角速度陀螺仪等），光纤角速度陀螺仪，激光角速度陀螺仪等。

2）线加速度计又分为机械式线加速度计，挠性线加速度计，MEMS 硅、石英线加速度计（含压阻、压电线加速度计），石英挠性线加速度计等。

2. 加速度计

MEMS 加速度计的工作原理是靠 MEMS 中可移动部分的惯性工作：由于中间电容板的质

项目 8 定位与惯性导航传感器认知、安装与标定

量很大,而且它是一种悬臂构造,所以当速度变化或者加速度足够大时,它所受到的惯性力将超过固定或者支撑它的力,这时候它会移动,它跟上下电容板之间的距离就会变化,上下电容就会因此变化(电容的变化与加速度成正比)。

根据不同测量范围,中间电容板悬臂构造的强度或者弹性系数可以设计得不同。另外,如果要测量不同方向的加速度,这个 MEMS 的结构会有很大的不同,图 8-11 所示是 6 轴 MEMS 加速度计。电容的变化

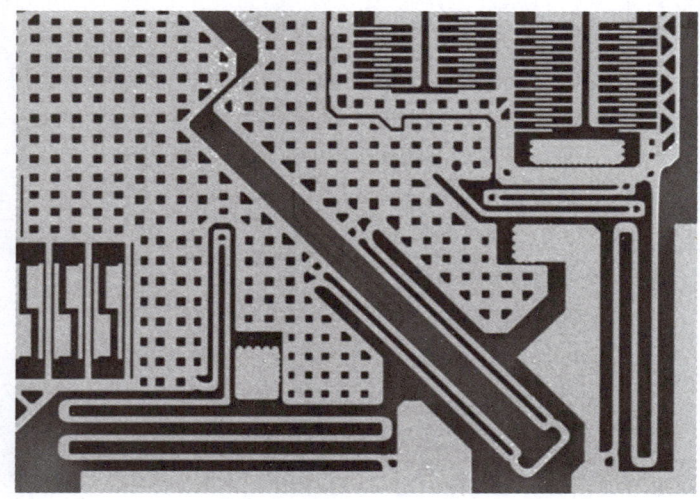

图 8-11 6 轴 MEMS 加速度计

会被另外一块专用芯片转化成电压信号,有时这个电压信号还会被放大。电压信号在数字化后会经过一个数字信号处理过程,并在零点和灵敏度校正后输出。

3. 陀螺仪

传统机械陀螺仪主要利用角动量守恒原理,即对旋转的物体,它的转轴指向不会随着承载它的支架的旋转而变化。MEMS 陀螺仪主要利用科里奥利力(旋转物体在有径向运动时所受到的切向力)原理,利用振动来诱导和探测科里奥利力。

图 8-12 所示是 MEMS 陀螺仪。

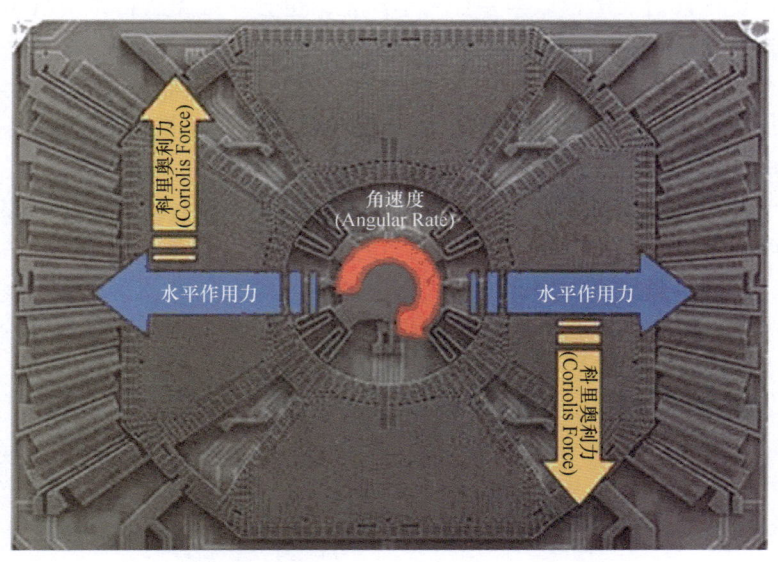

图 8-12 MEMS 陀螺仪

MEMS 陀螺仪的核心是一个微加工机械单元,它在设计上按照一个音叉机制共振运动,

107

通过科里奥利力原理把角速度转换成一个特定感测结构的位移。下面以一个单轴偏移（偏航 YAW）陀螺仪为例探讨其工作原理。

两个相同的质量块以相反的方向做水平振荡运动，如图 8-12 水平方向箭头所示。当外部施加一个角速度时，就会出现一个科里奥利力，力的方向垂直于质量运动方向，如图 8-12 垂直方向箭头所示。产生的科里奥利力使感测质量发生位移，位移大小与所施加的角速度大小成正比。因为感测器感测部分的动电极（转子）位于固定电极（定子）的侧边，上面的位移将会在定子和转子之间引起电容变化，因此，在陀螺仪输入部分施加的角速度被转化成一个专用电路，可以检测电容量。

4. 惯性传感器的优缺点

（1）惯性传感器的优点

1）无信号丢失等问题。

2）全自主式、全天候、不受外界环境的干扰。

3）更新频率比较高。

（2）惯性传感器缺点

惯性传感器定位的缺点是存在误差积累。

由于制作工艺的原因，惯性传感器测量的数据通常都会有一定误差。

第一种误差是偏移误差，表现为陀螺仪和加速度计即使在没有旋转或加速的情况下也会有非零的数据输出。想要得到位移数据，需要对加速度计的输出进行两次积分，在两次积分后，即使很小的偏移误差也会被放大。随着时间推进，位移误差会不断积累，最终导致无法再跟踪汽车的位置。

第二种误差是比例误差，即所测量的输出和被检测输入的变化之间的比例的误差。与偏移误差相似，在两次积分后，随着时间推进，其造成的位移误差也会不断积累。

第三种误差是背景白噪声，该误差如果不纠正，也会导致无法再跟踪汽车的位置。

为了纠正这些误差，必须对惯性传感器进行校准，找出偏移误差、比例误差，然后使用校准参数对惯性传感器原数据进行修正。但是，惯性传感器的误差也会随着温度而变化。即使校准得再好，随着时间的推进，位移的误差还是会不断积累，所以很难单独使用惯性传感器对汽车进行定位。

例如：一个盲人到了某个地方，只能根据自己的经验，极为谨慎地走小碎步，并不断用手摸周围的东西，用以确定自己所在的位置，在黑暗中，由于盲人对步长的估计和实际走的距离存在误差，走的步数越来越多时，盲人估计的位置与实际的位置相差会越来越远。IMU 的原理和黑暗中走小碎步很相似。上述过程推广到三维，就是惯性传感器导航定位误差逐渐积累的过程。

任务 3　高精度 MEMS 组合惯性导航传感器标定

GPS 定位和惯性定位的优缺点都很突出，因此现在一般采用多传感器融合技术将 GPS 定位和惯性测量相结合，本节以上海华测导航技术股份有限公司的 CGI-610 高精度 MEMS 组合导航接收机（图 8-13）为例来进行介绍。

CGI-610 高精度 MEMS 组合导航接收机（图 8-13）是上海华测在 2019 年推出的，

内置高精度 MEMS 陀螺仪与加速度计,支持外接里程计信息进行辅助,借助新一代多传感器数据融合技术,提高了系统的可靠性、精确性和动态性,实时提供厘米级高精度的载体位置、姿态、速度和传感器等信息,能良好地满足城市、峡谷等复杂环境下长时间、高精度、高可靠性导航应用需求。表 8-1 是 CGI-610 高精度 MEMS 组合导航接收机的基本参数。

图 8-13　CGI-610 高精度 MEMS 组合导航接收机

表 8-1　CGI-610 高精度 MEMS 组合导航接收机的基本参数

系统精度	姿态精度	0.1°（基线长度≥2m）
	定位精度	单点 L_1/L_2：1.2m DGPS：0.4m RTK：(1+0.001‰) cm
	数据更新率	100Hz
	初始化时间	1min
IMUN 性能指标	陀螺仪类型	MEMS
	陀螺仪量程	±500°/s
	陀螺仪零偏稳定性	2.5°/h
	加速度计量程	±8g
	加速度计零偏稳定性	3.6μg
通信接口	外部接口	3×RS232 串合 1×CAN 口 1×Micro USB 接口 2×GNSS 天线接口 1×4G 天线接口 1×电源接口
	无线通信	WIFI：802.11b/g/n 4G：GSM/GPRS/EDGE 900/1800MHz UMTS/HSPA+：850/900/2100MHz LTE：800/1800/2600MHz
组合导航系统性能	定位模式 RTK,中断时间 0s,位置精度：水平 0.02m,垂直 0.03m,速度精度：水平 0.02m/s,垂直 0.01m/s	
	定位模式 RTK,中断时间 10s,位置精度：水平 0.30m,垂直 0.15m,速度精度：水平 0.05m/s,垂直 0.02m/s	
	定位模式 RTK,中断时间 60s,位置精度：水平 3.80m,垂直 1.50m,速度精度：水平 0.22m/s,垂直 0.06m/s	

注：姿态精度 0.1°,从后天线与前天线的中心距离≥2m,其矢量方向与真实方位角相差小于 0.1°；RTK：(1+0.001‰) cm,RTK 载波相位差分精度厘米级,距基站距离每超过 1 千米误差增加 1 毫米；其输入电压 DC 9~36V（标准适配 DC 12V）,功耗＜5W（典型值）,外形尺寸（162×120×53）mm。

一、设备安装与工作模式设置

1. 设备安装

CGI-610 高精度 MEMS 组合导航接收机安装示意如图 8-14 所示,两个天线分别旋拧到两个强磁吸盘上并分别固定摆放在测试载体的前进方向和后退方向上,尽可能地将其安置于测试载体的最高处以保证能够接收到良好的 GNSS 信号,同时要保证两个天线相位中心形成的连线与测试载体中心轴线方向一致或平行。

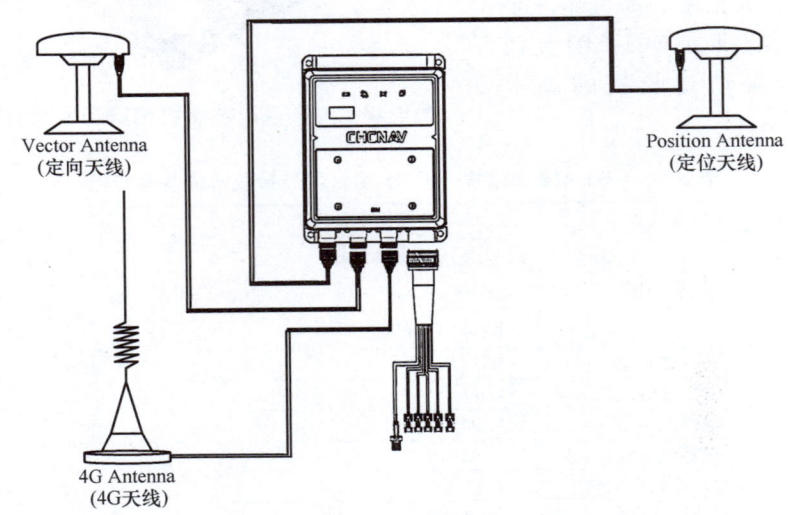

图 8-14　CGI-610 高精度 MEMS 组合导航接收机安装示意

将 CGI-610 主机安装在载体上,CGI-610 主机安装示意如图 8-15 所示,主机铭牌上标示的坐标系 XOY 面应尽量与载体被测基准面平行,X 轴应与载体前进方向中心轴线平行。

CGI-610 主机单元必须与被测载体固连,主机安装底面应平行于被测载体的基准面,主机铭牌上标示的 X 轴指向必须与被测载体的前进方向一致。

2. 设备配置

(1) 登录工作网页　确保 CGI-610 主机断电,在 SIM 卡槽位置安装插入 SIM 卡,连接 4G 网络天线,正常供电。接收机通过内置网页进行操作设置,该网页被集成到接收机固件中。操作设置主要包括接收机运行状态设置、接收机工作模式设置、惯性导航操作设置、数据输出设置等各种应用程序的设置。在对接收机进行操作之前,应确保接收机是正常运转的。

天线和电缆的安装完成后,给接收机通电开机,当接收机启动后,可以使用 WiFi 来访问、配置和监视接收机,不需要连接到接收器的线缆。遵循以下步骤,通过 WiFi 从网页开始操作。

打开计算机 WiFi,搜索名为 GNSS-XXXXXXX 的无线网络(其中 XXXXXXX 代表接收器的 SN 号),然后建立连接,密码是 12345678;打开浏览器,在地址栏输入 192.168.200.1,弹出登录界面,账号:admin,密码:password,CGI-610 的网页登录界面如图 8-16 所示。

项目 8 定位与惯性导航传感器认知、安装与标定

图 8-15 CGI-610 主机安装示意

图 8-16 CGI-610 的网页登录界面

登录网页以后可查看接收机的各类状态数据，检查主机工作是否正常，接收机位置、接收机活动及 Google Map 等相关信息。在"接收机位置"中，可查看当前接收机的概略位置、DOP 值、使用的卫星、跟踪到的卫星及接收机时钟，CGI-610 的接收机状态界面如图 8-17 所示。

进入卫星界面可以看到接收机跟踪到的卫星，分别用列表和图表的形式展现跟踪到的每一颗卫星的相关信息，包括卫星编号、卫星类型、高度角、方位角、L1 信噪比、L2 信噪比、L5 信噪比和是否使用等，CGI-610 的卫星状态界面如图 8-18 所示。

（2）接收机配置　进入 I/O 设置界面，可查看仪器的搜星状态、固件升级、工作状态等。进入到 I/O 设置界面，选择"RTK 客户端"，连接协议选择 NTRIP/TCP/APIS 协议，输入账号密码，CGI-610 网络模式设置如图 8-19 所示。

进入"惯导"配置界面，可进行接收机的融合数据设置、工作模式设置和车辆参数

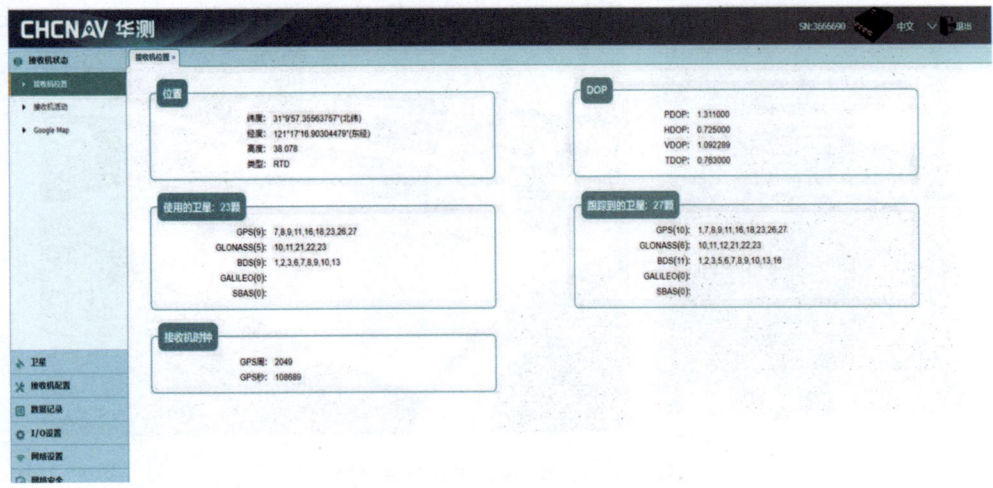

图 8-17 CGI-610 的接收机状态界面

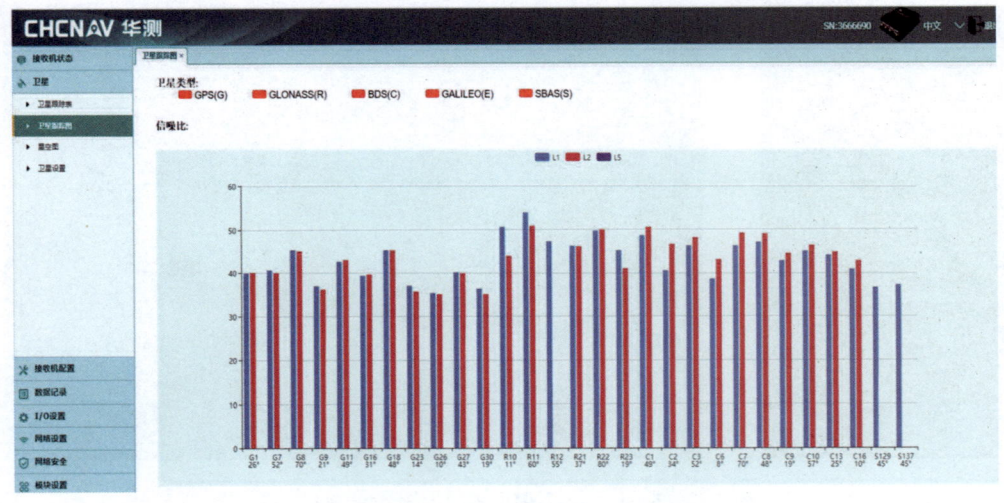

图 8-18 CGI-610 的卫星状态界面

设置。

1）融合数据设置如图 8-20 所示。选择串口要输出的数据格式打"√"，设置输出频率，点击"保存"（GPRMC 以及 GPGGA 为标准 NMEA 协议标准，方便导入专业软件进行精度分析，GPCHC 数据为华测协议，实际使用只勾选 GPCHC 即可）；输出频率可选择 1/5/20/20/50/100Hz。

2）工作模式设置如图 8-21 所示。针对不同的应用场景设备共支持 4 种工作模式，分别为车载模式（适用于一般汽车，最大车速大于 15km/h）、低速模式（一般应用于巡检机器人，最大速度小于 15km/h）、轨道交通（适用于高铁、火车等）、农机（适用于农业拖拉机）。

3）车辆参数设置，如图 8-22 所示。

项目8　定位与惯性导航传感器认知、安装与标定

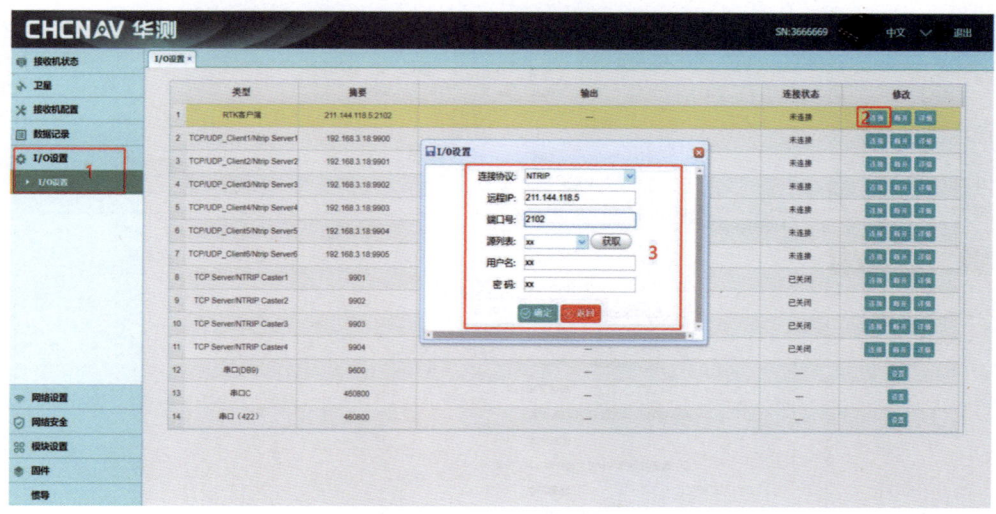

图 8-19　CGI-610 网络模式设置

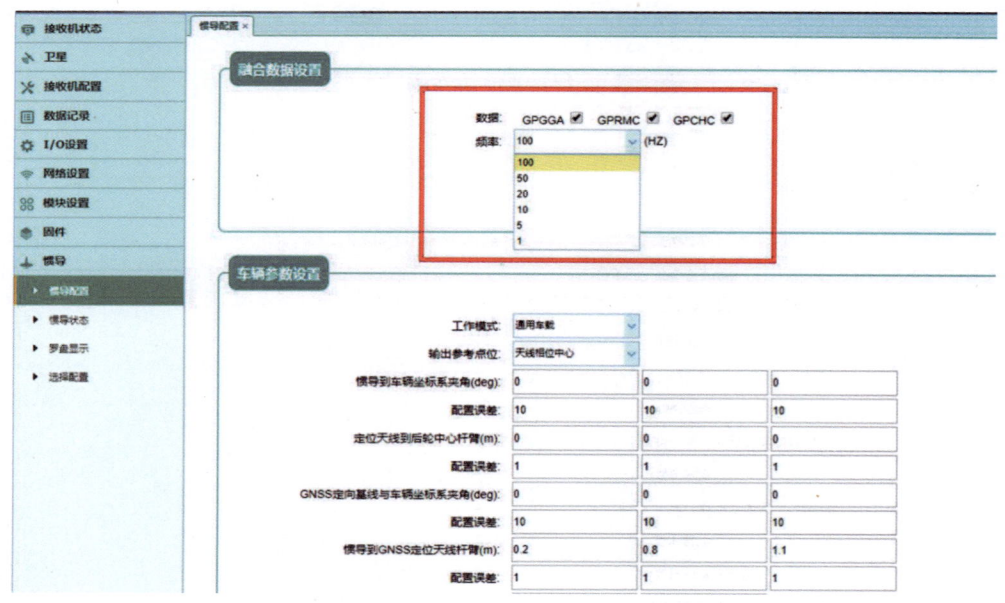

图 8-20　CGI-610 融合数据设置

"输出参考点位"：有天线相位中心、后轴中心、IMU 三种选择，默认为天线相位中心。

"惯导到车辆坐标系夹角"：分别代表设备与车辆的俯仰、横滚和方位角，旋转的角度和正负值符合右手定则。按照标准放置时（设备水平放置，Y 箭头指向前进方向），此处全部输 0；如果设备左右安装，线缆一侧为左（设备绕 Z 轴朝 X 方向旋转 90°），按照右手定则第三个空格输入 −90。

"定位天线到后轮中心杆臂"：分别为 x、y、z，左右方向为 x，前后方向为 y，上下方向为 z，单位为 m。例如：天线在后轮中心的左边 0.3m（一般放在车辆中心线，则为 0），前

113

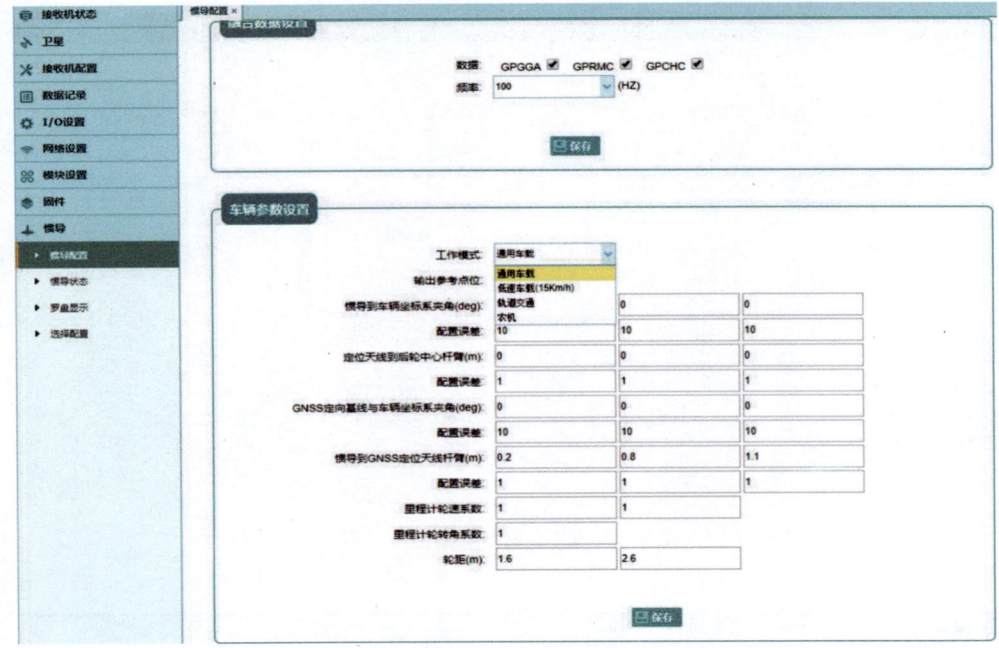

图 8-21 CGI-610 工作模式设置

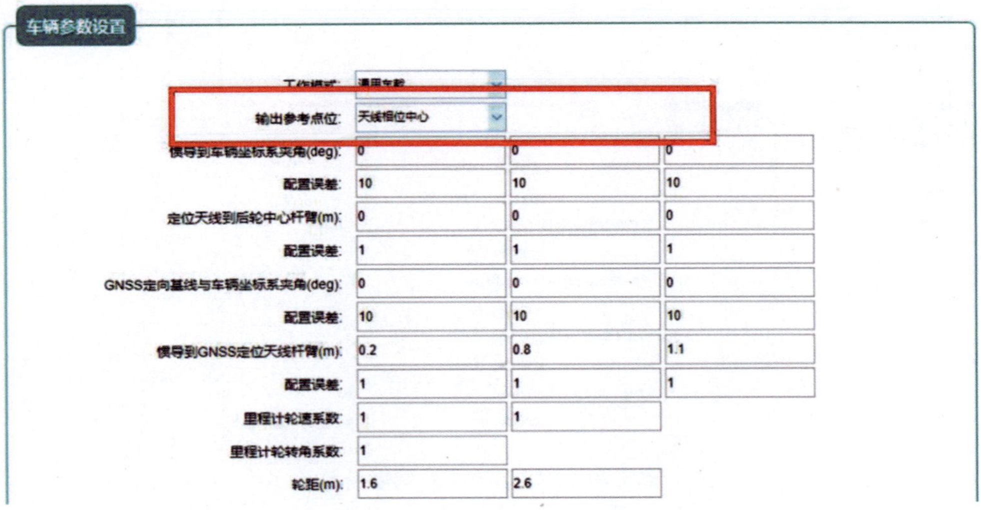

图 8-22 CGI-610 车辆参数设置

面 0.5m，上面 1m，输入值则为 0.3，-0.5，-1。

"GNSS 定向基线与车辆坐标系夹角（deg）"：如果天线前后安装且高度基本一致，则此处都输 0，如果定位天线在左，定向天线在右，则第三格输入 -90。

"惯导到 GNSS 定位天线杆臂"：分别为 x、y、z，左右方向为 x，前后方向为 y，上下方向为 z，单位为 m，定位天线在设备的右前上为正。

"轮距（m）"：分别为左右轮距和前后轮距，全部设置完单击"保存"。

参数设置完成，设备开始进行跑车标定，标定只需要一次，时长 5~10min，之后每次设备启动初始化时间为 1min 左右，以网页里面 INS 状态为准，INS 模式"初始化"代表正在初始化中，"组合模式"代表初始化完成（设备正面状态灯常亮即代表初始化完成）。

二、数据输出与解析

1. 数据输出

单击左侧 I/O 设置进入设置界面，选择想要数据输出的串口，单击右侧"设置"按钮，进行比特率的设置，CGI-610 数据输出如图 8-23 所示。

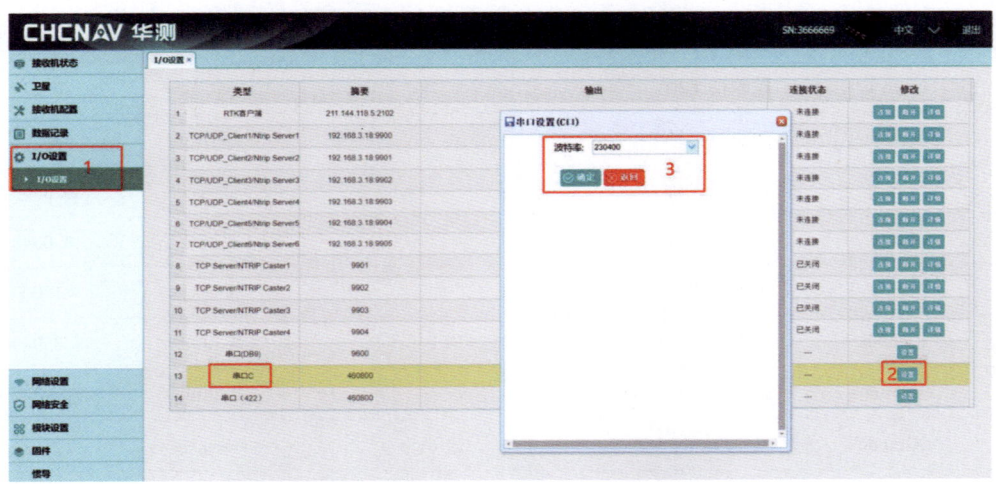

图 8-23　CGI-610 数据输出

串口（BD9）对应线缆的 A_RS232 接口，可设置比特率以及 nmea-0183 数据输出，串口 C 和串口（422）对应线缆的 C_RS232 接口和 RS422 接口，可设置比特率，数据输出格式在惯导设置里面设置。

2. 数据协议

（1）GPCHC 组合导航数据包　可通过 RS232 C 口以及 RS422 口输出 GPCHC 组合导航数据包，默认比特率 230400bit/s。

> $ GPCHC,GPSWeek,GPSTime,Heading,Pitch,Roll,gyro x,gyro y,gyro z,acc x,acc y,acc z,Lattitude,Longitude,Altitude,Ve,Vn,Vu,Baseline,NSV1,NSV2,Status,Age,Warming,Cs < CR > < LF >

例：

> $ GPCHC,1980,16897.68,289.19,-0.42,0.21,-0.23,0.07,-0.06,0.0009,0.0048,-1.0037,38.8594969,121.5150073,121.51,-0.023,0.011,0.000,1.500,14,6,4,0,2,*47

表 8-2 为 GPCHC 组合导航数据包含义。

表 8-2 GPCHC 组合导航数据包含义

字段	名称	说明	格式	举例
1	Header	GPCHC 协议头	$ GPCHC	$ GPCHC
2	GPSWeek	自 1980-1-6 至当前的星期数（格林尼治时间）	wwww	1980
3	GPSTime	自本周日 0：00：00 至当前的秒数（格林尼治时间）	Sssss.ss	16897.68
4	Heading	偏航角（0°~359.99°）	Hhh.hh	289.19
5	Pitch	俯仰角（-90°~90°）	+/-pp.pp	-0.42
6	Roll	横滚角（-180°~180°）	+/-rr.rr	0.21
7	gyro x	陀螺仪 X 轴	+/-ggg.gg	-0.23
8	gyro y	陀螺仪 Y 轴	+/-ggg.gg	0.07
9	gyro z	陀螺仪 Z 轴	+/-ggg.gg	-0.06
10	acc x	加表仪 X 轴	+/-a.aaaa	0.0009
11	acc y	加表仪 Y 轴	+/-a.aaaa	0.0048
12	acc z	加表仪 Z 轴	+/-a.aaaa	-1.0037
13	Latitude	纬度（-90°~90°）	+/-ll.llllll	38.8594969
14	Longitude	经度（-180°~180°）	+/-ll.llllll	121.5150073
15	Altitude	高度/m	+/-aaaaa.aa	121.51
16	Ve	东向速度/(m/s)	+/-eee.eee	-0.023
17	Vn	北向速度/(m/s)	+/-nnn.nnn	0.011
18	Vu	天向速度/(m/s)	+/-uuu.uuu	0.000
19	Baseline	基线长度/m	bb.bbb	1.500
20	NSV1	主天线 1 卫星数	nn	14
21	NSV2	副天线 2 卫星数	nn	6
22	Status	系统状态（低半字节）：0—初始化，1—卫导模式，2—组合导航模式，3—纯惯导模式卫星状态系统状态（高半字节）：0—不定位不定向，1—单点定位定向，2—伪距差分定位定向，3—组合推算，4—RTK 稳定解定位定向，5—RTK 浮点解定位定向，6—单点定位不定向，7—伪距差分定位不定向，8—RTK 稳定解定位不定向，9—RTK 浮点解定位不定向	ss	4
23	Age	差分延时	aa	0

（续）

字段	名称	说明	格式	举例
24	Warming	bit0：1—无 GPS 消息，0—正常；bit1：1—无车辆消息，0—正常；bit3：1—陀螺仪错误，0—正常；bit4：1—加表错误，0—正常	ww	2
25	Cs	校验	*hh	*47
26	\<CR>\<LF>	固定包尾		\<CR>\<LF>

（2）CAN 数据协议　CAN 口默认比特率为 500kb/s，标准帧，协议见表 8-3～表 8-16。

表 8-3　时间 CAN ID（dec）：800

偏移/bit	定义	长度/bit	比例系数	单位	说明	举例
0	Weektime	16	1	周	自 1980-1-6 至当前的星期数	www
16	GPStime	32	0.001	秒	自本周日 0：00：00 至当前的秒数（格林尼治时间）	sssss.sss

表 8-4　IMU 角速度原始值 CAN ID（dec）：801

偏移/bit	定义	长度/bit	比例系数	单位	说明	举例
0	AngRageRawX	20	0.01	deg/s	X 轴角速度	*.0dddd.dd
20	AngRageRawY	20	0.01	deg/s	Y 轴角速度	*.0dddd.dd
40	AngRageRawZ	20	0.01	deg/s	Z 轴角速度	*.0dddd.dd

表 8-5　IMU 加速度原始值 CAN ID（dec）：802

偏移/bit	定义	长度/bit	比例系数	单位	说明	举例
0	AccelRawX	20	0.0001	deg/s	X 轴角速度	*.0a.aaaa
20	AccelRawY	20	0.0001	deg/s	Y 轴角速度	*.0a.aaaa
40	AccelRawZ	20	0.0001	deg/s	Z 轴角速度	*.0a.aaaa

表 8-6　INS 定位状态 CAN ID（dec）：803

偏移/bit	定义	长度/bit	比例系数	说明	举例
0	System_state	8	1	0—初始化 1—卫导模式 2—组合导航模式 3—纯惯导模式	s
8	GpsNumStage	8	1	卫星数量	nn
16	Satellite_status	8	1	卫星状态 0—不定位不定向 1—单点定位定向 2—伪距差分定位定向 3—组合推算 4—RTK 稳定解定位定向 5—RTK 浮点解定位定向 6—单点定位不定向	s

表 8-7　定位经纬度 CAN ID（dec）：804

偏移/bit	定义	长度/bit	比例系数	单位	说明	举例
0	PosLat	32	1E-007	deg	纬度	*.0pp.ppppppp
32	PosLon	20	1E-007	deg	经度	*.0pp.ppppppp

表 8-8　大地高度 CAN ID（dec）：805

偏移/bit	定义	长度/bit	比例系数	单位	说明	举例
0	PosAlt	32	0.001	m	高度	*.0pp.ppppppp

表 8-9　位置西格玛值 CAN ID（dec）：806

偏移/bit	定义	长度/bit	比例系数	单位	说明	举例
0	PosESigma	16	0.01	m	东向 Sigma	eee.ee
16	PosNSigma	16	0.01	m	北向 Sigma	nnn.nn
32	PosUSigma	16	0.01	m	天向 Sigma	uuu.uu

表 8-10　大地坐标系速度 CAN ID（dec）：807

偏移/bit	定义	长度/bit	比例系数	单位	说明	举例
0	VelE	16	0.01	m	东向速度	+/−eee.ee
16	VelN	16	0.01	m	北向速度	+/−nnn.nn
32	VelU	16	0.01	m	天向速度	+/−uuu.uu
48	Vel	16	0.01	m	车辆速度	+/−vvv.vv

表 8-11　大地坐标系速度西格玛 CAN ID（dec）：808

偏移/bit	定义	长度/bit	比例系数	单位	说明	举例
0	VelESigma	16	0.01	m/s	东向速度 Sigma	eee.ee
16	VelNSigma	16	0.01	m/s	北向速度 Sigma	nnn.nn
32	VelUSigma	16	0.01	m/s	天向速度 Sigma	uuu.uu
48	VelSigma	16	0.01	m/s	车辆速度 Sigma	vvv.vv

表 8-12　车辆坐标加速度 CAN ID（dec）：809

偏移/bit	定义	长度/bit	比例系数	单位	说明	举例
0	AccelX	20	0.0001	g	X 轴加速度	+/−a.aaaa
20	AccelY	20	0.0001	g	Y 轴加速度	+/−a.aaaa
40	AccelZ	20	0.0001	g	Z 轴加速度	+/−a.aaaa

表 8-13　姿态角 CAN ID（dec）：810

偏移/bit	定义	长度/bit	比例系数	单位	说明	举例
0	AngleHeading	16	0.01	deg	航向角	hhh.hh
16	AnglePitch	16	0.01	deg	俯仰角	+/−pp.pp
32	AngleRoll	16	0.01	deg	横滚角	+/−rr.rr

项目 8　定位与惯性导航传感器认知、安装与标定

表 8-14　姿态角西格玛 CAN ID（dec）：811

偏移/bit	定　义	长度/bit	比例系数	单位	说　　明	举　例
0	AngleHeading	16	0.01	deg	航向角	hhh.hh
16	AnglePitch	16	0.01	deg	俯仰角	+/-pp.pp
32	AngleRoll	16	0.01	deg	横滚角	+/-rr.rr

表 8-15　车辆坐标系角速度 CAN ID（dec）：812

偏移/bit	定　义	长度/bit	比例系数	单位	说　　明	举　例
0	AngleRateX	20	0.01	deg/s	X 轴角速度	+/-dddd.dd
20	AngleRateY	20	0.01	deg/s	Y 轴角速度	+/-dddd.dd
40	AngleRateZ	20	0.01	deg/s	Z 轴角速度	+/-dddd.dd

表 8-16　外接轮速协议 CAN ID（dec）：812 比特率 500kb/s

偏移/bit	定　义	长度/bit	比例系数	单位	说　　明	举　例
0	左轮速	16	0.1	km/h	左轮速度信息	vvv.v
16	右轮速	16	0.1	km/h	右轮速度信息	vvv.v
32	转向盘转角	16	0.1	km/h	左负右正	+/-ddd.d
48	挡位	8			0—N 1—D 2—R 3—P	d

通过工具软件，可以将导出数据转换为 nema 格式文件，导入 Google Earth 程序，获得实际轨迹图。

任务实施：请完成"任务工单 12　定位与惯性导航传感器安装与标定"的相关工作任务。

项目 9
传感器融合实例

【项目目标】

理解智能驾驶汽车传感器融合的意义,学习实例。

任务1 了解多传感器融合技术

如前所述,智能汽车传感器包括检测汽车自身状态的传感器和感知外部环境的传感器,感知外部环境的传感器又包括感知传感器和定位传感器,目前主要有超声波雷达、毫米波雷达、激光雷达、视觉传感器和 GPS 与惯性定位传感器等。每种传感器都有优点和缺点,无法用单一传感器完成环境感知任务,所以智能汽车采用多传感器融合技术,利用各种传感器的优点来协同工作。

各种传感器的工作原理不同,数据方式也不同,如何让同一个物体在不同的传感器处产生的数据统一,并且精确可靠,这就涉及传感器融合技术。传感器融合技术涉及复杂的算法,本章以 CSDN 社区的一个 ADAS 传感器融合方案为例来提供理解的思路。汽车 ADAS 如图 9-1 所示。

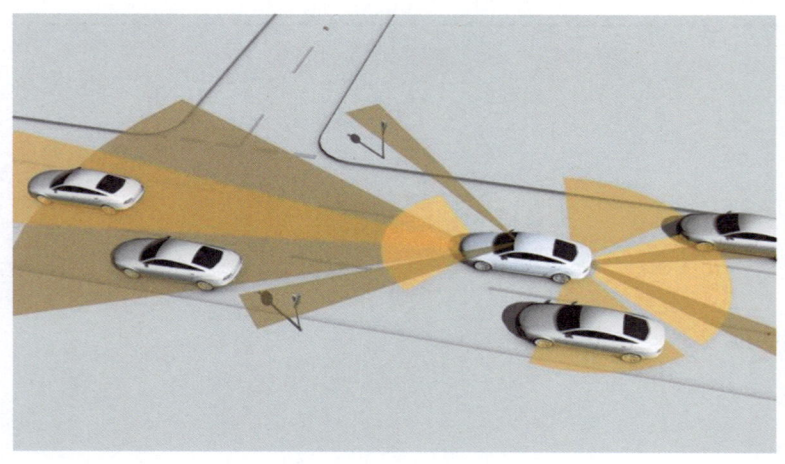

图 9-1 汽车 ADAS

任务 2　　了解 ADAS 传感器融合方案设计

以图 9-1 所示的汽车 ADAS 为例，实现 ADAS 的技术主要有三类，分别基于视觉传感器、毫米波雷达和激光雷达。由于激光雷达成本较高，目前主要使用视觉传感器、毫米波雷达。

视觉传感器和毫米波雷达实现 ADAS 功能的原理不同：毫米波雷达主要是通过对目标物发送电磁波并接收回波来获得目标物体的距离、速度和角度；视觉传感器方案稍复杂，以单目视觉方案为例，它需要先进行目标识别，然后根据目标在图像中的像素大小来估算目标的距离。这两类技术各有优劣。总体来讲，视觉传感器方案成本低，可以识别不同的物体，在物体高度与宽度测量精度、车道线识别、行人识别准确度等方面有优势，是实现车道偏离预警、交通标志识别等功能不可缺少的传感器，但其作用距离和测距精度不如毫米波雷达，并且容易受光照、天气等因素的影响。毫米波雷达受光照和天气因素影响较小，测距精度高，但它难以识别车道线、交通标志等元素，另外，毫米波雷达通过多普勒偏移的原理能够实现更高精度的目标速度探测。

于是就有了第三种方案，即将视觉传感器和毫米波雷达进行融合，使其相互配合并共同构成汽车的感知系统，以取长补短，实现更稳定可靠的 ADAS 功能。

假设采用视觉传感器为主、毫米波雷达为辅的方案，则其基本的思路是将毫米波雷达返回的目标点投影到图像上，围绕该点并结合先验知识，生成一个矩形的感兴趣区域，然后只在该区域内进行目标检测。它的优点是可以迅速地排除大量不会有目标的区域，能极大地提高识别速度，而且对于前碰撞预警系统（FCWS），它可以迅速排除掉雷达探测到的非车辆目标，增强结果的可靠性，最后，可以利用毫米波返回的目标的距离、角度、速度信息来进行碰撞时间计算，以达到预警功能，实现行人/车辆在预警时间阈值内预警，避免单目视觉距离测量及障碍物速度估计不准的问题。

这个方案的缺点如下：

1）这个方案实现起来有难度。一是理想情况下雷达点出现在车辆中间，雷达提供的目标横向距离不准确，再加上视觉传感器标定的误差，可能导致雷达的投影点对车的偏离比较严重；二是只能把感兴趣区域设置得比较大，但感兴趣区域过大后会导致里面含有不止一辆车，这个时候目标就会被重复探测，这会造成目标匹配上的混乱（交通拥堵的时候尤其容易出现这种情况）。

2）噪声问题。对于性能比较差的毫米波，返回的目标点中包含了大量的噪声点，将这些点投影到图像上将会存在大量的矩形框，程序耗时较长。

任务 3　　联合标定分析

建立精确的毫米波雷达坐标系、三维世界坐标系、摄像机坐标系、图像坐标系和像素坐标系之间的坐标转换关系，是实现毫米波雷达和视觉传感器融合的关键。毫米波雷达与视觉传感器在空间的融合就是将不同传感器坐标系的测量值转换到同一个坐标系中。由于 ADAS 前向视觉系统以视觉为主，因此只需将毫米波雷达坐标系下的测量点通过坐标系转换到摄像机对应的像素坐标系下即可实现两者空间同步。下面先说明两传感器之间的标定问题:将毫米波雷达检测的目标转换到图像上。毫米波雷达和视觉传感器坐标系设立如图 9-2 所示。

对于毫米波雷达和视觉传感器,考虑如图 9-2 所示的安装位置,分别建立坐标系。

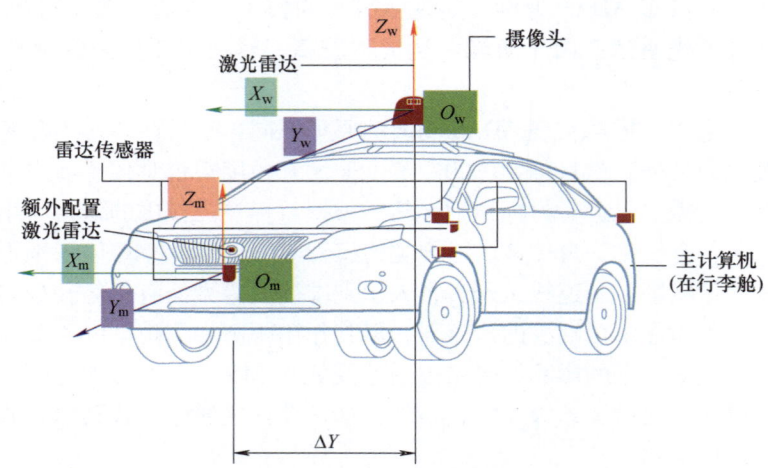

图 9-2 毫米波雷达和视觉传感器坐标系设立

我们的目的是将毫米波雷达的坐标转换到图像的对应位置上去。在视觉传感器位置处建立三维世界坐标系,点的转换过程可以分为以下几个步骤:

1)将毫米波雷达坐标系下的坐标转换到以视觉传感器为中心的世界坐标系中。
2)将世界坐标系的坐标转换到视觉传感器坐标系中。
3)将视觉传感器坐标系的坐标转换到图像坐标系中。

1. 毫米波雷达坐标到世界坐标的转换

毫米波雷达可以得到目标的 (x,y) 坐标信息(没有目标的 z 坐标信息),因此,可以将毫米波雷达坐标系 O_m 到世界坐标系 O_w 的转换看成二维 X-Y 坐标系的转换,O_m 和 O_w 之间的关系有平移和旋转 2 种。

对图 9-3 所示关系进行推导,毫米波雷达坐标到世界坐标的转换关系为

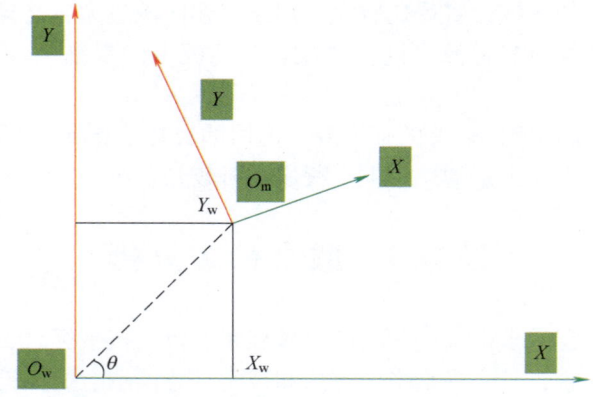

图 9-3 毫米波雷达坐标到世界坐标的转换

$$\begin{bmatrix} X \\ Y \\ 1 \end{bmatrix} = \begin{bmatrix} \cos\theta & -\sin\theta & X_w \\ \sin\theta & \cos\theta & Y_w \\ 0 & 0 & 1 \end{bmatrix} \begin{bmatrix} X_{wawve} \\ Y_{wave} \\ 1 \end{bmatrix} \qquad (9-1)$$

转换矩阵由两部分组成：角度产生的旋转矩阵以及平移产生的平移矩阵。其中平移矩阵的平移量可以理解为毫米波雷达在世界坐标系中的坐标，即毫米波雷达到视觉传感器的距离。因此平移矩阵可以很好求出，直接利用卷尺就可以测量得到。如果毫米波雷达安装位置合适，也可以理解旋转矩阵为0。

2. 世界坐标到像素的转换

毫米波雷达坐标转换到世界坐标系后，接下来便是向像素坐标的转换。得到的世界坐标值是二维的，只有 x、y 值，没有 z 值，这个可以利用先验知识给定。

假设毫米波雷达得到的点是物体的中心点，则利用物体的宽度和高度信息，便可以得到其 z 坐标信息。由于方案是用于车辆和行人检测，因此假设目标的宽度 $W=1.6m$，高度 $H=1.8m$（也可以采用其他值修正）。由此，可以得到目标点的世界坐标为 $(x, y, -H/2)$，注意 z 值是负值。

由于我们的目的是在图像上将目标框出，因此需要的是目标的左上顶点和右下顶点的坐标值，将这两个点转换到图像上，即可得到目标的矩形区域。

根据3个已知变量的值加上视觉传感器外参，可以很容易求出像素坐标 (u, v)。

由于上面两个转换过程涉及外参问题，转换前提是需要先已知外参。

3. 示例代码

```
// ================================================================//
//Createdbylihengon19-3-7.
//Program:动态调节相关参数,查找最优的外参,得到毫米波坐标到图像坐标的转换
//Data:2019.3.7
//Author:liheng
//Version:V1.0
// ================================================================//
#include" typedef.h"
#include < opencv2/opencv.hpp >
#include < iostream >
#include" WaveRadar2Image.h"
#include" CGetVideo.h"
//网口视觉传感器
//CGetVideom_getVideo(18072414);//网口视觉传感器编号:1736906912.5:18072414
CGetVideom_getVideo( "/home/liheng/car_distance_22m.avi" );
voidonChange( intvalue,void * param)
{
//获取 waveX,waveY
//X:0-10,对应-5--5
```

```cpp
//Y:0-10 对应 0-50
floatk_waveX = (-5-5.0)/(0-10.0);
floatb_waveX = -5.0-k_waveX*0;
//获取 pitch,yaw 角度
//0-3000,0 对应-30.0;3000 对应 30.0;
//x03000.0
//y-30.030.0
floatk_pitch = (-30.0-30.0)/(0-3000.0);
floatb_pitch = -30.0-k_pitch*0;
floatk_yaw = (-30.0-30.0)/(0-3000.0);
floatb_yaw = -30.0-k_yaw*0;
floatwaveX = (float)cv::getTrackbarPos("waveX/m","TrackBar");
waveX = k_waveX * waveX + b_waveX;
floatwaveY = (float)cv::getTrackbarPos("waveY/m","TrackBar");
floatpitch = (float)cv::getTrackbarPos("pitch/°(-30°-30°)","TrackBar");
pitch = k_pitch * pitch + b_pitch;
floatyaw = (float)cv::getTrackbarPos("yaw/°(-30°-30°)","TrackBar");
yaw = k_yaw * yaw + b_yaw;
//获取 theta
floatk_theta = (-30.0-30.0)/(0-3000.0);
floatb_theta = -30.0-k_theta*0;
floattheta = (float)cv::getTrackbarPos("theta/°(-30°-30°)","TrackBar");
theta = k_theta * theta + b_theta;
// ===================== 图像处理 =========================//
cv::MatposInImage,posInCamera;
cv::Matsrc = *(cv::Mat*)param;
cv::Matdst;dst.release();
{
ADAS::CameraParacameraPara;
cameraPara.fu = 2270.512;
cameraPara.fv = 2271.165;
cameraPara.cu = 669.0744;//
cameraPara.cv = 382.6168;
cameraPara.height = 1750;//mm
cameraPara.pitch = pitch * (CV_PI * 1.0/180.0);
cameraPara.yaw = yaw * (CV_PI * 1.0/180.0);;
cameraPara.roll = 0;
cameraPara.image_width = 1280;
```

```cpp
cameraPara.image_height = 720;
waveY = 22.0;
cameraPara.camera2wave_radian = theta * (CV_PI * 1.0/180.0);
cameraPara.waveInCamera.x = 0;//mm;
cameraPara.waveInCamera.y = 0;
cameraPara.objectHeight = 1000.0;//mm
cameraPara.objectWidth = 1500.0;//mm
WaveRadar2Image waveRadar2Image(cameraPara);
cv::Mat posInWave = (cv::Mat_<float>(2,1) << waveX,waveY);
waveRadar2Image.TransformWRadar2Image2(posInWave,posInImage,posInCamera);
dst = src.clone();
if(dst.channels() == 1)
cv::cvtColor(dst,dst,CV_GRAY2BGR);
cv::Mat temp(100,dst.cols,CV_8UC3,cv::Scalar(255,255,255));
cv::vconcat(dst,temp,dst);
int nObjectNum = posInImage.cols;
for(int i = 0;i! = nObjectNum;++i)
{
    cv::rectangle(dst,cv::Rect(posInImage.at<float>(0,i),
        posInImage.at<float>(1,i),
        posInImage.at<float>(2,i),
        posInImage.at<float>(3,i)),cv::Scalar(0,255,0),2);
    cv::circle(dst,cv::Point(posInImage.at<float>(0,i) + posInImage.at<float>(2,i)/2,
        posInImage.at<float>(1,i) + posInImage.at<float>(3,i)/2),3,cv::Scalar(0,255,0),4);
    //std::cout << "widthinpixel = " << posInImage.at<float>(2,i) << std::endl;
}
cv::circle(dst,cv::Point(cameraPara.cu,cameraPara.cv),6,cv::Scalar(0,0,255),10);
}
//cv::rectangle(dst,cv::Point(0,0),cv::Point(220,110),cv::Scalar(255,255,0),1);
int nHeight = dst.rows;
int nWidth = dst.cols;
cv::line(dst,cv::Point(nWidth/2,0),cv::Point(nWidth/2,nHeight),cv::Scalar(0,0,255),2);
cv::line(dst,cv::Point(0,nHeight/2),cv::Point(nWidth,nHeight/2),cv::Scalar(0,0,255),2);
cv::line(dst,cv::Point(nWidth/4,0),cv::Point(nWidth/4,nHeight),cv::Scalar(0,0,255),1);
```

```cpp
    cv::line(dst,cv::Point(nWidth*3/4,0),cv::Point(nWidth*3/4,nHeight),cv::Scalar(0,0,255),1);
    cv::line(dst,cv::Point(0,nHeight/4),cv::Point(nWidth,nHeight/4),cv::Scalar(0,0,255),1);
    cv::line(dst,cv::Point(0,nHeight*3/4),cv::Point(nWidth,nHeight*3/4),cv::Scalar(0,0,255),1);
    char info[256];
    sprintf(info,"waveX:%.2f",waveX);
    cv::putText(dst,info,cv::Point(0,20),cv::FONT_HERSHEY_SIMPLEX,0.8,cv::Scalar(0,255,0),2);
    sprintf(info,"waveY:%.2f",waveY);
    cv::putText(dst,info,cv::Point(0,45),cv::FONT_HERSHEY_SIMPLEX,0.8,cv::Scalar(0,255,0),2);
    sprintf(info,"theta:%.1f",theta);
    cv::putText(dst,info,cv::Point(0,70),cv::FONT_HERSHEY_SIMPLEX,0.8,cv::Scalar(0,255,0),2);
    sprintf(info,"cameraX:%.2f",posInCamera.at<float>(0,0));
    cv::putText(dst,info,cv::Point(0,95),cv::FONT_HERSHEY_SIMPLEX,0.8,cv::Scalar(0,255,0),2);
    sprintf(info,"cameraY:%.2f",posInCamera.at<float>(1,0));
    cv::putText(dst,info,cv::Point(0,120),cv::FONT_HERSHEY_SIMPLEX,0.8,cv::Scalar(0,255,0),2);
    sprintf(info,"pitch:%.1f",pitch);
    cv::putText(dst,info,cv::Point(0,145),cv::FONT_HERSHEY_SIMPLEX,0.8,cv::Scalar(0,255,0),2);
    sprintf(info,"yaw:%.1f",yaw);
    cv::putText(dst,info,cv::Point(0,170),cv::FONT_HERSHEY_SIMPLEX,0.8,cv::Scalar(0,255,0),2);
    cv::imshow("TrackBar",dst);
}
int main()
{
    cv::Mat src;
    //src = cv::imread("../000658.png",0);//读入灰度图
    cv::namedWindow("TrackBar",CV_WINDOW_AUTOSIZE);
    //创建滑动条
    int waveX = 5;
    cv::createTrackbar("waveX/m","TrackBar",&waveX,10,onChange,&src);
```

```
            waveX = 5;
            cv::createTrackbar("waveY/m","TrackBar",&waveX,10,onChange,&src);
            waveX = 1500;
            cv::createTrackbar(" pitch/°(-30°-30°)","TrackBar",&waveX,3000,onChange,
&src);
            cv::createTrackbar(" yaw/°(-30°-30°)","TrackBar",&waveX,3000,onChange,
&src);
            //毫米波和视觉传感器
            waveX = 1500;
            cv::createTrackbar(" theta/°(-30°-30°)","TrackBar",&waveX,3000,onChange,
&src);
            //onChange(0,&src);
            //加载视频进行测试
            //cv::VideoCapturevideoCapture;
            //videoCapture.open("/home/zxkj/视频/18_11_11_11_1_59.avi");
            //videoCapture.open("/home/liheng/CLionProjects/kitti/01/left/%06d.png");
            //if(!videoCapture.isOpened())
            //return-1;
            intnWaitTime = 0;
            while(true)
            {
            src.release();
            m_getVideo.GetVideoFrame(src);
            //videoCapture>>src;
            if(src.empty())
            break;
            onChange(0,&src);

            charchKey = cv::waitKey(nWaitTime);
            if(chKey == 27)break;
            if(chKey == '')nWaitTime = !nWaitTime;
            }
            }
```

4. 融合标定结果

程序实现如图 9-4 所示，通过拖动滑动条，当界面上矩形框到期待位置后，就可以采用此时的视觉传感器外参以及毫米波雷达与视觉传感器的夹角作为计算参数。

至此，毫米波雷达与视觉传感器的联合标定结束，完成了空间上雷达检测目标匹配至图像的工作。

图 9-4 程序实现

参 考 文 献

[1] 李力,王飞跃. 智能汽车先进传感器与控制[M]. 北京:机械工业出版社,2016.

[2] 中国电子信息产业发展研究院. 智能网联汽车测试与评价技术[M]. 北京:人民邮电出版社,2017.

[3] 崔胜民. 智能网联汽车新技术[M]. 北京:化学工业出版社,2016.

[4] 陈慧岩,熊光明,龚建伟,等. 无人驾驶汽车概论[M]. 北京:北京理工大学出版社,2014.

[5] 熊光明,高利,吴绍斌,等. 无人驾驶车辆智能行为及其测试与评价[M]. 北京:北京理工大学,2015.

[6] 胡钢,杨静宇. 基于单目视觉的路面车辆检测及跟踪方法综述[J]. 公路交通科技,2007(12):127-131.

[7] 高振海,王竣,佟静,等. 车载毫米波雷达对前方目标的运动状态估计[J]. 吉林大学学报(工学版),2014,44(06):1537-1544.

[8] 骆云志,雷雨能,王钤. 基于毫米波雷达和CCD摄像机信息的D-S融合方法[J]. 数据采集与处理,2014,29(04):648-653.

[9] 陈天飞,马孜,李鹏,等. 一种基于非量测畸变校正的摄像机标定方法[J]. 控制与决策,2012,27(02):243-246+251.

[10] 向滨宏. 基于汽车雷达和摄像头信息融合的目标检测方法研究[D]. 重庆:重庆大学,2017.

[11] 陈思宇. 基于多传感器智能汽车环境感知系统研究[D]. 南昌:南昌航空大学,2017.

[12] 张馨矛. 基于DSP的FMCW汽车防撞雷达信号处理系统设计[D]. 西安:西安电子科技大学,2013.

[13] 韩永刚. 先进驾驶辅助系统之行人检测系统[D]. 西安:西安电子科技大学,2014.

[14] 黄伟. 基于雷达和机器视觉的车辆前方障碍物检测系统设计与实现[D]. 武汉:武汉理工大学,2010.

[15] 沈峘. 智能车辆视觉环境感知技术的研究[D]. 南京:南京航空航天大学,2010.

[16] 魏振亚. 基于超声波车位探测系统的自动泊车方法研究[D]. 合肥:合肥工业大学,2013.

[17] 高京,苏松恺,丁亚洲,等. 车载倒车雷达传感器失效问题分析及解决措施[J]. 汽车电器,2015(04):36-39.

[18] 袁佑新,吴研,刘苏敏,等. 可视汽车倒车雷达预警系统设计[J]. 微计算机信息,2007(05):268-270.

[19] 韦兴平,车畅,宋春华. 超声波传感器应用综述[J]. 工业控制计算机,2014,27(11):135-136+139.

[20] 顾兢兢,黄冬梅. 浅析多传感器信息融合技术[J]. 数字技术与应用,2012(05):253.

[21] 黄友澎. 多传感器多目标航迹相关与数据合成若干关键技术研究[D]. 哈尔滨工程大学,2009.

[22] 陈懂,刘瑢,金世俊. 智能小车的多传感器数据融合[J]. 现代电子技术,2005(06):3-5.

[23] 钟钜斌. 基于多种导航技术混合的AGV系统设计[D]. 杭州:浙江大学,2016.

[24] 焦坤. 基于单目视觉的车辆前方行人识别方法研究[D]. 沈阳:东北大学,2008.

[25] 杨益,何颖. 基于RGB空间的车道线检测与辨识方法[J]. 计算机与现代化,2014(02):86-90.

[26] Jose M A,Antonio M L. Road Detection Based on Illuminant Invariance[J]. IEEE Transactions on Intelligent Transportation Systems,2011,12(1):184-193.

[27] 张红霞,刘义才. 机器视觉技术的应用研究[J]. 电子世界,2013(17):106+108.

[28] 谢一峰. 基于单目视觉的车道线检测与智能车导航[D]. 上海:上海交通大学,2013.

[29] 孙英慧. 基于Canny算子的边缘检测研究 [J]. 鞍山：鞍山师范学院学报, 2010, 12 (02)：48-50.

[30] 胡骁, 李岁劳, 吴剑. 基于特征颜色的车道线检测算法 [J]. 计算机仿真, 2011, 28 (10)：344-348.

[31] Wen X, Shao L, Fang W. Efficient Feature Selection and Classification for Vehicle Detection [J]. IEEE Transactions on Circuits and Systems for Video Technology, 2015, 25 (3)：508-517.

[32] 袁盛玥. 自动驾驶车辆辆城区道路环境换道行为决策方法研究 [D]. 北京：北京理工大学, 2016.

[33] 袁伟, 付锐, 等. 基于视觉特性的驾驶人换道意图识别 [J]. 中国公路学报, 2013, 26 (04)：132-138.

[34] 丁洁云, 党睿娜, 王建强, 等. 驾驶人换道决策分析及意图识别算法设计 [J]. 清华大学学报 (自然科学版), 2015, 55 (07)：769-774.

[35] 付梦印, 邓志红, 刘彤. 智能车辆导航技术 [M]. 北京：科学出版社, 2009.

[36] 陈伟. 基于双目视觉的智能车辆道路识别与路径规划研究 [D]. 西安：西安理工大学, 2009.

[37] 于加其. 基于激光成像雷达距离像的地面目标识别算法研究 [D]. 北京：北京理工大学, 2015.

[38] 陈龙. 城市环境下无人驾驶智能车感知系统若干关键技术研究 [D]. 武汉：武汉大学, 2013.

[39] 王铭. 基于激光雷达的无人车三维环境建模技术研究 [D]. 长沙：国防科学技术大学, 2013.

[40] 武历颖. 无人驾驶汽车环境信息提取及运动决策方法研究 [D]. 西安：长安大学, 2016.

[41] 谌彤童. 三维激光雷达在自主车环境感知中的应用研究 [D]. 长沙：国防科学技术大学, 2011.

[42] 杨飞, 朱株, 龚小谨, 等. 基于三维激光雷达的动态障碍实时检测与跟踪 [J]. 杭州：浙江大学学报 (工学版), 2012, 46 (09)：1565-1571.

[43] 陈无畏, 蒋玉亭, 谈东奎. 一种基于边缘点投影的车道线快速识别算法 [J]. 汽车工程, 2017, 39 (03)：357-363.

[44] 郑凯华. 基于多层激光雷达的道路与障碍物信息提取算法 [D]. 北京：北京工业大学, 2015.

[45] 崔熠明. 基于激光雷达的智能车防撞预警系统研究 [D]. 长春：吉林大学, 2016.

[46] 叶刚. 城市环境基于三维激光雷达的自动驾驶车辆多目标检测及跟踪算法研究 [D]. 北京：北京理工大学, 2016.